旅游企业人力资源管理

（第2版）

主　编　刘长英

副主编　黄万鹏　许　莲　李　欢

李文放　胡　萍

中国财富出版社有限公司

图书在版编目（CIP）数据

旅游企业人力资源管理/刘长英主编．—2 版．—北京：中国财富出版社有限公司，2021．3

ISBN 978－7－5047－7384－5

Ⅰ．①旅… Ⅱ．①刘… Ⅲ．①旅游企业—人力资源管理—高等职业教育—教材 Ⅳ．①F590．6

中国版本图书馆 CIP 数据核字（2021）第 047519 号

策划编辑 李 晗 **责任编辑** 邢有涛 李 晗
责任印制 梁 凡 **责任校对** 张营营 **责任发行** 白 昕

出版发行	中国财富出版社有限公司		
社　　址	北京市丰台区南四环西路 188 号 5 区 20 楼	**邮政编码**	100070
电　　话	010－52227588 转 2098（发行部）		010－52227588 转 321（总编室）
	010－52227588 转 100（读者服务部）		010－52227588 转 305（质检部）
网　　址	http://www.cfpress.com.cn	**排　　版**	义春秋
经　　销	新华书店	**印　　刷**	天津市仁浩印刷有限公司
书　　号	ISBN 978－7－5047－7384－5/F·3271		
开　　本	710mm×1000mm 1/16	**版　　次**	2021 年 3 月第 2 版
印　　张	17．25	**印　　次**	2021 年 3 月第 1 次印刷
字　　数	319 千字	**定　　价**	49．00 元

前言

旅游企业要想在日益激烈的市场竞争中立于不败之地，关键是要培养一支训练有素、责任心强的员工队伍。不管是企业经营管理水平的竞争，还是企业服务质量的竞争，归根结底都是人力资源的竞争。本书依照旅游企业人力资源管理工作的基本流程和规律，系统地阐述了人力资源管理各种理论在旅游企业人力资源管理工作中的运用，并力求突出实用性、实践性、可操作性，为旅游企业人力资源管理提供科学有效的指导，同时，也注重吸收最前沿的行业理论研究成果，引用最新颖的行业动态资料，紧紧围绕培养旅游业高技能应用型人才的目标进行编写。

本书的编写基于工作过程的人才培养理念。首先，强调以学生为中心，引导学生独立思考、潜心钻研，实现教、学、做在项目实施过程中的衔接与统一。其次，突出案例教学的特点，采用了大量直接反映当前旅游企业人力资源管理现实的新型案例，将人力资源管理知识的传授与技能的培养置于现实的人力资源管理情景与案例之中。最后，将人力资源管理的相关知识与旅游企业的实际运作特点充分结合，系统地阐述旅游企业人力资源管理的基础理论、基本知识，讲解实用技能。

在内容安排上，本书以应用为目的，以必需、够用为核心原则，着眼于学生现代人力资源管理理念的构建与管理技能的培养，通过活泼的形式展现理论知识的框架，通过平实浅显的语言引导学生深入浅出地理解和掌握旅游企业人力资源管理的知识与技能。选材时，既考虑国内外旅游企业人力资源管理发展的现实需求，又注重理论研究的超前性和未来发展的态势。

从整体上看，全书内容翔实，信息量大，材料新颖，做到了既注重实践又有一定的理论深度，并且通俗易懂，体现了实用、创新、前瞻的特色。本书针对性强，既适合高等院校旅游类专业及相关专业学生使用，也适合旅游企业员工培训使用。通过本书的学习，学生能迅速理解和掌握旅游企业人力资源管理的相关知识和技能。

全书由刘长英教授主持编写，北海职业学院黄万鹏、李欢、李文放、胡萍，苏州经贸职业技术学院许莲担任副主编。在编写过程中，我们参考、引用了大量的国内外相关研究成果，限于体例未能一一注明，在此向他们表示衷心感谢。

刘长英

2020年8月

目 录

第一章　认识旅游企业人力资源管理

旅游企业人力资源管理就是旅游企业对人力资源进行有效的利用、协调和激励，使其资源组合达到最优、积极性发挥到最大，从而提供最优质的服务，保证企业高效率运转，提高经济效益和社会效益。对旅游企业来说，人力资源管理是其经营管理的核心工作。通过本章学习，会达到以下学习目标：

1. 掌握人力资源管理的内涵、特征和内容。
2. 理解“经济人”“社会人”“自我实现人”“复杂人”四种人性假设理论。
3. 熟悉人力资源管理的发展过程与趋势。

案例引导

某旅游制品有限公司人力资源管理咨询案例

某旅游制品有限公司，主营范围包括休闲旅游制品系列，产品全部外销欧洲与美洲市场，年销售额超过 100 亿元人民币，连续五年获得“中国行业著名企业”“省名优产品”等称号。在公司快速发展的过程中，人力资源管理的滞后所带来的问题日益凸显。高层管理人员的流动性加大，几乎每年都有副总离职，加入规模较小的同行企业，同时带走公司大量的商业成功经验；中层管理人员执行力不强，责权不匹配，积极性不高，不求有功但求无过思想蔓延；普通员工流失率也加大，对公司以往的考核、薪酬制度不满。

针对该公司上述“人”的表现，公司董事长兼总经理非常担心，该行业主要竞争优势在于拥有一批专业的管理人员、技术研发人员与海外市场拓展人员。目前“人”的问题一天得不到有效解决，公司随时都可能被竞争对手超越，路就会越走越窄。基于此种忧虑，该公司意识到必须加强人力资源管理建设，在同行中确立人力资源管理竞争优势，经过多次慎重调研考察，决定聘请人力资源管理咨询公司为其导入人力资源体系建设项目。

一、问题诊断

经过一个月的深度调查研究，项目组诊断出该旅游制品有限公司在人力资源管理方面存在的问题，主要有以下几个方面：

（一）现代人力资源管理理念落后与人力资源部地位偏低。

（二）人力资源管理基础工作不规范、不扎实。

（三）人力资源规划管理体系不完善。

（四）招聘管理体系不健全、不科学。

（五）培训管理体系不健全、不科学。

（六）薪酬体系不健全、不科学。

（七）人力资源绩效管理体系不健全、不科学。

（八）员工发展规划体系基本空白。

（九）公司文化理念精神不能通过人力资源管理充分落地生根。

二、解决方案

第一阶段：现代人力资源管理理念的宣传培训与人力资源管理基础的建立。

第二阶段：人力资源管理体系各模块逐步建立。

（一）人力资源规划体系建立。

（二）人力资源招聘体系建立。

（三）人力资源培训体系建立。

（四）人力资源薪酬体系建立。

（五）人力资源绩效管理体系建立。

（六）人力资源员工发展规划体系建立。

（七）结合该公司企业文化，制订人力资源部定期落实企业文化的阶段性措施。

第三阶段：人力资源管理体系的跟踪与辅导。

三、咨询成果

形成系列管理手册。

（一）《人力资源管理体系诊断报告》。

（二）《职位说明书汇编报告》。

（三）《人力资源规划手册》。

（四）《人力资源招聘手册》。

（五）《人力资源培训手册》。

（六）《人力资源薪酬体系手册》。

（七）《人力资源绩效管理手册》。

（八）《人力资源员工发展规划手册》。

四、咨询效果

在项目结束后的总结大会上，该公司主要领导这样评价项目效果："从一个细节说，以前营销人员与技术研发人员就打样（产品样板）问题被困扰四年多，现在看来，不是打样流程不规范，而是涉及打样人员的岗位职责与绩效指标不合理。这次的项目从根本上改变了我以前轻视人力资源工作的做法，就这一件事的科学处理就为我们节省了巨额的打样差错费。"

第一节　人力资源和人力资源管理

一、人力资源及其特征

（一）什么是人力资源

资源（Resource）是指能给人们带来新的使用价值和价值的客观存在物。按照常见的划分方法，资源被划分为自然资源、人力资源和加工资源，其中最重要的是人力资源。所谓人力资源（Human Resource），是指人的智力资源和体力资源，是人类进行生产或提供服务，推动整个经济和社会发展的劳动者的各种能力的总称。与其他资源相比，人力资源具有其特殊性，主要表现如下。

（1）人力资源是一种"活"的资源。

（2）人力资源是人的智力资源和体力资源总称。

（3）人力资源是创造利润的主要来源。

（4）人力资源是可以开发的资源，人的创造能力是无限的。

（二）人力资源的特征

1. 人力资源的生物性

人力资源存在于人体之中，是一种“活”的资源，与人的生命特征、基因遗传等紧密相关。一般来说，从事劳动密集型工作的劳动者对其体能要求较高，从事技术和智力密集型工作的劳动者对其智力、情感和经验等要素要求较高。此外，人力资源的生物性还表现在个人和社会角度的人力资源的再生性。

2. 人力资源的能动性

从人力资源开发的角度看，作为主体的人既是被开发、被管理的对象，又是自我开发、自我管理的主体。作为被开发的对象，人力资源开发的广度和深度，取决于社会一定的外部制度性环境条件。劳动者的劳动力是被开发的对象，而开发的主体是社会、企业等。作为自我开发的主体，劳动者个人的主观能动性对于人力资源开发的效果具有重要的影响。在此，劳动者个人成为开发的主体，劳动者的能力成为开发对象。

在一定条件下，人力资源开发的程度和效果，与个人的家庭影响和个人因素也密不可分。由此可见，劳动者的自我开发与被开发是相互联系不可分割的整体。个人因素对人力资源能动性的影响，常从自我强化、选择专业和职业、劳动态度和敬业精神三个方面表现出来。

3. 人力资源的时效性

人力资源的形成、开发、配置、使用和培训均与人的生命周期有关。首先，人的一生中都存在着人力资源的积累过程，但开发和被利用则仅是一生的中间阶段。其次，在这一阶段中，由于劳动者类型不同、层次不同，其发挥作用的最佳年龄段也不同。即使同为高级人才，社科类人才与技术类人才发挥作用的最佳时期也不同，或者即使同为技术型人才，IT 产业人才与生物医学人才发挥作用的最佳时期同样不尽一致。再次，人力资源只有在使用中才能发挥其作用，它不能像物质财富那样储存起来。如果是体力型的人力资源，不能使用不仅会造成浪费，还要消耗其他资源来维持它；作为智力型的人力资源，如果长期得不到开发使用，不仅会造成浪费，还可能因跟不上时代步伐而“贬值”。此外，一个人在一天中的不同时段，其特点也不一样，因而要求合理使用，使人的不同阶段的潜能得到最大限度发挥。最后，人力资源的时效性也与其他管理手段有关，有效的管理能够长期使人力资源发挥最佳功效，无效的管理则会导致人力资源的浪费和流失。即使对于同一个人，不同时期不同的激励方式也会带来不同的效益。

4. 人力资源的再生性

就物质资源而言，人们对其进行一次、二次或者多次开发后形成相对固定的产品，就此资源和产品而言开发到此结束。但人力资源则不同，除了前述生物学意义上的生产再生产含义外，人力资源还是个可连续开发的资源，尤其是智力型人力资源，其使用过程本身就是开发过程。在知识更新周期缩短、社会经济日趋国际化的时代，人力资源管理者应把自己管理的对象视作需要不断开发的资源，不断地有效开发利用，才能使人力资源价值不断增值。

5. 人力资源的社会性

人力资源不同于其他经济资源的一个显著特征就是其社会性，具体表现在未来收益目标的多样性和外部效应的社会性方面。对于其他资源来讲，它们具有纯粹的自然属性，并不需要精神激励的手段，而人是社会的人，人力资源效能的发挥受其载体个人偏好的影响，除了追求经济利益之外，还要追求包括社会地位、声誉、精神享受以及自我价值实现等多重目标，在追求这些目标的过程中，其效能的发挥不仅会推动生产力的提高和社会经济的发展，而且会产生许多社会性的外部效应，如人的素质的提高会增进社会文明程度、保护并改善自然环境等。

6. 人力资源的智能性

人力资源区别于其他资源的最本质特征在于它是“有意识的”。通过其智力活动，具有巨大的创造力，它不仅丰富了人们的生产和生活资料，而且不断增强着人自身的能力。人力资源的这种创造性特征，从社会角度，要求给予科学的制度安排和制度创新来调动人的积极性和有效地配置资源；从企业角度，要求给予恰当的激励以提高人力资源使用效益；从个人角度，要求增加智力投资，选择最适合自己的专业，以使人力资本投资收益最大化。

二、人力资源管理及其特征

(一) 什么是人力资源管理

人力资源管理是指根据企业的战略目标制订相应的人力资源战略规划，运用现代管理措施和手段，对人力资源的获取、开发、保持、运用、评价和激励等方面进行管理的一系列活动的总和。

由此可知，人力资源管理的内涵包括以下内容：一是任何形式的人力资源开发与管理都是为了实现一定的目标，如个人、家庭投资的预期收益最大化、企业经营效益最大化及社会人力资源配置最优化。二是必须充分有效地运用计划、规划、组织、指挥、监督、协调、激励和控制等现代管理手段才能达到人力资源管理目标。三是人力资源管理主要研究人与人关系的利益调整，个人的利益取舍、人与事的配合，人力资源潜力的开发、工作效率和效益的提高以及实现人力资源管理效益的相关理论、方法、工具和技术。四是人力资源管理不是单一的管理行为，必须使相关管理手段相互配合才能取得理想的效果。例如，薪酬必须与绩效考核、晋升、流动等相配套。

可见，人力资源管理的主要任务就是以人为中心，研究人与人、人与企业、人与事的相互关系，掌握其基本理念和管理的内在规律，充分开发、利用人力资源，不断提高和改善职业生活质量，充分调动人的主动性和创造性，促使管理效益的提高和管理目标的实现。

（二）人力资源管理的特征

1. 人本特征

人力资源管理采取人本取向，始终贯彻员工是企业的宝贵财富这一主题，强调对人的关心、爱护，把人真正作为资源加以保护、利用和开发。

2. 专业性与实践性特征

人力资源管理是企业的重要管理职能之一，具有较高的专业性，从小企业的人力资源工作人员到大企业的人力资源专家及高层人力资源领导，都有着很细的专业分工和深入的专业知识。人力资源管理是企业管理的基本实践活动，是旨在实现企业目标的主要活动，表现出高度的实践性。

3. 双赢性与互惠性特征

人力资源管理采取互惠取向，强调管理应该是获取企业的绩效和员工的满意感与成长的双重结果；强调企业和员工之间的“共同利益”，并重视发掘员工更大的主动性和责任感。

4. 战略性与全面性特征

人力资源管理聚焦企业管理中为企业创造财富、创造竞争优势的人员的管理上，即以员工为基础，以知识型员工为中心和导向，是在企业最高层进行的一种决策性、战略性管理。人力资源管理是对全部人员的全面活动和招聘、任用、培训、发展的全过程的管理。只要有人参与的活动与地方，就要进行人力资源管理。

5. 理论基础的学科交叉性特征

人力资源管理采取科学取向，重视跨学科的理论基础和指导，包括管理学、心理学、经济学、法学、社会学等多个学科，因此现代人力资源管理对其工作人员的专业素质提出了更高的要求。

6. 系统性和整体性特征

人力资源管理采取系统取向，强调整体地对待人和企业，兼顾企业的技术系统和社会心理系统；强调运作的整体性，一方面是人力资源管理各项职能之间具有一致性，另一方面是与企业中其他战略相配合，依靠和支持整个企业的战略和管理。

三、人力资源管理的主要内容

具体来说，现代企业人力资源管理主要包括以下具体内容。

（一）制订人力资源战略和编制人力资源规划

根据企业的发展战略和经营计划，评估企业的人力资源现状及发展趋势，收集和分析人力资源供给与需求方面的信息和资料，预测人力资源供给和需求的发展趋势，制订人力资源招聘、调配、培训、开发及发展计划等政策和措施。

（二）职务分析与工作设计

对企业中的各项工作和各个岗位进行分析，确定每项工作和每个岗位对员工的具体要求，包括技术及种类、范围和熟悉程度；学习、工作与生活经验；身体健康状况；工作的责任、权利与义务等方面的情况。这种具体要求必须形成书面材料，这就是工作岗位职责说明书。这种说明书不仅是招聘工作的依据，也是对员工的工作表现进行评价的标准，是进行员工培训、调配、晋升等工作的根据。

（三）招聘与选拔

根据企业内的岗位需要及工作岗位职责说明书，利用各种方法和手段，如接受推荐、刊登广告、举办人才交流会等从企业内部或外部吸引应聘人员（如委托猎头公司），并且经过资格审查，如接受教育程度、工作经历、年龄、健康状况等方面的审查，从应聘人员中初选出一定数量的候选人，再经过严格的考试，如笔试、面试、评价中心、情景模拟等方法进行筛选，确定最后录用人选。人才的选拔，应遵循平等就业、双向选择、择优录用等原则。

（四）培训与开发

应聘进入一个企业的新员工，应该接受入职培训，这是帮助新员工了解和适应企业、接受企业文化的有效手段。入职教育的主要内容包括：企业的历史发展状况和未来发展规划，职业道德和企业纪律，劳动安全、卫生，社会保障和质量管理知识与要求，岗位职责、员工权益及工资福利状况等。

为了提高广大员工的工作能力和技能，有必要开展富有针对性的岗位技能培训。对于管理人员，尤其是对即将晋升者有必要开展提高性的培训和教育，目的是促使他们尽快具有在更高一级职位上工作的全面知识，熟练技能、管理技巧和应变能力。

（五）绩效管理

工作绩效考核，就是对照工作岗位职责说明书和工作任务，对员工的业务能力、工作表现及工作态度等进行评价，并给予量化处理的过程。这种评价可以是自我总结式的，也可以是他评式的，或者是综合评价。考核结果是员工晋升、接受奖惩、发放工资、接受培训等的有效依据，它有利于调动员工的积极性和创造性，检查和改进人力资源管理工作。

（六）薪酬管理

设计合理、科学的工资报酬及福利体系关系到企业中员工队伍的稳定。人力资源管理部门要从员工的资历、职级、岗位及实际表现和工作成绩等方面，来为员工制订相应的、具有吸引力的工资报酬、福利标准和制度。工资报酬应随着员工的工作职务升降、工作岗位的变换、工作表现的好坏与工作成绩进行相应的调整，不能只升不降。

员工福利是社会和企业保障的一部分，是工资报酬的补充或延续。它主要包括政府规定的退休金或养老保险、医疗保险、失业保险、工伤保险、节假日休息，以及为了保障员工的工作安全卫生，提供必要的安全培训教育、良好的劳动工作条件等。

（七）职业生涯规划与管理

人力资源管理部门和管理人员有责任鼓励和关心员工的个人发展，帮助其制订个人发展规划，并及时进行监督和考察。这样做有利于促进企业的发展，使员工有归属感，进而激发其工作积极性和创造性，提高企业效益。人力资源管理部门在帮助员工制订其个人发展规划时，有必要考虑其与企业发展规划的协调性或一致性。也只有这样，人力资源管理部门才能对员工实施有效的帮助和指导，促使个人发展规划的顺利实施并取得成效。

（八）劳动关系管理

员工一旦被企业聘用，就与企业形成了一种雇佣与被雇佣、相互依存的劳资关系，为了保护双方的合法权益，有必要就员工的工资、福利、工作条件和环境等事宜达成一定协议，签订劳动合同。

（九）保管员工档案

人力资源管理部门有责任保管员工进入企业时的简历以及入职后关于工作主动性、工作表现、工作成绩、工资报酬、职务升降、奖惩、接受培训和教育等方面的书面记录材料。

第二节　人力资源管理的基本理论

一、“经济人”假设

“经济人”又称“理性——经济人”“实利人”或“唯利人”，它是假设人的行为动机就是为了满足自己的私利，工作是为了得到经济报酬的一种人性理论。“经济人”假设最早由英国经济学家亚当·斯密提出。他认为人的行为动机根源于经济诱惑，人都要争取最大的经济利益，工作就是为了取得经济报酬。为此，需要用金钱与权力、企业机构的管理和控制，使员工服从并为之效力。

（一）“经济人”假设的核心内容

（1）人的本性是懒惰的，是不喜欢工作的，只要有可能，人就会逃避工作。

（2）由于人的个人目标都是与企业的目标相矛盾的，先天不喜欢工作，因此对于绝大多数人必须加以强迫、惩罚、控制、指挥，才能迫使他们为企业目标去工作。

（3）一般人都没有雄心大志，不愿负责任，心甘情愿受别人指挥。由于希望逃避责任，所以野心不大，对安全的需要高于一切。

（4）人是非理性的，本质上不能自律，易受他人影响。

（5）一般人都是为了满足自己生理需要和安全需要参加工作，只有金钱、地位和其他物质利益才能激励他们努力去工作。

（二）“经济人”假设与管理策略

从“经济人”假设出发，管理工作就要对人诱之以利，示之以罚。通俗来讲，即采取“胡萝卜加大棒”的政策。主要可以归纳为以下 4 个方面。

（1）企业是用经济性报酬来获取员工的劳动与服从的，即以金钱来刺激员工的工作积极性，以严厉的惩罚来应对员工的消极怠工行为。

（2）管理工作的重点主要是为了提高劳动生产率，完成生产任务，人们的感情和士气方面是次要的。

（3）管理工作是少数人的事，与一般员工无关，员工的主要任务是听从管理者的指挥。

（4）以权力和控制体系来保护企业并引导员工。如果人们工作效率低、情绪低落，解决办法就是重新审查企业的奖惩刺激方案，并加以改变。

（三）“经济人”假设的消极作用

“经济人”假设的典型代表是“泰罗制”，而“任务管理”的主张就是在泰罗的“科学管理”理论指导下提出的，可以适用于许多不同类型的场合。但“经济人”假设也有很大的消极影响和负面作用。

（1）管理者只能指望人们所做的工作不会超过奖惩与控制制度所鼓励并允许他们所做工作的范围。

（2）管理者认为人们只靠金钱才能激励，所以采取的管理策略客观上把人们训练成仅仅以此方式工作的人，其后果就是“多给钱多干、少给钱少干、不给钱不干”的一切向钱看的消极后果。

二、“社会人”假设

“社会人”又称为“社交人”，它是假设人们在工作中得到物质利益固然可以受到鼓舞，但不能忽视人是高级的社会动物，与周围其他人的人际关系对人的工作积极性也有很大影响的一种人性理论。“社会人”假设源自著名的霍桑实验。

（一）“社会人”假设的核心内容

驱使人们工作的最大动力是社会、心理需要，而不是经济需要，人们追求的是保持良好的人际关系。社会性需求的满足往往比经济上的报酬更能激励人。人们在长期的社会活动中发现，只有在顾全群体利益时，个人利益才能得到保障。“社会人”假设的基本要点：

（1）从根本上说，人是由社会需求而引发工作动机的，并且通过同事的关系而获得认同感。

（2）工业革命与工业合理化的结果，使工作本身失去了意义，因此人们能从工作上的社会关系去寻求意义。

（3）员工对同事们的社会影响力，要比管理者所给予的经济诱因控制更为重要。

（4）员工的工作效率随着上司能满足他们社会需求的程度而改变。

（二）“社会人”假设与管理策略

从“社会人”的假设出发，采取不同于“经济人”假设的管理措施，主要有以下 5 点：

（1）管理人员不应只注意完成生产任务，而应把注意的重点放在关心人和满足人的需要上。

（2）管理人员不能只注意指挥、监督、计划、控制和组织等，而应更重视员工之间的关系，培养和形成员工的归属感和整体感。

（3）在实际奖励时，提倡集体的奖励制度，而不主张个人奖励制度。

（4）管理人员的职能也应有所改变，他们不应只限于制订计划、组织工序、检验产品，而应在员工与上级之间起联络人的作用。一方面，要倾听员工的意见和了解员工的思想感情；另一方面，要向上级呼吁、反映。

（5）提出“参与管理”的管理方式，即让员工不同程度地参加企业决策的研究和讨论。

三、“自我实现人”假设

“自我实现人”是美国管理学家、心理学家马斯洛提出的。所谓自我实现指的是，人都需要发挥自己的潜力，表现自己的才能，只有人的潜力充分发挥出来，人的才能分表现出来，人才会感到最大的满足。“自我实现人”假设认为，人们除了上述的社会需求之外，还有一种想充分运用自己的各种能力，发挥自身潜力的欲望。它所假设的人性是善良的，只要能充分发挥人性的优点，就可以把工作做好。

（一）“自我实现人”假设的核心内涵

（1）管理者既不是生产任务的指导者，也不是人际关系的调节者，而是一个采访者。原因是环境往往给人发挥才智造成障碍，所以管理者应该以采访者的身份采访环境。

（2）管理者的主要任务是寻找什么工作对人最具有挑战性，最能满足人的自我实现的需要。

（3）管理制度应保障员工能充分施展自己的才能，充分发挥员工的积极性和创造性，主张下放权力，建立决策参与制度、提案制度、劳资会议制度，把个人的需要同企业的目标结合起来。

（二）“自我实现人”假设与管理策略

1. 管理重点的改变

“经济人”的假设只重视物质因素，重视工作任务，轻视人的作用和人际关系；“社会人”的假设正相反，重视人的作用和人与人的关系，而把物质因素放在次要地位。“自我实现人”的假设又把注意的重点从人的身上转移到工作环境上，但重视环境因素与“经济人”假设的重视工作任务不同，重点不是放在计划、组织、指导、监督、控制上，而是要创造一种适宜的工作环境、工作条件，使人们能在这种环境下充分挖掘自己的潜力，充分发挥自己的才能，也就是说能够充分地自我实现。

2. 管理人员职能的改变

从“自我实现人”的假设出发，管理者的主要职能既不是生产的指导者，也不是人际关系的调节者，而只是一个采访者。他们的主要任务在于如何为发挥人的智力创造适宜的条件，减少和消除员工自我实现过程中所遇到的障碍。

3. 奖励方式的改变

“经济人”的假设依靠物质刺激调动员工的积极性，“社会人”的假设依靠搞好人际关系来调动员工的积极性，这都是从外部来满足人的需要，而且主要满足人的生理、安全和归属（交往）需要。麦格雷戈等人认为，对人的奖励可划分为两大类：一类是外在奖励，如工资、提升、良好的人际关系；另一类是内在的奖励，指人们在工作中能获得知识，增长才干，充分发挥自己的潜力等。只有内在奖励才能满足人们的自尊和自我实现的需要，从而极大地调动员工的积极性。正如麦格雷戈所说：“管理的任务只是在于创造一个适当的工作环境，一个可以允许和鼓励每位员工都能从工作中得到‘内在奖励’的环境。”

4. 管理制度的改变

从“自我实现人”的假设来看，管理制度也要做相应的改变。总的来说，管理制度应保证员工能充分地表露自己的才能，实现自己所希望的成就。阿基理斯在一个厂里进行了这方面制度改革的实验。该厂的一个班组从事收音机装配工作。改革之前，组内的12名女工按照工业工程师的设计，有明确的分工，如领班、包装、检验等。实验开始时让这些女工按照她们自己的想法组织生产，产量下降就扣工资；产量提高则增加工资。实验开始后第一个月，产量下降70%，六个星期后情况更糟，但八个星期后产量开始回升，十五个星期后超过实验前的产量，而且成本下降，质量提高，用户对质量的批评信件比实验前减少96%。

四、“复杂人”假设

“复杂人”又称“权变人”，“复杂人”假设认为随着人的发展与生活条件的变化，人们会因人、因事、因时、因地而不断变化出多种多样的需要，各种需要相互结合，形成了动机和行为的多样性，掺杂着善与恶的混合。就个体的人而言，其需要和潜力会随着年龄的增长，知识的增加，地位的改变，环境的改变以及人与人之间关系的改变而各不相同。就群体的人而言，人与人是有差异的。因此，无论是“经济人”“社会人”，还是“自我实现人”的假设，虽然各有其合理性的一面，但并不适用于一切人。

（一）“复杂人”假设的主要内容

关于“复杂人”的观点，20世纪60年代，美国麻省理工学院斯隆商学院教授埃德加·沙因在其《组织心理学》中做了总结和阐述，其主要内容如下：

（1）人类的需要是分成许多类的，并且会随着人的发展阶段和整个生活处境而变化。人的需要的等级层次会因人、情景、时间的不同而不同。

（2）由于需要与动机彼此作用并组合成复杂的动机模式、价值观与目标，所以人们必须决定自己要在什么样的层次上去理解人的激励。

（3）员工可以通过他们在企业中的经历，学到新的动机。这就意味着一个人在某一特定的职业生涯或生活阶段中总的动机模式和目标，乃是他的原始需要与他的企业经历之间一连串复杂交往作用的结果。

（4）每个人在不同的企业或是同一企业不同的部门中，可能会表现出不同的需要，一个在正式组织中受到冷遇的人，可能在工会或是非正式工作群体中，找到自己的社交需要和自我实现需要的满足。如果工作职务本身包含多样性的技巧要求，那么在不同的时间及对于不同的工作任务，就可能有众多的动机能够发挥作用。

（5）人们可以在许多不同类型动机的基础上，成为企业中生产率很高的一员，全心全意地参与到企业中去。对个人来说，能否获得根本的满足，以及对企业来说，能否实现最大的效益，仅部分地取决于这种激励的性质。所要完成的工作任务的性质、工作的能力和经验及其同事所创造的环境气氛，这些因素都互相作用并产生一定的工作模式与情感。

（6）员工能够对多种互不相同的管理策略做出反应，这取决于他们自己的动机和能力，也取决于工作任务的性质。也就是说，由于人的需要不同、能力各异，对不同管理方式会有不同的反应，因此不会有在一切时间内对所有人都能起作用的唯一正确的管理策略。

（二）“复杂人”假设与管理策略

根据“复杂人”假设而制订的管理策略可以归纳为如下几个方面：

（1）管理者要善于发现员工之间的差异，根据不同的人、不同情况，因人而异地采取灵活多变的管理策略。

（2）根据工作性质，采取不同的组织形式，有的采取固定的组织形式，有的采取灵活变化的组织形式。

(3) 企业情况不同，管理策略也应不同。例如，任务明确、分工清楚、工作有序的企业，更多地采取授权的领导方式，以充分调动和发挥下属的积极性、主动性；而任务不明、工作杂乱的企业，则适宜采取严格的、较专权的领导方式，使企业逐步走上有序发展的轨道。

人性是指人的本性。人力资源管理是针对人所进行的管理，因此，对人性的认识和学习也就成为一种必然的选择。上面四种人性假设的演变过程可以说明：在资本主义初期，资本家不把员工当人看；19 世纪末至 20 世纪 20 年代，“经济人”假设产生，承认人的经济要求；20 世纪 30 年代至 50 年代，出现了“社会人”假设，认识到人有心理活动，不仅有物质需求，还有心理的、社会的需求，提出了尊重人、关心人、重视人际关系的主张；之后，行为科学蓬勃兴起，科学技术迅猛发展，人的作用凸显，产生了“自我实现人”假设，提出了人力资源开发与管理问题；从 20 世纪 60 年代起，系统理论的发展，使管理界对人的认识由片面走向全面，从一个方面考察人到全面考察人，产生了“复杂人”假设。这四种人性假设的依次出现，反映了对人和人性认识的逐步深化和社会的进步。

四种人性假设及以其为基础所提出的许多管理主张、措施有其合理性、科学性的一面，至今仍有借鉴意义。因此，应当科学、审慎地分析每种人性假设，抛弃其片面之处，吸纳其合理成分，结合当前实际，对现代旅游企业员工的人性做出客观的、科学的、公正的认识，在此基础上，构建现代旅游企业人力资源管理模式。

第三节　人力资源管理的发展过程与趋势

一、人力资源管理的发展过程

一般认为，人力资源管理经历了以下几个发展阶段。

(一) 人事管理阶段

人事管理的概念源于第二次世界大战后的美国，它是指对人及有关人的事的全部领域的管理。人事管理与生产、营销、财务等管理一样，是企业的基本管理功能之一。人事管理的主要工作就是招聘录用、培训和人事档案。随着雇主对员工关心程度的增加，新员工的录用、岗前教育、个人资料的管理等工作都由人事部门或专门的人员负责，但在这一阶段缺乏对工作性质、目标的明确认识，也没有清晰的条理和制度。中国企业、事业单位对人的管理长期以来也是以劳动人事管理为基础的。

人事管理的特征如下：

（1）职责范围狭窄。

（2）与企业目标联系不紧密。

（3）在企业中的地位不高。

（二）人力资源管理阶段

自 20 世纪 70 年代以来，随着全球竞争的日益激烈和人力资源作用的日益突出，发达国家的人事管理进入一个新阶段，美国和欧洲一些国家纷纷出现了人力资源开发和管理组织，人事部门改名为人力资源管理部，企业从强调对物的管理转向强调对人的管理。这一阶段的主要表现有：

（1）企业首席执行官开始关注、重视有关人的管理工作，并由副总裁级的领导主管这方面的工作。

（2）企业对有关人员的管理方面的投资大幅度增长。

（3）对人事工作者的资历和能力要求越来越高，其待遇也有较大改善；人事主管在企业决策层开始享有较大的发言权。

（4）企业越来越重视各级管理者和员工的教育培训工作。在这一时期，人事管理开始向人力资源管理阶段发展，其职责范围大为扩展，受重视程度、对企业的贡献和作用以及在企业中的地位等也都有了很大提高。

人力资源管理虽然比人事管理在管理的广度和深度方面都有很大突破和深入，但比较而言仍与企业战略目标结合不够紧密，还没有真正从战略的角度重视人力资源开发与管理对企业目标实现的战略性作用。在这一阶段，开始出现“以人为中心”“人本主义管理”“人是企业最宝贵的财富”“企业的首要目标是满足自己员工（内部用户）发展需要”等新的提法与概念，反映了管理价值观的深刻变化。

人事管理的目的是通过“人事相宜”的过程，完成企业的任务和目标。而人力资源管理则是把人力作为一种可以开发增值的资源来进行管理，主要通过组织设计、战略规划、工作分析、招聘选拔、绩效考核、开发培训、薪酬激励等环节实现企业目标，促进经济社会发展和人本身发展的活动。人力资源管理与人事管理是不一样的。现代人力资源管理深受经济竞争环境、技术发展环境和国家法律及政府政策的影响，已远远超出传统人事管理的范畴，它们之间存在一些区别（见表 1-1）。

表 1-1　　人力资源管理与人事管理的区别

比较项目	人力资源管理	人事管理
管理视角	视员工为第一资源、资产	视员工为负担、成本
管理目的	企业和员工利益的共同实现	企业短期目标的实现
管理活动	重视培训开发	重使用、轻开发
管理内容	非常丰富	简单的事务管理
管理地位	战略层	执行层
部门性质	生产效益部门	单纯的成本中心
管理模式	以人为中心	以事为中心
管理方式	强调民主、参与	命令式、控制式
管理性质	战略性、整体性	战术性、分散性

（三）战略性人力资源管理阶段

战略性人力资源管理是 20 世纪 90 年代提出的一种管理模式，它把人力资源战略作为企业重要的竞争战略，从战略的角度考虑人力资源管理问题，把人力资源管理与企业的总体经营战略联系在一起，认为人力资源是一种最重要的战略资源，是企业成败兴衰的关键。战略性人力资源管理包括人力资源配置、人力资源开发、人力资源评价和人力资源激励四大核心职能，它的出现是与战略管理理论的兴起密切相关的。

与前两个阶段相比，战略性人力资源管理具有以下特点。

（1）在理念上，认为人力资源是企业资源中最宝贵的资源，经过开发的人力资源可以升值增值，给企业带来巨大的利益。

（2）在内容上，重点是开发人的潜能，激发人的活力，使员工能积极、主动、创造性地开展工作。

（3）在模式上，强调整体开发，依据企业战略和员工情况，为员工做好职业生涯规划，不断培训，不断调整职位，充分发挥其个人才能。

（4）在方法上，采取人性化管理，考虑人的情感、自尊与价值。

（5）在技术上，利用人力资源信息系统等计算机技术，自动生成报表结果，及时准确地提供决策依据。

（6）在层级上，人力资源管理部门处于决策层，直接参与企业的经营和决策。

调动人的积极性和掌握处理人际关系的技能非常重要，它既是保证企业摆脱当前困境的有效方法，也是保证企业未来成功的关键因素。通过对一些大型企业的经理进行调查，可以看出人力资源问题越来越受到重视。40％的经理表示，他们一周要花费 5～20 小时来处理人事问题，工作量比 5 年前增加了 50％。这些经理迫切需要人力资源管理部门的协助，因为人力资源管理工作的复杂性正在日益增加，做好人力资源管理工作远比做好财务管理更加重要。

二、人力资源管理的发展趋势

知识经济时代，人力资源管理着眼于未来和人的全面发展，现代计算机和通信技术的不断发展，也为人力资源的发展提供了技术支持，人力资源管理呈现诸多发展趋势。

（一）人力资源战略地位日益加强

人力资源管理要为企业战略目标的实现承担责任。人力资源管理在企业中的战略地位上升，并在组织上得到保证，如很多企业成立人力资源委员会，使高层管理者关注并参与企业人力资源管理活动。人力资源管理不仅是人力资源职能部门的责任，而且是全体管理者的责任。企业高层管理者必须承担对企业的人力资源管理责任，关注人力资源的各种政策。

（二）人力资源管理的全球化、信息化

随着世界各国经济交往和贸易的发展而发展。全球经济日益成为一个不可分割的整体，这种经济变化趋势已彻底改变了竞争的边界。国际竞争的深化必然推动企业在全球的资源配置，更包括人力资源的全球配置。管理人力资源的难度、培训的难度、不同文化的冲突、跨文化管理等，都将成为企业人力资源管理的重

要课题。此外，知识经济也是一种信息经济、网络经济，人力资源也将逐步融入信息时代，呈现鲜明的信息化和网络化特征。

（三）人力资源管理理念的转变

人力资源管理要推动内部客户理念。员工是客户，企业人力资源管理的新职能就是向员工持续提供客户化的人力资源产品与服务。从某种意义来说，人力资源管理也是一种营销工作，即企业要站在员工需求的角度，通过提供令顾客满意的人力资源产品与服务来吸纳、留住、激励、开发企业所需要的人才。从企业经营价值链的角度看，企业要赢得顾客的满意与忠诚，必须赢得员工的满意与忠诚。企业要把客户资源与人力资源结合起来，致力于提升客户资本价值与人力资本价值。现代旅游企业人力资源管理者要扮演工程师兼销售员兼客户经理的角色，一方面人力资源管理者要具有专业的知识与技能；另一方面要具有向管理者及员工推销人力资源产品与服务方案的技能。人力资源经理也是客户经理，所谓客户经理，就是要为企业各层级提供一揽子的人力资源系统解决方案。人力资源管理的服务包括：建立共同愿景，使员工期望与企业发展目标一致；提供持续的人力资源开发与培训，提升员工的人力资本价值；通过富有竞争性的薪酬体系及信息、知识、经验等的分享来满足员工多样化的需要；让员工参与管理，授予员工自主工作的权力与责任；建立支持与求助系统，为员工提高工作绩效、完成工作目标提供条件。

（四）"人"成为真正的核心要素

人力资本是指企业员工所拥有的知识、技能、经验和劳动熟练程度等。在当今知识经济时代，知识、技术和信息已成为企业的关键资源，而人是创造知识和应用知识的主体。因此，人力资本成为企业最关键的资源，也是人力资源转变为人才优势的重要条件。现代人力资源管理的目标指向人的发展，就是要为员工创造良好的工作环境，帮助或引导员工成为自我管理的人，在特定的工作岗位上创造性地工作，在达到企业功利性目标的同时，实现员工全面的自我发展。应该注意的是，人力资本既然是一种资本，也是一种实际的投资行为，因而人力资本的投入是要求与一定的收益相匹配的。

人力资源管理将更注重以人为本。知识经济时代是一个人才主权时代，人才主权时代就是人才具有更多的就业选择权与工作的自主决定权，人才不是被动地适应企业或工作的要求，善于吸纳、留住、开发、激励一流人才的企业将成为市场竞争的真正赢家。企业要“以人为中心”，尊重人才的选择权和工作的自主权，为人才提供人力资源的产品与服务，并因此赢得人才的满意与忠诚。人才不是简单地通过劳动获得工资性收入，而是要与资本所有者共享价值、创造成果。越是高素质、稀缺的人才，越容易获得选择工作的机会，其报酬也越高；人才资源优势越大的企业越具有市场竞争力，也就越容易吸纳和留住一流人才。人力资源管理部门要围绕开发员工能力、调动员工积极性、提高员工满意度来开展好各项工作，实现人力资本价值的最大化。人才可以以其所拥有的人才资本拥有产权（或股权）；人力资本、人才资本成为计酬的主导要素，从按劳计酬、按资（产）计酬向重点按知（知识与其他无形资产）计酬、按绩计酬转变。

（五）企业文化建设与人力资源管理紧密结合

企业文化建设与人力资源管理紧密结合，主要体现在以下几点。

（1）业务流程再造、组织结构再设计、管理与评估系统重建、价值观重塑等都视为人力资源管理问题。

（2）高度重视企业价值观的构建，突出企业宗旨、使命、愿景的设计，更加重视未来性“变化管理”，强调认识变化、关注变化、适应变化、主动变革、控制变革；鼓励创新和适度冒险，重视创造未来，宽容工作过失，重视失败的经验；注重相互信任、相互沟通、资源共享、团队协作，部门合作逐步形成“无界状态”，尊重知识，尊重人才，重视实绩；承认能力差异、效率差异、业绩差异和报酬差异；工作生活质量日益受到重视；更多地下放权力和向一线员工授权，重视员工参与；学习成为个人终身化行为，培训成为企业的战略投资行为等；形成创新文化、沟通文化、团队文化、绩效文化、人才文化、培训文化、竞争与合作的文化等。

（3）跨文化沟通加强，重视文化自尊，消除文化奴性。国际化的人才交流市场与人才交流将出现，并成为一种主要形式。人才的价值（价格）将不仅仅在一个区域市场内体现，更多的是要按照国际市场的要求来看待，跨文化的人力资源管理成为重要内容。

（4）人才本土化战略日益为更多的跨国企业所青睐。

（六）人力资源管理外包

近年来，随着生产和业务外包的扩展以及企业变革的实施，人力资源管理外包成为一种非常普遍的现象。在知识经济时代，人力资源管理外包所具有的独特功能已逐步被企业认同，并作为战略实施和企业变革的手段之一。所谓人力资源管理外包，就是企业根据需要将某一项或几项人力资源管理工作或职能外包出去，交由其他企业或组织进行管理，以降低人力成本，实现效率最大化。总体而言，人力资源管理外包将渗透到企业内部的所有人事业务，包括人力资源规划、制度设计与创新、流程整合、员工满意度调查、薪资调查及方案设计、培训工作、劳动仲裁、员工关系、企业文化设计等方方面面。

人力资源外包不是简单地人力资源含义与外包含义的组合，它有自身特定的丰富含义，是指利用企业外部的资源，更经济、更有效地解决企业内部人力资源活动所涉及的工作。“人力资源”在“人力资源管理外包”中的含义扩大为“人力资源活动所涉及的工作”。

复习与练习

一、填空题

1. 人力资源的特征有______、______、______、______、______、______。

2. ______的假设只重视物质因素，重视工作任务，轻视人的作用和人际关系。“社会人”的假设正相反，重视人的作用和人与人的关系，而把物质因素放在次要地位。

3. 人力资源管理经历了______、______、______三个发展阶段。

二、选择题

1. ____就是企业根据需要将某一项或几项人力资源管理工作或职能外包出去，交由其他企业或组织进行管理，以降低人力成本，实现效率最大化。

A. 人力资源管理　　B. 人力资源规划

C. 人力资源外包　　D. 劳动关系管理

2. 实利人又叫作____。

A. 经济人　　B. 社会人

C. 复杂人　　D. 自我实现人

3. 泰罗制就是____观点的典型代表。

A. 自我实现人　　B. 复杂人

C. 社会人　　D. 经济人

4. 关于社会人基本假设，____是正确的。

A. 不能从工作上的社会关系寻求

B. 从根本上说，人是由经济需求而引起工作动机的

C. 员工对同事的社会影响力，要比管理者所给予的经济诱因及控制更为重视。

D. 员工的工作效率与上司能满足他们的社会需求无关。

5. 自我实现人是由____提出来的。

A. 麦格雷戈　　B. 马斯洛

C. 赫茨伯格　　D. 谢恩

6. 20 世纪 70 年代以来，美国和欧洲一些国家纷纷出现了人力资源开发和管理组织，人事部门改名为人力资源管理部，企业从强调对____的管理转向强调对____的管理。

A. 人；人　　B. 物；人

C. 物；物　　D. 人；物

三、简答题

1. 简述旅游企业人力资源管理的内容。

2. 简述人力资源管理与人事管理的区别。

3. 简述旅游企业人力资源管理的发展趋势。

实训项目

【实训名称】调查访问

【实训内容】使学生结合实际，加深对管理活动的感性认识与理解

【实训步骤】

全班同学按照 5～8 人/组的形式，自愿组成小组，利用课余时间，选择当地一家旅游企业进行调查与访问。在调查访问之前，每组需根据课程所学知识经过讨论制订调查访问提纲，主要包括调研的主要问题与具体安排。调研内容包括以下两项：

1. 重点访问一位旅游企业人力资源部管理者，了解其职位、工作职责，该职位需要的技能等。

2. 调查该企业的人力资源管理状况。

【实训点评】

1. 每人都要写出调查报告，在调查报告中描述和分析上述两项内容。

2. 调查后安排一次讨论课，以小组为单位，每组出一名代表发言讨论。

3. 教师根据学生的调查报告与发言讨论的表现给予评价并打分，将其纳入学生实训课考核中。

第二章 人力资源规划

人力资源规划是旅游企业人力资源管理的导航仪。如果人力资源规划编制不合理，企业就可能缺少足够的员工，或者反过来，由于人员过多而不得不大量裁员。总之企业会因此遭受到各种人员配置问题的困扰。如果人力资源管理规划工作做得很好，旅游企业的管理就会受益匪浅。通过本章的学习，将会达到以下学习目标：

1. 熟悉旅游企业人力资源规划编制的原则、内容和程序。
2. 掌握人力资源需求和供给预测的基本方法以及如何平衡人力资源的供需。
3. 掌握人力预算的构成及编制程序和方法。

案例引导

旅游酒店的人力资源应当怎样规划

某旅游酒店最初只是一家普通的招待所，由于地处国家级旅游风景区附近，因此迅速发展壮大，原有招待所已经推倒重建为一家豪华旅游酒店。刘某某受董事会委派到酒店任总经理，一上任就遇到西餐厅经理带着几名骨干跳槽，他急忙叫来人力资源部总监商谈此事，人力资源部总监满口答应立即解决此事。第二天，刘某某去西餐厅巡察，发现西餐厅服务员摆台时经常把刀叉摆错；有的不知道如何开启酒瓶；领班不知道如何处理客人投诉。紧接着仓库管理员跑来告诉刘某某说丢失了银质餐具，怀疑是服务员小张偷的，但现在找不到小张了。刘某某一查仓库账本，发现很多东西都写着丢失。刘某某很生气，人力资源部总监解释说因为员工流动率太高，多数员工是新手，餐厅经理、领班、保安也是如此。

刘某某做了一些调研，询问了一些员工，发现酒店竟然没有编制人力资源规划，管理工作主要靠经验和惯例。遂召集人力资源部等相关部门编制酒店人力资源规划，从源头解决企业人力资源管理问题。

刘某某主持编制的人力资源规划针对酒店长期存在的问题做了以下应对：

（一）员工素质方面

1. 在制订人员招聘方案时，注重校企合作招聘旅游管理和酒店管理专业学生。

2. 人力资源部结合企业发展情况明确招聘职位、数量、条件等。

3. 注重人力资源供需的平衡分析工作，对于技术岗、营销岗等落实人员补充。

（二）员工培训方面

1. 加强对招聘人员酒店发展战略的培训，让其切实掌握企业的人才需要情况。

2. 按岗位、层级、类别进行员工培训。

3. 调查员工培训需求和掌握培训重点，制订和完善季度、年度培训计划。

4. 完善培训测试评估机制。

5. 为提供员工更多外出学习机会。

（三）员工晋升方面

1. 明确不同岗位的晋升渠道，注重实行绩效考核机制，将晋升和业绩挂钩。

2. 招聘管理层人员时，注重内部招聘。

（四）员工福利方面

1. 员工工资结合绩效来发放，年终奖金根据企业的收益上下浮动。

2. 注重物质奖励，同时重视精神奖励。

人力资源规划编制和实施后，员工个人得到了很好的发展机会，酒店也解决了人力资源管理方面长期存在的许多问题。

第一节　旅游企业人力资源规划编制

人力资源规划是指企业根据战略发展目标与任务要求，科学地预测、分析自身在变化环境中的人力资源供给和需求情况，制订出必要的政策和措施，从而使企业的人力资源供给和需求达到平衡，以保证企业在需要的时间和岗位上获得各种需要的人才的过程。人力资源规划是企业计划的重要组成部分，是各项具体人力资源管理活动的起点与依据。

一、人力资源规划编制的原则

人力资源规划本身的质量好坏不但影响其执行的状况，而且会影响企业目标的实现，因此，好的人力资源规划既要符合企业的利益，又要有很强的可操作性。

（一）与企业的经营目标相结合的原则

企业的经营目标是指企业在一定时期内的经营方向和经营计划，企业的各项活动必须围绕着经营目标的实现而进行。人力资源管理同样必须以此为基础，企业的人员配置、培训和教育必须与经营目标决定的岗位设置、人员素质要求及各种协作、合作关系配合，而且对企业员工的激励必须与工作目标相结合。只有这样，才能充分调动员工的积极性、主动性和创造性，从而保证企业目标的实现。

（二）与企业的发展相结合的原则

企业员工的智慧和创造性是促进企业发展的根本源泉，而企业的发展也必须以一定数量和质量的人员为基础。企业人员的招聘、培养等都必须考虑企业长期发展的要求。

（三）有利于吸引外部人才的原则

现代企业的竞争是人才的竞争，但对一个企业来说，单从企业内部很难配齐企业竞争和发展所需要的各种人才，因此必须对外招聘优秀人才。企业只有招聘到所需要的各种优秀人才，才能在激烈的市场竞争中立于不败之地。

（四）有利于保障企业人力资源的原则

企业的人力资源保障问题是人力资源计划中应解决的核心问题。它包括人员的流入预测、流出预测、人员的内部流动预测、社会人力资源供给状况分析、人员流动的损益分析等。只有有效地保证了对企业的人力资源供给，才可能进行更深层次的人力资源管理与开发。

（五）有利于增强企业员工的凝聚力的原则

人是企业的主体，能否把员工团结在企业总目标的周围，是人力资源管理的关键，这就要求企业必须建立“以人为中心”的企业文化，真正关心员工、爱护员工，充分挖掘员工的潜能，使企业的总体目标和个人目标同企业文化紧密结合在一起，增强企业员工的凝聚力。

二、人力资源规划的内容

（一）总体规划

人力资源总体规划陈述人力资源计划的总原则、总方针、总目标。包括预测的需求和供给分别是多少，做出这些预测的依据是什么，供给和需求的比较结果是什么，企业平衡供需的指导原则和总体政策是什么等。

1. 预测未来企业的组织结构

一个企业的组织结构经常随着外部环境的变化而变化，如全球市场的变化、跨国业务的需要、生产技术的突破、生产设备的更新、生产程序的变更、新产品的问世等。这些变化都将影响整个企业的组织结构，即组织结构必须去适应企业经营策略的变化。而经营策略的变化又因环境变化而产生，且组织结构的变化必然牵涉人力资源的配置。因此，陈述企业的组织结构、职务设置、职务描述和职务资格要求等内容以及对未来组织结构的预测评估应列为第一步。

2. 制订人力供求平衡计划

通过总计划、职务编制计划、人员配置计划可以得出人员需求计划。需求计划中应陈述需要的职务名称、人员数量、希望到岗时间等。该计划应考虑以下三点：

（1）因业务发展、转变或技术装备更新所需增加的人员数量及其层次。

（2）因员工变动所需补充的人员数量及其层次，这种变化包括退休、辞职、伤残、调职、解雇等。

（3）因内部成员升迁而发生的人力结构变化。

（二）业务规划

1. 人力资源补充规划

人力资源补充规划是人员需求的对策性计划。主要陈述人力资源补充的方式、人员内部流动政策、人员外部流动政策、人员获取途径和获取实施计划等。

2. 人员配置规划

人员配置规划陈述企业每个职务的人员数量、人员的职务变动、职务空缺数量等。

3. 人力资源使用规划

人力资源使用规划不仅要满足未来人力的需要，更应该对现有人力做充分的运用。人力资源运用涵盖的范围很广，而其关键在于“人”与“事”的圆满配合，使事得其人，人尽其才。人力资源使用包括职位功能及职位重组、工作指派及调整、升职及选调、职务丰富化、人力检查及调节。

4. 员工培训规划

员工培训规划包括教育培训需求、培训内容、培训形式、培训考核等内容。员工培训规划的目的是培养人才，它包括两个方面：对内遴选现有员工，加强对员工的产品专业知识及工作技能培训；对外积极吸纳社会上少量的且未来急需的人才，以避免企业缺乏这类人才。对员工的培训内容，包括第二专长培训、提高素质培训、在职培训、高层主管培训等。

5. 员工晋升规划

员工晋升规划旨在建立适当的后备人才计划，形成人才梯队，建立人才档案和接班人计划，适应企业发展的需求。

6. 绩效评估规划

绩效评估规划是建立公平、合理、有效的考核机制，并将考核结果与培训、晋升、薪酬等合理挂钩。

7. 薪酬激励规划

在企业内建立现代薪酬管理制度，平衡内外薪酬水平，建立有激励性和竞争力的分配机制和薪酬体系。

8. 员工职业发展规划

制订员工职业发展规划，使员工的成长发展与企业需求相协调，实现员工和企业的共同发展。

三、人力资源规划编制程序

（一）准备阶段

调查、收集和整理涉及企业战略决策和经营环境的各种信息。主要包括外部环境信息和内部环境信息。根据企业或部门实际确定人力资源规划的期限、范围和性质，建立企业人力资源信息系统，为预测工作准备精确而翔实的资料。

1. 内部人力资源环境的信息

这些信息业包括两方面的内容：一是企业环境的信息，如企业的发展战略、经营规划、生产技术以及产品结构等；二是管理环境的信息，如企业的组织结构、企业文化、管理风格及人力资源管理政策等。这些因素都直接决定着企业人力资源的供给和需求。

2. 外部人力资源环境的信息

这些信息包括两类：一是经营环境的信息，如社会政治、经济、文化以及法律环境等；二是直接影响人力资源供给和需求的信息，如外部劳动力市场的供求状况、政府的职业培训政策、国家的教育政策以及竞争对手的人力资源管理政策等。

3. 现有人力资源的信息

对企业现有人力资源的数量、质量、结构和潜力等进行整理，及时掌握企业现有的人力资源状况。

（二）预测阶段

这是最关键也是难度最大的一部分。主要任务是在充分掌握信息的基础上，分析人力资源供给和需求影响因素，采用以定量为主，结合定性分析的各种科学预测方法，对企业在未来某一时期的人力资源供给和需求做出预测。

（三）编制规划阶段

制订人力资源供求平衡的总计划和各项业务计划，通过具体的业务计划使未来企业对人力资源的需求得到满足。编制的主要内容有人员配置计划、人员需求预测、人员供给计划、培训计划、人力资源费用的预算、人力资源政策调整计划等。

（四）实施阶段

实施阶段是人力资源规划的最重要阶段。实施前要做好充分的准备工作，制订详尽的计划；实施时要严格按照规划进行，并设置相应的控制机制。一般而言，人力资源规划的实施主要包括如下环节：

1. 执行

执行是人力资源规划在实施阶段最重要的步骤，在执行过程中的要点包括：第一，按规划执行；第二，在执行前要做好准备工作；第三，执行时要全力以赴。

2. 检查

检查是人力资源规划实施阶段不可缺少的一个步骤，它能避免执行流于形式、缺乏必要的压力、不能掌握第一手信息等问题。检查前，要列出检查提纲，明确检查目的与检查内容；检查时要根据提纲逐条检查；检查后，要及时反馈检查结果。

3. 反馈

反馈是执行人力资源各个环节的一个重要步骤。通过反馈，可以认识规划中存在的问题和不足。

（五）评估阶段

这是整个规划过程的最后一步。它包括两层含义：一是在实施的过程中，要随时根据内外部环境的变化来修正供给和需求的预测结果，并对平衡供需的措施做出调整；二是对预测的结果以及制订的措施进行评估，对预测的准确性和措施有效性做出衡量，找出其中存在的问题并总结有益的经验。

第二节　旅游企业人力资源预测

一、人力资源需求预测

人力资源需求预测是指根据企业的发展规划和其内外条件，选择适当的预测技术，对人力资源需求的数量、质量和结构进行预测的过程。

（一）人力资源需求预测的具体步骤

人力资源需求预测分为现实人力资源需求、未来人力资源需求和未来流失人力资源需求预测三部分。其详细步骤如下。

（1）根据职务分析的结果确定职务编制和人员配置。

（2）进行人力资源盘点，统计出人员的缺编、超编及是否符合职务资格的要求。

（3）将上述统计结论与部门管理者进行讨论，修正统计结论。

（4）该统计结论为现实人力资源需求。

（5）根据企业发展规划，确定各部门的工作量。

（6）根据工作量的增长情况，确定各部门还需要增加的职务及人数，并进行汇总统计。

（7）该统计结论为未来人力资源需求。

（8）对预测期内退休的人员进行统计。

（9）根据历史数据，对未来可能发生的离职情况进行预测。

（10）将第 8、第 9 条统计和预测结果进行汇总，得出未来流失人力资源需求。

（11）将现实人力资源需求、未来人力资源需求和未来流失人力资源需求汇总，即得出企业整体人力资源需求预测。

（二）人力资源需求预测的方法

1. 经验预测法

这是最为简便易行的一种方法，是由企业管理人员凭借自己以往的工作经验和直觉，对未来所需要的人力资源做出估计。采用经验预测法是根据以往的经验进行预测，预测的效果受经验的影响较大。因此，保留历史档案，并采用多人综合的经验，可减少误差。现在不少企业采用这种方法来预测本企业对将来某段时期内人力资源的需求。

这种方法主要是凭借经验来进行的，因此它主要用于短期的预测，并且适用于那些规模较小或者经营环境稳定、人员流动不大的企业。同时，在使用这种方法时，还要求管理人员必须具有丰富的经验，这样预测的结果才会比较准确。

2. 德尔菲法

德尔菲法是指邀请在某一领域的一些专家或有经验的管理人员对某一问题进行预测并最终达成一致意见的结构化的方法，有时也称为专家预测法。使用该方法的目的是通过综合专家各自的意见来预测某一方面的发展，其具体做法：

（1）拟订主题，设计调查表，并附上背景资料。

（2）选择与预测课题相关的专家。

（3）寄发调查表，并在规定时间回收。

（4）对第一轮调查进行综合整理，汇总成新的调查表，再寄给专家征求意见。

这样，每个专家在了解其他专家意见的基础上（匿名方式），做出新的判断。如此反复几轮（一般是3～5轮），便可形成比较集中的意见，从而获得预测的结果。

德尔菲法的特征如下。

（1）它吸取和综合了众多专家的意见，避免了个人预测的片面性。

（2）它不采用集体讨论的方式，而且是匿名进行，也就是说采取“背靠背”的方式来进行，这样就使专家可以独立地做出判断，避免了从众的行为。

（3）它采用多轮预测的方式，经过几轮的反复，使专家的意见逐渐趋同，具有较高的准确性。

德尔菲法具有可操作性，且可以综合考虑社会环境、企业战略和人员流动三大因素对企业人力资源规划的影响，因而运用比较普遍。但其预测结果具有强烈的主观性和模糊性，无法为企业制订准确的人力资源规划提供详细可靠的数据信息。

3. 趋势预测法

趋势预测法是指根据企业过去几年的人员数量，分析它在未来的变化趋势并依此来预测其在未来某一时期的人力资源需求量，多适用于那些经营稳定的企业，并且主要作为一种辅助方法来使用。

具体步骤：首先收集企业在过去几年内人员数量的数据，并且根据这些数据作图；然后用数学方法进行修正，使其成为一条平滑的曲线，将这条曲线延长就可以看出未来的变化趋势。在实践中为了简便，往往将这种趋势转化为直线关系。

4. 回归预测法

回归预测法是指根据预测的相关性原则，找出影响预测目标的各因素，并用数学方法找出这些因素与预测目标之间的函数关系的近似表达，再利用样本数据对其模型估计参数及对模型进行误差检验，一旦模型确定，就可利用模型，根据因素的变化值进行预测。

一元线性回归预测法的公式如下：

$$Y=a+bX$$

公式中：X—自变量；Y—因变量或预测量；a，b—回归系数

根据已有的历史数据 X_iY_i，$i=1, 2, 3, \cdots n$（n 为实际数据点数目），求出回归系数 a，b；

为了简化计算，令（$X_1+X_2+\cdots+X_n$）$=0$，可以得出 a，b 的计算公式如下：

$$a=(Y_1+Y_2+\cdots+Y_n)/n$$

$$b=(X_1Y_1+X_2Y_2+\cdots+X_nY_n)/(X_{12}+X_{22}+\cdots+X_n2)$$

5. 比例分析法

比例分析法是通过分析过去直接生产人员和间接生产人员的比例，并且在考虑未来企业或生产方式可能变化的基础上，预测未来直接生产员工与间接生产员工的比例。当采用工作分析法确定直接生产员工所需数量后，可利用比例分析法确定间接生产员工所需的数量。

6. 工作分析法

工作分析法使用的前提是完成一项工作所需的时间和所需的人员数量是可以测定的。在生产企业中应用这种方法时首先要确定企业计划的生产量或者每个部门的任务量，然后根据直接生产员工的标准工时和每个员工每年正常的工作时间计算所需的直接员工数量。

以上企业人力资源需求预测方法中，前两项为定性预测法，后四项为定量预测法。

二、人力资源供给预测

人力资源的供给预测是指企业为满足人力资源的需求，对未来某一特定时期内，企业从其内部和外部能够获得的人力资源的数量、质量以及结构进行预测。

（一）企业人力资源供给预测的内容

企业人力资源供给预测一般包括以下几方面的内容。

1. 人力资源内部供给预测

（1）现有人力资源的分析。分析企业目前的人力资源状况，如企业员工的部门分布、技术知识水平、工种、年龄构成等，了解企业员工的现状。

（2）人员流动的分析。分析目前企业员工流动的情况及其原因，预测未来员工流动的态势，以便采取相应的措施避免不必要的流动，或及时给予替补。

（3）人员质量的分析。

（4）掌握企业员工提拔和内部调动的情况，保证工作和职务的连续性。

（5）分析工作条件（如作息制度、轮班制度等）的改变和出勤率的变动对员工供给的影响。

（6）掌握企业员工的供给来源和渠道。员工可以来源于企业内部，也可来自企业外部。

2. 人力资源外部供给预测

一般来说，影响外部供给的因素主要有外部劳动力市场、人们的就业意识、企业的吸引力等。

（二）企业人力资源供给预测的影响因素

对企业员工供给进行预测，必须把握影响员工供给的主要因素，从而了解企业员工供给的基本状况。影响员工供给的因素可以分为两大类：

1. 地区性因素

影响员工供给的地区性因素具体包括：

（1）企业所在地和附近地区的人口密度。

（2）其他企业对劳动力的需求状况。

（3）企业当地的就业水平、就业理念。

（4）企业当地的科技文化教育水平。

（5）企业所在地对人们的吸引力。

（6）企业本身对人们的吸引力。

（7）企业当地临时员工的供给状况。

（8）企业当地的住房、交通、生活条件。

2. 全国性因素

影响员工供给的全国性因素具体包括：

（1）全国劳动人口的增长趋势。

（2）全国对各类人员的需求程度。

（3）各类学校的毕业生规模与结构。

（4）教育制度变革而产生的影响，如延长学制、改革教学内容等对员工供给的影响。

（5）国家就业法规、政策的影响。

（三）人力资源供给预测的方法

人力资源供给的主要预测方法有技能清单法、人员接替法、人力资源“水池”模型、马尔科夫模型等。

1. 技能清单法

技能清单是一个能全面反映员工工作能力特征的列表，如表 2－1 所示，这些特征包括员工的教育和培训背景、工作经历、持有的资格证书以及工作能力的评价等内容。技能清单是对员工竞争力的一个反映，可以用来帮助预测潜在的人力资源供给。当企业出现职位空缺时，可以根据该职位所要求的关键技术和关键能力对企业员工进行盘点，对照技能清单，确定适合该职位的人员，如果在现有人员中缺乏适合该职位的员工，企业就应该考虑通过培训或外部招聘来满足这一需要，利用技术清单，培训人员知道需要增加的课程，招聘人员知道在面试时需要提出什么问题。

表 2－1　　技能清单

<table>
<tr><td colspan="2">姓名：</td><td>性别：</td><td>出生年月：</td><td>婚姻状况：</td></tr>
<tr><td colspan="2">部门：</td><td>职称：</td><td>职位：</td><td>到职日期：</td></tr>
<tr><td rowspan="4">教育背景</td><td>类别</td><td>专业</td><td>毕业学校</td><td>毕业时间</td></tr>
<tr><td>高中</td><td></td><td></td><td></td></tr>
<tr><td>本科</td><td></td><td></td><td></td></tr>
<tr><td>研究生</td><td></td><td></td><td></td></tr>
<tr><td rowspan="2">技能</td><td colspan="2">技能种类</td><td colspan="2">所获证书</td></tr>
<tr><td colspan="2"></td><td colspan="2"></td></tr>
</table>

续表

<table>
<tr><td rowspan="3">培训经历</td><td>培训日期</td><td>培训内容</td><td colspan="2">培训证书</td></tr>
<tr><td></td><td></td><td colspan="2"></td></tr>
<tr><td></td><td></td><td colspan="2"></td></tr>
<tr><td>特长</td><td colspan="4"></td></tr>
<tr><td rowspan="4">员工意愿</td><td colspan="2">您是否愿意接受培训以担任其他工作？</td><td>是</td><td>否</td></tr>
<tr><td colspan="2">您认为自己是否应该进一步提高现有的工作技能？</td><td>是</td><td>否</td></tr>
<tr><td colspan="2">您是否愿意接受工作轮换以丰富工作经验？</td><td>是</td><td>否</td></tr>
<tr><td colspan="2">您最喜欢从事哪种工作？</td><td>是</td><td>否</td></tr>
<tr><td colspan="2" rowspan="2">您认为自己需要接受何种训练</td><td colspan="3">改善目前技能和绩效的训练：</td></tr>
<tr><td colspan="3">晋升所需的经验和技能训练：</td></tr>
<tr><td colspan="2">您认为自己可以接受何种工作</td><td colspan="3"></td></tr>
<tr><td colspan="2">员工签名：</td><td>部门主管签名：</td><td colspan="2">人力资源部经理签名：</td></tr>
</table>

2. 人员接替法

这种方法是对企业现有人员的状况做出评价，然后对他们晋升或者调动的可能性做出判断，以此来预测企业潜在的内部供给。这样，当某职位出现空缺时，就可以及时地进行补充。人员替代图列出的是可以接替当前关键工作岗位的人员名单。这些图不但列出了可以提升或调动的人员名单，并且可以通过对替换员工的分类，如直接提升，需要进一步培训等列出员工适合该岗位的程度，帮助计划制订者为企业的关键职位找到最合适的替代人，如图 2-1 所示。

3. 人力资源“水池”模型

此法是在预测企业内部人员流动的基础上来预测人力资源的内部供给，它与人员替换有些类似，不同的是人员替换是从员工出发来进行分析，预测的是一种潜在的供给；“水池”模型则是从职位出发进行分析，预测的是未来某一时间现实的供给。这种方法一般要针对具体的部门、职位层次或职位类别来进行。

4. 马尔科夫模型

马尔科夫模型是一种统计模型，在旅游企业人力资源供给预测中，主要根据企业的历史资料，确定企业员工由一种职位向另一种职位调动的概率，得到一个转换概率矩阵并据此进行未来人力资源预测的方法。它的基本思想是找出过去人力资源流动的比例，依次来预测未来人力资源供给的情况。应用这种方法进行人

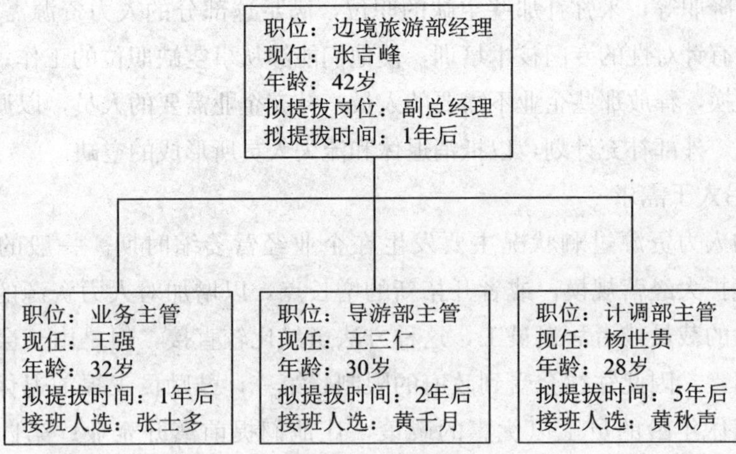

图 2-1 人员替代

力资源供给预测时最重要的是选择合适时间段的资料，得到能确实反映企业人事变动的规律，即得到人事变动的概率。一般来说，所选时间段越长，越能反映企业人事变动的规律，但所选时间段越长，所需要的工作量也就相应越大，利用得到的人事变动概率，就可以推测出未来人员变动的情况。具体来讲，就是将规划初期每种工作的人员数量与每种工作的人员变动概率相乘，然后相加，就可以得到企业内部总体的人事变动情况。

三、人力资源供需的平衡

在企业人力资源供需预测的基础上，接下来的工作就是要进行人力资源的综合平衡，这是企业人力资源规划工作的核心和目的所在。企业人力资源的综合平衡主要从三个方面来进行，即人力资源供给与人力需求的平衡、人力资源规划内部各专项计划之间的平衡和企业需要与个人需要之间的平衡。

（一）人力资源供给与人力需求的平衡

企业人力资源供给与人力需求的不平衡有三种类型，即人力资源不足、人力资源过剩和两者兼而有之的结构性失衡。

1. 供给和需求总量平衡，结构不平衡

结构性失衡是企业人力资源供需中较为普遍的一种现象，在企业的稳定发展状态中表现得尤为突出。平衡的措施：第一，进行人员内部的重新配置，包括晋升、调动、降职等，来弥补那些空缺的职位，满足这部分的人力资源需求；第二，对人员进行有针对性的专门技术培训，使他们能够从事空缺职位的工作；第三，进行人员的置换，释放那些企业不需要的人员，补充企业需要的人员，以调整人员的结构；第四，外部补充计划，以抵消退休和流失人员所形成的空缺。

2. 供给大于需求

绝对的人力资源过剩状况主要发生在企业经营萎缩时期。一般的平衡办法有：第一，扩大经营规模，或者开拓新的增长点，以增加对人力资源的需求；第二，永久性的裁员或者辞退员工，这种方法虽然比较直接，但是由于会给社会带来不安定因素，因此往往会受到政府的限制；第三，鼓励员工提前退休，就是给那些接近退休年龄的员工以优惠的政策，让他们提前离开企业；第四，冻结招聘，就是停止从外部招聘人员，通过自然减员来减少供给；第五，缩短员工的工作时间、实行工作分享或者降低员工的工资，通过这种方式也可以减少供给。工作分享要以降低薪资水平为前提；辞退是最为有效的办法，但会产生劳资双方的敌对行为，也会带来众多的社会问题，需要有一个完善的社会保障体系作为后盾；提前退休是一种较易为各方面所接受的方案。

3. 供给小于需求

人力资源的供给不足主要表现在企业的经营规模扩大和新的经营领域的开拓时期，因而需要增加新的人员进行补充。补充的途径有外部招聘、内部晋升、人员接任计划、技术培训计划等。同时企业人员净补充阶段也是企业人力资源结构调整的最好时机。企业在原有的经营规模和经营领域中也可能出现人力资源不足，比如人员的大量流失，这是一种不正常的现象，表明企业的人力资源管理政策出现了重大问题。

采取措施：第一，从外部聘用人员，包括返聘退休人员，这是最为直接的一种方法。可以雇用全职的也可以雇用兼职的，这要根据企业自身的情况来确定；第二，提高现有员工的工作效率，这也是增加供给的一种有效方法；第三，延长工作时间，让员工加班加点；第四，降低员工的离职率，减少员工的流失，同时进行内部调配，增加内部的流动来提高某些职位的供给。

（二）人力资源规划内部各专项计划之间的平衡

企业的人力资源规划包括人员补充计划、培训计划、使用计划、晋升计划、薪资计划等，这些专项人力资源计划之间有着密切的内在联系。因此，在人力资源规划中必须充分注意它们之间的平衡与协调，如通过人员的培训计划，受训人员的素质与技能得到提高后，必须与人员使用计划衔接，将他们安置到适当的岗位；人员晋升与调整使用后，因其承担的责任和所发挥的作用与以前不一样，必须配合相应的薪资调整。唯有如此，企业的人员才能保持完成各项任务的积极性，各专项人力资源计划才能得以实现。

（三）企业需要与个人需要的平衡

企业的需要和企业成员的个人需要是不尽相同的，解决这对矛盾是企业人力资源规划的一个重要目的。企业人力资源规划中的各专项人力资源计划就是解决这一矛盾的手段和措施，如表 2－2 所示。

表 2－2　企业需要与个人需要的平衡

企业需求	个人需求	人力资源规划手段
专业化	工作丰富化	服务设计
人员精简	工作保障	培训计划
人员稳定	寻求发展	职业生涯计划
降低成本	提高待遇	生产率计划
领导的权威	受到尊重	劳动关系计划
员工的效率	公平的晋升机会	考核计划

第三节　旅游企业人力资源预算

人力资源预算是企业在一个生产周期（一般是一年）内，人力资源管理活动预期的费用支出的计划。它是企业计划期内人力资源及其各种相关的管理活动得以正常运行的资金保证，也是人力资源管理部门的重要职责。

一、企业人力资源预算的构成

企业人力资源预算包括人工成本和人力资源管理费用。前者是指支付给员工的费用，如工资、福利、保险等；后者是指人力资源管理部门开展人力资源管理活动的经费，如招聘费用、培训费用等，如图 2－2 所示。

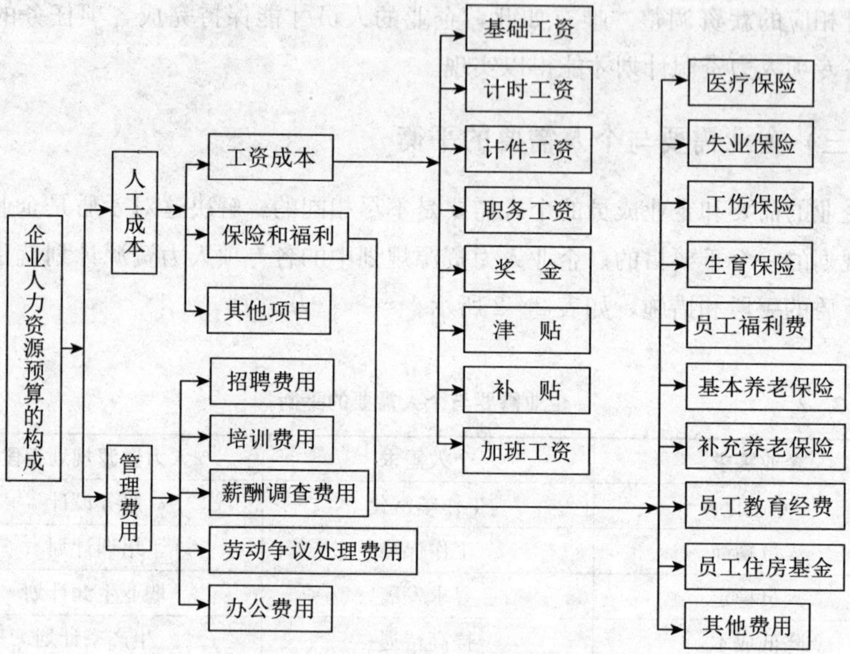

图 2－2　企业人力资源预算的构成

（一）人工成本

人工成本是指企业在一个生产经营周期（一般为一年）内，支付给员工的全部费用，主要包括三个方面。

1. 工资成本项目

即根据劳动合同以及国家相关规定，定期直接支付给本企业全体员工的劳动报酬总额，主要由基础工资、计时工资、计件工资、职务工资、奖金、津贴和补贴（包括洗理卫生费、上下班交通补贴），以及加班工资等部分组成。

2. 保险和福利项目

即根据劳动合同以及国家相关规定，定期支付给本企业全体员工，或定期替员工缴纳的保险、福利费用，如医疗保险费、失业保险费、工伤保险费、生育保险费、员工福利费、基本养老保险费、补充养老保险费、员工教育经费、员工住房基金，以及其他费用，如根据《中华人民共和国工会法》规定应提取的工会基金等。这部分项目与工资项目存在一定的比例依存关系，各个项目提取比例的大小与企业所在地区的经济发展水平、劳动力的结构状况、政府现行的法律法规和政策有直接的联系。

3. 其他项目

除上述两项基本费用之外的其他一些费用预算，都归入其他项目。主要有“其他社会费用”“非奖励基金的资金”“其他退休费用”等，这些费用项目一般是在发生之后才有的。

（二）人力资源管理费用

人力资源部门作为专门从事人力资源管理的职能部门，在一年的工作当中，要牵头或者负责花多少费用。比如，招聘费用（含招聘前的调研费、广告费、招聘会经费、高校奖学金等；招聘中的选拔测试方案制订与实施的经费、获取测试工具的经费等；招聘后的通知录取结果的经费、分析招聘结果的经费、签订劳动合同的经费等），对薪酬的市场调查费用，员工的培训费用，劳动争议处理费用，以及人力资源部门直接发生的办公费用（如通信费用、差旅费用、办公设施费用等）。

二、人力资源预算的作用

1. 保证企业经营管理活动的完整性

企业的未来人力资源需求预测是人力资源预算的重要内容，通过对企业人力资源现状的分析，合理预测出下一年度企业人力资源需求，能够及时地为企业的未来发展提供合适的人才，保证企业经营管理活动的完整性。

2. 保证企业人力资源供需合理

人力资源预算制订的前提就是对企业的人力资源现状进行全面的分析，在充分了解自身人力资源供需结构的情况下，根据企业的发展战略预测未来年度的人员需求，能够有效保证企业的人力资源供需合理，防止出现供过于求或者供不应求现象的出现。

3. 对企业的人力资源活动起着指导和控制作用

人力资源预算制订以后，对企业的人力资源管理活动起着指导和控制作用，使一切人力资源活动在预算的指导下，有序地进行，保证了人力资源管理活动的科学性和有序性。

4. 能够有效控制企业的人力资源活动成本

人力资源预算通过对未来人力资源管理活动成本费用的预测，能够合理控制企业在进行人力资源管理活动中的成本费用，促使企业在人力资源管理活动中实现资金的最大化利用。

三、人工成本预算编制的程序和方法

（一）工资项目的预算

1. 工资项目预算的前期工作

（1）分析当地政府相关部门本年度发布的最低工资标准，如有新的变化将影响企业工资标准水平，需要对工资预算进行必要的调整。

（2）分析当年同比的消费者物价指数，是否大于或等于最低工资标准增长幅度。在一般情况下，消费者物价指数只会大于或等于最低工资标准的调整幅度，因为最低工资标准是根据消费者物价指数进行调整的。

（3）掌握并理解企业高层领导对下一年度工资调整的意向。因为政府虽然对计划期内的工资指导线即基准线、预警线和下线提出了建议，但采取何种工资调整策略，完全取决于企业高层领导者的决策。

（4）考察和对比上一年度工资中各子项目的预算和结算情况，分析上一年度工资费用的发展趋势，以及企业的生产经营状况。

（5）考察和对比本年度工资中各子项目的预算和已发生费用的结算情况，分析本年度工资费用的发展趋势，以及企业的生产经营状况。

2. 工资预算的步骤

（1）单纯从工资费用预算、结算结果的发展趋势进行预测

①分析上一年度和本年度的工资费用预算、结算情况，分析二者之间的规律。如本年度预算（结算结果）是否比上一年度上升（下降），上升（下降）幅度有多大。

②根据上述规律，预测下一年度工资费用的变化趋势，从而提出下一年度的预算方案。

（2）从企业的生产经营发展趋势进行预测

①根据上一年度和本年度工资费用的发展趋势和企业的生产经营状况，预测下一年度工资费用的发展趋势和企业的生产经营状况。如某类人员因供不应求

（供过于求），其工资有上涨（下降）趋势；某类产品产量需求有扩大（减少）趋势；某类技术创新带来了生产技术的集约化等。

②根据工资费用的发展趋势和企业的生产经营状况，预测下一年度的工资费用的变化趋势。例如，若某类人员因供不应求（供过于求），其工资有上涨（下降）趋势，则应相应加大（减少）这类人员工资费用的预算；若某类产品的产量需求有扩大（减少）趋势，则相应岗位上的人员必将增多（减少），应相应加大（减少）这些岗位上工资费用的预算；若某类技术创新带来了生产的集约化，则相应岗位的人员数量需求必将减少，人员的素质需求也可能改变，此时应根据实际情况调整预算。

③在上述分析的基础上，按照工资总额的项目逐一进行测算、汇总，提出预算方案。

（二）社会保险费与其他项目的预算

这类费用主要受国家、地区相关规定的影响，具有较强连续性，相对易于预测。

（1）分析检查和对照国家相关规定，考察对涉及员工权益的项目有无增加或减少，标准有无提高或降低。

（2）掌握本地区相关部门公布的各种相关员工上年度工资水平的数据资料，如上年度员工平均工资水平等。

（3）企业中上一年度工资及社会保险等方面的相关统计数据和资料。因为本类项目的提取比例一般是按照本地区上年度员工月平均工资测算的。

（三）编制人力资源管理费用的预算

人力资源管理部门在开展日常业务工作的过程中，必须有一定的经费保障。在进行这部分费用预算时，首先要认真分析人力资源管理各方面的活动及其过程，然后确定在这些活动及其过程中都需要哪些资源。如表 2－3 所示为某公司人力资源部门职责范围内的活动以及所需费用项目。这些费用按照公司财务科目分类，分别统计核实，纳入相关会计科目账户。

表 2-3　　某公司人力资源部管理费用项目统计表

活动项目	费用项目
1. 招聘	广告费、招聘会经费、高校奖学金
2. 工资水平市场调查	调查研究费
3. 人员测评	测评费
4. 培训	教材讲义费、培训讲师劳务费、培训费（差旅费）
5. 公务出国	护照费用、签证费
6. 调查研究	专题研究会议费用、协会会员费用
7. 劳动合同	鉴证费
8. 辞退	补偿费
9. 残疾人安置	残疾人就业保障金
10. 劳动纠纷	法律咨询费
11. 办公业务	办公用品费、办公设备购置与维修费

复习与练习

一、填空题

1. ____________是企业计划的重要组成部分，是各项具体人力资源管理活动的起点与依据。

2. ________主要是根据企业的历史资料，确定企业员工由一种职位向另一种职位调动的概率，得到一个转换概率矩阵并据此进行未来人力资源预测的方法。

3. 人力资源规划的实施主要包括______、______、______三个环节。

二、选择题

1. ____是指根据企业过去几年的人员数量，分析它在未来的变化趋势并依此来预测企业在未来某一时期的人力资源需求量。

A. 趋势预测法　　B. 比例分析法

C. 工作分析法　　D. 回归预测法

2. 人力资源需求预测的方法有____。

A. 技能清单法　　B. 德尔菲法

C. 人员接替法　　D. 马尔科夫模型

3. 企业人力资源预算包括____和____。

A. 工资；福利　　B. 福利；保险

C. 招聘费用；培训费用　　D. 人工成本；人力资源管理费用

4. ____陈述人力资源计划的总原则、总方针、总目标。

A. 业务规划　　B. 人力资源补充规划

C. 总体规划　　D. 人力资源使用规划

5. ____包括医疗保险费、失业保险费、工伤保险费、生育保险费、员工福利费、基本养老保险费和补充养老保险费、员工教育经费、员工住房基金，以及其他费用。

A. 工资　　B. 奖金

C. 补贴　　D. 保险和福利

三、简答题

1. 简述人力资源规划编制的原则。

2. 简述人力资源规划的编制程序。

3. 简述企业人力资源预算的构成。

实训项目

【实训名称】编制人力资源规划

【实训内容】使学生结合实际，加深对人力资源规划的感性认识与理解

【实训步骤】

全班同学按照5～8人/组的形式，自愿组成小组，利用课余时间，选择当地一家旅游企业进行调查与访问。在调查访问之前，每组需要根据课程所学知识经过讨论制订调查访问提纲，主要包括调研的主要问题与具体安排。调研内容有以下两项：

1. 调查该企业人力资源规划的现状。

2. 分析该企业人力资源规划方面存在的问题。

【实训点评】

1. 每个小组根据所调查的资料，为该旅游企业制订一份人力资源规划。

2. 安排一次讨论课，以小组为单位，每组派代表就本小组的人力资源规划进行陈述和答辩。

3. 教师根据学生的人力资源规划和陈述答辩的表现给予评价打分。纳入学生实训课考核之中。

第三章　工作分析与工作设计

人力资源管理是对人进行的管理，在企业内部这种管理并不是抽象的，它总是以企业所承担或所从事的活动为基础来进行的，而一个企业所进行的活动最终都要落实到具体的职位上，表现为职位所对应的工作。因此，为了更好地进行人力资源管理，首先必须对企业内部各个职位的工作活动进行充分的了解，而这正是工作分析所要完成的任务。因此，工作分析与工作设计是旅游企业人力资源管理的基石。通过本章学习，能达到如下学习目标：

1. 掌握旅游企业工作分析的内容和结果。
2. 掌握旅游企业工作分析的步骤及方法。
3. 掌握旅游企业工作设计的内容、形式及其方法。

案例引导

某旅游信息服务公司的工作分析

某旅游信息服务公司是一家中外合资企业，主要经营业务是为旅游企业和旅游者个人提供旅游硬件和旅游软件服务。作为一个知识密集型的企业，公司的发展将主要依赖于它所拥有的人力资源，企业间的竞争实质是对于高质量人力资源的竞争。因此，该旅游信息服务公司非常注重通过提高员工的工作满意度来留住他们。至今，它的人员流动率接近于行业的平均水平。

从表面上看，该旅游信息服务公司有骄人的经营业绩和良好的发展势头，但是事实上公司内部的管理制度有很多不完善的地方，这些方面将严重影响该旅游信息服务公司的进一步发展。该公司的张经理举例说，作为人力资源管理基础工作之一的工作分析，在公司就没有得到很好的贯彻落实，随着公司规模的扩大，新的工作不断增加，但是相应的工作描述和工作说明书却没有制订，原有的一些工作描述和工作说明书的内容也与实际情况不完全匹配了。造成这种状况的原因在于，初创时期公司的员工较少，公司内部的局域网可以使上下级之间和同事之间非常流畅的沟通，相对简单的组织结构也使公司各个层次的员工很容易接近。同部门的工作经常由员工们共同协力完成，职位在公司被定义为员工之间关于特定技术、专业能力和兴趣的竞赛。有超常能力和成就的员工常被录用，接着很快获得晋升。正因为如此，公司并不注重为每个工作制订工作描述和工作说明书，因为从某种意义上来说，这只是一纸空文。

但是这种忽视工作分析的做法，随着公司规模的日益扩大，显示出越来越多对人力资源管理工作的负面影响。在公司内部，人力资源部被认为是一个低效率的团队。比如，本来通过绩效评估，发现员工绩效不符合标准的原因，并安排各种培训和锻炼机会以提高这部分员工的技能，增强他们的信心，这应该是人力资源部门的职责。但是由于缺乏准确的工作描述和工作说明书，人力资源部门就没有确切的标准来衡量员工的工作绩效，因而也无从发现员工究竟哪些地方需要改进和提高，更别提为员工制订适宜的培训计划了。因此，在公司内部，普遍认为人力资源部的员工缺乏这方面的能力和经验。另外，公司主要的奖励系统也似乎和人力资源部没有太大关系。甚至公司的年度员工表彰会也被认为与人力资源部无关。而按惯例，员工的薪酬奖励计划应该是由人力资源部根据工作描述和工作说明书，判断每个工作岗位的相对价值以后，再以此为依据而制订的。

正是由于缺乏细致的工作分析，该旅游信息服务公司的人力资源部在开展工作时显得力不从心。近期，该旅游信息服务公司又将大规模招聘新员工，张经理决定先从工作分析这一环节抓起，彻底改变人力资源部以往在员工心中的形象。

如果你是张经理，如何看待工作分析在人力资源管理职能中的作用？为了修改旧的工作说明书，制订新的工作说明书，你将通过哪些具体步骤开展这一工作？你将采用哪些方法收集必要的工作分析信息？让我们带着这一系列问题开始本章的学习。

第一节　旅游企业工作分析的内容和结果

工作分析，也可以叫作职位分析、岗位分析或职务分析，它是指了解企业内的一种职位并以一种格式把与这种职位有关的信息描述出来，从而使其他人能了解这种职位的过程。工作分析是各项人力资源管理工作的一项基础性工作，一个企业是否进行了工作分析及工作分析质量的好坏对人力资源管理的各环节具有重要的影响。

一、工作分析的内容

工作分析就是要为管理活动提供与工作有关的各种信息。具体来说，这些信息可以用 6W1H 加以概括，如图 3-1 所示：Who，谁来完成这些工作？What，这一职位具体的工作内容是什么？When，工作的时间安排是什么？Where，这些工作在哪里进行？Why，从事这些工作的目的是什么？For Who，这些工作的服务对象是谁？How，如何来进行这些工作？

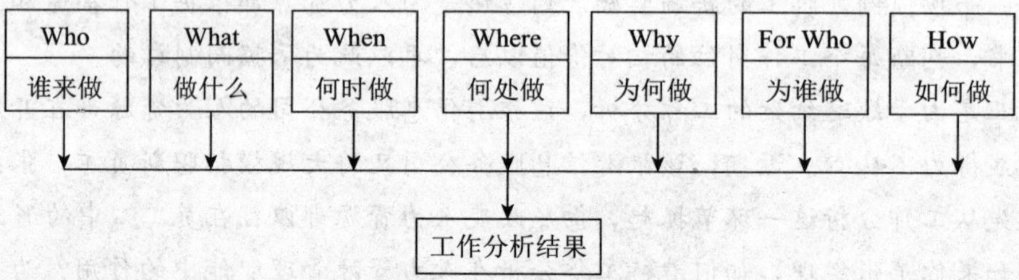

图 3-1　工作分析的内容

综上所述，工作分析的内容包含三个部分：对工作内容的分析；对岗位、部门和组织结构的分析；对工作主体的分析。

（一）对工作内容的分析

对工作内容的分析是指对产品（或服务）实现全过程及重要的辅助过程的分析，包括工作步骤、工作流程、工作规则、工作环境、工作设备、辅助手段等相关内容的分析。

（二）对岗位、部门和组织结构的分析

由于工作的复杂性、多样性和劳动分工，使对岗位、部门和组织结构的分析成为必然，不同的行业和不同的业务都影响着岗位、部门和组织结构的设置，对岗位、部门和组织结构的分析包括对岗位名称、岗位内容、部门名称、部门职能、工作量及相互关系等内容的分析。

（三）对工作主体的分析

对工作主体的分析包括对员工年龄、性别、爱好、经验、知识和技能等各方面的分析，通过分析有助于把握和了解员工的知识结构、兴趣爱好和职业倾向等内容。在此基础上，企业可以根据员工特点将其安排到最适合的工作岗位上，达到人尽其才的目的。

通过工作分析，需要回答或者解决以下两个主要问题：

第一，“某一职位是做什么事情的？”这一问题与职位的工作活动有关，包括职位的名称、工作的职责、工作的要求、工作的场所、工作的时间以及工作的条件等一系列内容。

第二，“什么样的人来做这些事情最适合？”这一问题则与从事该职位的人的资格有关，包括专业、年龄、必要的知识和能力、必备的证书、工作的经历以及心理要求等内容。

二、工作说明书

工作分析的结果用文件的形式表达出来，就是工作说明书。工作说明书，又称岗位说明书或职位说明书，是对每一工作的性质、任务、责任、环境、处理方法及对工作人员的资格条件的要求所做的书面记录。它是根据工作分析的各种调查资料加以整理、分析、判断所得的结论编写成的一种书面文件，是工作分析的结果。

编制工作说明书的目的是为企业的招聘录用、工作分派、签订劳动合同以及职业咨询等人事管理业务，提供原始资料和科学依据。工作说明书的外在形式是根据一项工作编制一份书面材料，可用表格显示，也可用文字叙述。一份完整的工作说明书包括工作描述和工作规范两个部分。

（一）工作描述

工作描述，又称职务描述，指用书面形式对企业中各类岗位（职位）的工作性质、工作任务、工作职责与工作环境等所做的统一要求。工作描述具体说明了某一职位的物质特点和环境特点，主要解决工作内容与特征、工作责任与权利、工作目的与结果、工作标准与要求、工作时间与地点、工作岗位与条件、工作流程与规范等问题。虽然工作描述没有统一的标准格式，但是，大部分好的、有用的工作描述都包括了以下几个主要信息。

1. 工作名称

工作名称是指企业对从事一定工作活动所规定的职位名称或职位代号，以便对各种工作进行识别、登记、分类以及确定企业内外的各种工作关系。在确定职位的工作名称时，要注意以下几点：

首先，工作名称的重要性反映在它的心理作用上，它暗示员工有一定的地位。

其次，工作名称应该较准确地反映其主要工作职责。

最后，工作名称应该指明其任职者有企业等级制度下的相关等级。

2. 工作概要

指用简练的语言文字阐述工作的职责。

（1）工作活动内容。逐项说明工作活动内容与工作时间的百分比，按重要性大小的顺序逐项列出工作任务，并说明各活动内容的执行依据。

（2）工作权限。界定工作人员在工作活动内容上的权限范围，包括决策的权限，对他人实施监督的权限以及经费预算的权限等。

（3）工作结果，又称工作的绩效标准。

3. 工作条件和物理环境

包括工作地点的温度、光线、湿度、噪声、安全条件、地理位置、室内或室外等。

4. 社会环境

包括工作群体中的人数、完成工作所要求的人际交往的数量和程度、各部门之间的关系、工作地点内外的文化设施、社会习俗等。

5. 聘用条件

包括工时数、工资结构、支付工资的方法、福利待遇、该工作在企业中的正式位置、晋升的机会、工作的季节性、进修的机会等。

6. 工作关系

指任职者与企业内外其他人之间的关系。包括：该项工作受谁监督；此工作监督谁；此工作可晋升的职位、可转换的职位以及可迁移至此的职位；与哪些部门的职位发生联系等。

表 3－1 是某旅游公司人力资源部总监工作描述。

表 3－1　　某旅游公司人力资源部总监工作描述

工作名称：人力资源部总监
直接上级：总经理
直接下属：人事经理、招聘经理、培训经理
辖员人数：5～10 人
工作地点：公司本部
工作概要： 负责员工招聘、测试、甄选、评估、任命、提升、调动等人力资源管理工作。
工作内容及职责： 1. 参与整个计划和决策过程，提供有效一致的人力资源服务与管理工作。 2. 通过公告、会议和人事接触等形式向企业各个层次传达政策。 3. 面试和评价应聘者，并对他们进行分级。 4. 为企业空缺职位招聘和筛选应聘者，并回复合格者的申请。 5. 与各部门一起商议人力资源问题，包括配置问题、留用或解聘试用员工、调动、降级和解聘员工。 6. 监督测试管理工作。 7. 发起、组织和监控企业的员工培训活动。 8. 建立有效的服务评价体系，培训管理人员进行员工评价。 9. 管理公司的人力资源档案。 10. 直接或通过下属来管理一线员工。 11. 完成上级分配的相关工作。

续表

任职资格： 1. 经验和培训——应当在人力资源管理领域有丰富的经验，至少有 6 年以上的相关工作经历。 2. 教育——全日制本科毕业，人力资源管理、工商管理、旅游管理等专业。 3. 知识、技能和能力——熟悉人力资源管理人员筛选和分配的原则和实践，能进行工作评估。 4. 责任——能够管理一个由 3 个人力资源经理、1 个秘书和 3 个专职文员组成的部门。
备注：

（二）工作规范

工作规范，又称岗位规范或任职资格，是指任职者要胜任该项工作必须具备的资格与条件。工作规范说明了一项工作对任职者在教育程度、工作经验、知识、技能、体能和个性特征方面的最低要求，而不是最理想的任职者的形象。

工作规范一般包括以下几个主要方面。

1. 一般要求

主要包括年龄、性别、学历、工作经验等。

2. 生理要求

主要包括健康状况、力量和体力、运动的灵活性、感觉器官的灵敏度等。

3. 心理要求

主要包括观察能力、集中能力、记忆能力、理解能力、学习能力、解决问题的能力、创造性、数学计算能力、语言表达能力、决策能力、特殊能力、性格、气质、兴趣爱好、态度、事业心、合作性、领导能力等。

工作规范是工作说明书的重要组成部分，一般是从工作描述中提取和发展出来的，它说明了“有效地进行这项工作需要什么样的个人特性和实践经验”这个问题，可以说工作描述是工作规范的基础。

表 3－2　　　　　　　　某公司招聘助理的工作规范

<table>
<tr><td>工作名称</td><td>招聘助理</td></tr>
<tr><td>部门</td><td>人力资源部</td></tr>
<tr><td colspan="2">工作描述：
在员工招聘、选拔、测量、定向、转移、员工人力资源档案的保存领域，完成专业的人力资源工作；在完成指派工作中有义务执行创造性的工作和独立判断。</td></tr>
<tr><td colspan="2">主要职责：
1. 制订招聘计划，交主管人员审核。
2. 准备招聘文件和招聘广告。
3. 检查邮寄的申请书和履历表，初步筛选申请人。
4. 准备与安排面试。
5. 对申请人进行背景调查等甄别工作。
6. 在招聘方面与地区经理保持日常工作关系。
7. 评估招聘活动。
8. 执行由人力资源经理安排的有关事项。</td></tr>
<tr><td colspan="2">任职资格：
1. 大专或本科学历，人力资源管理、企业管理、旅游管理或酒店管理专业；或在经验、教育经历和训练方面具备与此相似的条件。
2. 具备选拔和人力资源配置方面的专业知识。
3. 良好的书面和口头表达能力。
4. 独立计划和组织活动的能力。
5. 人力资源管理计算机应用的知识。</td></tr>
<tr><td colspan="2">备注：</td></tr>
</table>

（三）工作说明书的编制

工作分析是人力资源管理与开发的基础工作，由此产生的工作说明书则是企业管理的基本文件，它不但明确规定了各项工作的内容及对任职者的各项要求，还为各级管理人员的各项管理提供了决策参考。表 3－3 是某酒店前厅部经理工作说明书。工作说明书的编写要求如下。

1. 清晰

工作说明书对工作的描述要清楚透彻，做到一岗一书。

各项工作活动，以技术或逻辑顺序排列或依重要性及所耗费的时间多少排列。

应避免使用原则性的评价，比较难以理解的专业性词汇要解释清楚。

2. 准确

工作说明书对工作的描述应准确，不能模棱两可、含糊其词。语言应精练、简短，避免笼统、雷同和“千岗一面”“一岗概全”等，尽量选择恰当的用词，便于任职者把握。

3. 实用

岗位说明书的设计要实用，具有可操作性。如工作任务、职责都要明确，便于员工上岗及对其考核，任职的资格和层次要清楚，以便对员工进行培训和评价。

4. 完整

岗位说明书的编写一般由现任职人员自我描述，人力资源管理专家参与共同撰写，任职人员主管审定，人力资源部存档。从程序上保证文件的全面性与完整性。

5. 统一

同一组织中文件格式应统一。

6. 具体

在说明工作的种类、复杂程度，任职者须具备的技能、任职者对工作各方面应负责任的程度这些问题时，应尽量使用专业化的词汇。

表 3-3　　某酒店前厅部经理工作说明书

<table>
<tr><td>工作名称</td><td>前厅部经理</td><td>部门</td><td>前厅部</td></tr>
<tr><td>工作性质</td><td>酒店中层管理</td><td>工作地点</td><td>一楼前厅办公室</td></tr>
<tr><td>直接上级</td><td>酒店副总经理</td><td>直接下级</td><td>前厅部主管及班组领班</td></tr>
<tr><td>平行关系</td><td>酒店各部门经理</td><td>班次</td><td>行政班
（08：00—12：00；
13：30—17：30）</td></tr>
<tr><td>晋升方向</td><td>房务总监</td><td>学历</td><td>大专及以上</td></tr>
<tr><td colspan="4">主要任务：
监督管理前厅部的推销客房工作，为客人提供各种综合服务，收集、处理和传递有关经营信息，接待客人，控制客房状况等工作的正常进行。</td></tr>
<tr><td colspan="4">工作原则：
思维敏捷，工作严谨，知识丰富，处事灵活；掌握政策、具有较强的组织决策能力；各方面业务熟练；坚持体现合情、合理的原则，保证部门工作顺利进行与完成。</td></tr>
<tr><td colspan="4">工作职责：
1. 直接对副总经理负责，贯彻执行酒店下达的营业及管理指令。
2. 根据酒店计划，制订前厅部各项业务指标和规划。
3. 负责组织前厅的酒店产品销售和接待服务工作。
4. 协调平衡本部门各工种之间所出现的工作矛盾，保证各项工作的衔接。
5. 组织主持每周部门管理人员工作例会，传达酒店例会工作要点，听取汇报，布置工作、解决问题。
6. 确保员工做好前厅部各项统计工作，掌握和预测房间出租情况、订房情况、客人到店和离店情况，密切注意客情，保证前厅各部门提供高效、优质的服务，使客房销售达到最佳状态。
7. 负责将客房营业日报表报送客房部、主管副总和总经理。
8. 检查、指导前厅部员工及其工作表现，保证酒店及部门规章制度和服务质量标准得到执行，确保前厅部各项工作正常运转。
9. 每月审阅各班组提供的员工出勤情况。
10. 对前厅部员工进行定期评估，并按照奖惩条例进行奖惩。
11. 做好本部门与其他部门的沟通与协调工作。</td></tr>
</table>

续表

12. 与销售部的协调。每天与进、离店的团队协调配合，在团队到达前四天及时了解该团队的具体要求，并通过销售部做好团队的保障工作。

13. 与客房部及工程部协调。确保大厅及公共区域的卫生状况良好，设备设施运转正常。

14. 与电脑房协调，确保电脑的安全使用。

15. 密切保持与客人的联系，经常向客人征求意见，了解情况，及时反馈，并定期提出有关接待服务工作的改进意见，供酒店参考决策。

16. 检查 VIP 接待工作，包括亲自迎送。

17. 做好前厅员工的思想工作，关心员工。

18. 如酒店或其他部门要求，应履行其他义务。

工作内容：

1. 制订本部门工作计划

（1）制订本部门年度工作、每月工作计划，审核各班组工作计划。

（2）根据酒店安排，制订本部门全年和阶段培训计划。

（3）根据酒店安排，分析部门人员配备及各班组工作状况，做出全年人员配置计划。

2. 组织与实施

（1）根据岗位特点、业务需要、人员素质及所需达到的目标，对领班及员工进行分工。

（2）给领班传达上级指示，布置工作任务。

（3）完成酒店分派的各种事务。

（4）明确各班组岗位职责、工作程序、管理细则及各项规章制度。

（5）直接参与和指导各项培训计划的落实和完成。

3. 检查各项工作

（1）每日直接参与部分日常接待工作，检查、监督员工的服务态度、操作程序和标准是否规范。

（2）每日检查各班组人员到岗状况、仪容仪表是否符合规定要求。

（3）检查各班组和各班次工作记录。

（4）检查领班在岗情况、考核状况及完成任务情况。

（5）制订本部门的物资设备供应计划。

（6）加强部门内部费用开支的管理和控制，减少费用支出，降低成本。

续表

(7) 督促、检查安全防火工作，根据设备设施管理制度和前厅安全防火制度内容，确保客人及各岗位设施、设备的安全。 (8) 每月定期对部门领班进行业务知识和管理知识的培训与考核。 (9) 每周定期与部门员工进行两次沟通，了解员工的思想状况。 (10) 参与部门值班。

第二节　旅游企业工作分析的步骤及方法

一、工作分析的步骤

工作分析是一项技术性很强的工作，需要做周密的准备，同时还需具有与企业人事管理活动相匹配的科学的、合理的操作程序。一般来说，工作分析的整个过程要经过以下几个步骤来完成：准备阶段、信息收集阶段、分析阶段、运用阶段、反馈调整阶段。

(一) 准备阶段

由于工作分析人员在进行分析时，要与各工作现场或员工接触，所以，分析人员应该在办公室内充分研究该工作的书面资料。同时，要协调好与主管人员之间的合作关系，以免产生摩擦或误解。在这一阶段，主要完成以下几项任务：

1. 明确工作分析的总目标、总任务

根据总目标、总任务，对企业现状进行初步了解，掌握各种数据和资料。

2. 确定工作分析的目的

有了明确的目的，才能正确确定分析的范围、对象和内容，规定分析的方式、方法，并明确应当收集什么资料，到哪儿去收集，用什么方法收集。也就是说，要明确分析资料到底是要用来干什么的，是要解决什么问题的。工作分析的目的不同，所要收集的信息和要使用的方法也会不同。

3. 成立工作分析小组

为了保证工作分析的顺利进行，在准备阶段还要成立一个工作分析小组，从人员上为这项工作的开展做好准备。小组的成员一般由以下三类人员组成：一是企业的高层领导；二是工作分析人员，主要由人力资源管理专业人员和熟悉本部门情况的人员组成；三是外部的专家或顾问，他们具有这方面的丰富经验和专门技术，并对企业内各项工作有明确概念，可以防止工作分析的过程出现偏差，有利于结果的客观性和科学性。小组成员确定之后，赋予他们进行分析活动的权限，以保证分析工作的协调和顺利进行。

4. 明确分析对象

为保证分析结果的正确性，应该选择有代表性、典型的工作。

5. 对工作分析人员进行培训

为了保证工作分析的效果，还要由外部的专家或顾问对本企业参加工作分析的人员进行业务上的培训。

6. 建立良好的工作关系

为了做好工作分析，还应做好员工的心理准备工作，建立起友好的合作关系。例如，从各部门抽调出来的工作分析人员，部门经理应对其工作进行适当的调整，以保证他们有充足的时间进行这项工作；在企业内部对这项工作进行宣传，消除员工不必要的误解和紧张。

（二）信息收集阶段

分析人员为使研究工作迅速有效，应制订一套执行计划，同时，要求管理部门提供有关的信息。无论这些信息来源与种类如何，分析人员应将其予以编排，也可用图表方式表示。这一阶段包括以下几项内容。

1. 制订工作分析的时间计划进度表，选择信息来源

选择信息来源时应注意：①不同层次的信息提供者提供的信息存在不同程度的差别；②工作分析人员应站在公正的角度听取不同的信息，不要事先存有偏见；③使用各种职业信息文件时，要结合实际，不可照搬照抄。

2. 根据工作分析的目的，选择收集信息的内容、方法和系统

信息收集的方法和分析信息适用的系统由工作分析人员根据企业的实际需要灵活运用。

由于分析人员有了分析前的计划，对可省略和重复之处均已了解，因此可节

省很多时间。但是分析人员切记，这种计划仅仅是预定性的，以后必须将其和各单位实际情况相适应，才不会导致错误。

3. 收集工作的背景资料

这些资料包括企业的组织结构图、工作流程图以及国家的职位分类标准，如果可能的话，还应当找来以前保留的工作分析资料。组织结构图指明了某一职位在整个企业中的位置，以及上下级隶属关系和横向的工作关系；工作流程图指出了工作过程中信息的流向和相关的权限，这些都有助于更加全面地了解职位的情况。职位分类标准和以前的工作分析资料也有助于更好地了解职位的情况，但是在使用这些资料时要注意绝对不能照搬照抄，而应当根据企业现时的具体情况，有选择地加以利用。

4. 收集职位的相关信息

在完成以上的工作之后，就可以正式开始收集职位的相关信息了。一般来说，工作分析中需要收集的信息主要有以下几类。

（1）工作活动，包括承担工作所必需进行的与工作有关的活动；活动的记录；进行工作所运用的程序；个人在工作中的权力和责任等。

（2）工作中的人的活动，包括人的行为，如身体行动以及工作中的沟通；作业方法分析中使用的基本动作；工作对人的要求，如精力的耗费、体力的耗费等。

（3）在工作中所使用的机器、工具、设备以及工作辅助用品，如电话、计算机、传真机、汽车、对讲机、仪器等。

（4）与工作有关的有形和无形因素，包括完成工作所要涉及或者要运用的知识，如企业的会计需要运用会计方面的知识，法律事务主管需要懂得法律知识等；工作中所加工处理的材料，所生产的产品或提供的服务。

（5）工作绩效的信息，如完成工作所耗费的时间、所需要投入的成本以及工作中出现的误差等。需要注意的是，这里只是收集与绩效相关的信息，并不是要制订与各项工作相对应的绩效目标，后者是分析阶段所要完成的任务。

（6）工作的背景条件，包括工作时间、地点，如是在室内还是在室外；工作的物理条件，如有没有噪声、是不是在高温条件下等。

（7）工作对人的要求，包括个人特征，如个性和兴趣、所需要的教育与培训水平、工作的经验等。

上述工作信息，一般要从以下几个渠道来获得：工作执行者本人、管理监督者、顾客、分析专家、职业名称辞典以及以往的分析资料。在通过这些渠道收集工作分析所需的信息时需要注意：由于各种主客观原因的存在，不同的信息源提供的信息会存在一定程度的差异。例如，工作执行者本人在提供信息时往往会夸大工作的难度；而顾客在提供信息时也往往会从自己的利益出发，从而导致某些信息特别是与绩效有关的信息与实际的情况不符。因此，工作分析人员应站在中立的立场听取各方面不同的意见，条件允许或者必要的时候还要亲身实践一下有关的工作活动，以期掌握比较准确可靠的信息。

（三）分析阶段

在收集完与职位相关的信息之后，就要进入工作分析的下一个阶段，即分析阶段。在这一阶段需要进行以下几项工作。

1. 整理资料

将收集到的信息按照工作说明书的各项要求进行归类整理，看是否有遗漏的项目，如果有的话要返回上一个步骤，继续进行调查收集。

2. 审查资料

资料进行归类整理以后，工作分析小组的成员要一起对所获工作信息的准确性进行审查，如有疑问，就需要找相关的人员进行核实，或者返回上一个步骤，重新进行调查。

3. 分析资料

如果收集的资料没有遗漏，也没有错误，那么接下来就要对这些资料进行深入的分析，也就是说要归纳总结工作分析的必需材料和要素，揭示各个职位的主要成分和关键因素。在分析的过程中，一般要遵循以下几项基本原则。

（1）对工作活动是分析而不是罗列。工作分析能反映职位的工作情况，却不是一种直接的反映，而要经过一定的加工。分析时，应当将某项职责分解为几个重要的组成部分，然后再将其重新进行组合，而不是对任务或活动进行简单罗列。例如，对公司前台转接电话这项职责，经过分析后应当这样描述，“按照公司的要求接听电话，并迅速转接到相应的人员那里”，而不应该将所有的活动都罗列上去，“听到电话铃响后，拿起电话，放到耳边，说出公司的名字，然后询问对方的要求，再按下转接键，转接到相应的人员那里”。

（2）针对的是职位而不是人。工作分析并不关心任职者的任何情况，它只关心职位的情况。例如，某一职位本来需要本科学历的人来工作，由于各种原因，现在由一名中专生担任这一职位，那么在分析这一职位的任职资格时就要规定为本科，而不能根据现在的状况将学历要求规定为中专。

（3）分析要以当前的工作为依据。工作分析是为了获取某一特定时间内的职位情况，因此应当以目前的工作情况为基础来进行分析，而不能把自己或别人对这一职位的工作设想加到分析中去。只有如实地反映职位目前的工作状况，才能够据此进行分析判断，发现职位设置或职责分配上的问题。

根据实践经验，在分析资料的过程中，如果觉得分析起来比较困难，这说明对职位情况的了解还不是很深入，或者收集的资料还不是很全面，也许要返回上一个阶段，再继续了解和收集。

（四）运用阶段

这是整个工作分析过程最重要的一个阶段，这一阶段的任务主要包括以下方面。

（1）根据对资料的分析，将获得的信息进行整理并写出工作说明书。首先要按照一定的格式编写工作说明书的初稿；然后反馈给相关的人员进行核实，意见不一致的地方要重点进行讨论，无法达成一致的还要返回第三个阶段，重新进行分析；最后，形成工作说明书的定稿。至于工作说明书如何编写，将在下面进行详细的说明。

（2）对整个工作分析过程进行总结，找出其中成功的经验和存在的问题，以利于以后更好地进行工作分析。

（3）将工作分析的结果运用于企业管理的相关方面，真正发挥工作分析的作用。

（五）反馈调整阶段

控制活动贯穿工作分析的始终，是一个不断调整的过程。随着时间的推移，任何事物都在变化，工作也不例外。企业的生产经营活动是不断变化的，这些变化会直接或间接地引起企业分工协作体制发生相应的调整，从而也相应地引起工作的变化。因此，一项工作要有成效，就必须因人制宜地做些改变。另外，工作分析文件的适用性只有通过反馈才能得到确认，并根据反馈修改其中不适合的部分。

二、工作分析的方法

（一）资料分析法

为了降低工作分析的成本，应当尽量利用现有的资料，以便对每个工作的任务、责任、权利、工作负荷、任职资格等有一个大致的了解，为进一步调查奠定基础。

岗位责任制是国内企业特别是大中型企业十分重视的一项制度。但是，岗位责任制只规定了工作的责任和任务，没有规定该工作的其他要求，如工作的社会条件、物理环境、聘用条件、工作流程以及任职条件等。如果根据各企业的具体情况，对岗位责任制添加一些必要的内容，则可形成一份完整的工作描述和任职说明书。表3-4是一份较为完善的岗位责任书，对工作分析有较大的参考价值。

表3-4　　某旅行社计调人员岗位责任书

职责： 计调部门是旅行社旅游工作的计划、协调、调配部门，其工作职能在于对内接待、安排旅游团，对外计划、协调、发团等多种职能。工作标准： 1. 计调部工作人员应广泛收集和了解不断变化的旅游市场信息及同行相关信息。对同行旅行社推出的常规、特色旅游线路逐一分析，力推本公司的特色线路及旅游方案。 2. 修改、制订和完善公司各常规线路的行程及具体安排，及时制订出符合客人要求的旅游线路及报价。 3. 在每次旅游团旅游完毕回团后，有关导游、司机报账时，计调人员要严格把关，并与财务部仔细核对每笔账目，确保准确无误。 4. 计调部在每次安排公司带团出去的陪同人员出团时，应把全陪人员所带团队的各方面具体情况及事项分别详细地告知全陪人员，以及对全陪人员带团在外旅游过程中有可能出现的问题做全方位的考虑，以防出现差错。 5. 计调部人员按季节及时掌握各条线路的成本及报价，以确保对外报价的可靠性、可行性及准确性。 6. 计调部要加强同外联人员的联系，及时了解、掌握、分析反馈的信息，然后进行消化、吸收、落实。

续表

7. 在不同的时间，有针对性地修改和完善公司各常规线路的行程及具体安排，及时制订符合实时旅游市场需求的旅游线路及报价。 8. 定期做好客户维护工作，应随时做到开发新客户、维护老客户。 9. 定期组织部门进行业务沟通及培训。 10. 团款收取。团队出票前必须确保已收到组团社机票全款和80%地接款、对于门市部必须确保出票前将团款（散客全款，团队80%团款）汇入集团，团队返回三日内必须及时回访并催收尾款（特批情况除外），与财务部仔细核对账目，确保公司资金安全。 11. 按规定整理公司团队资料的归档工作。 12. 常规业务操作为轮流制，交接工作必须以书面形式，一旦业务接手则需尽心尽职完成。 13. 熟练掌握团队操作流程；工作仔细、认真；对客户态度友善、具有亲和力、任何时候不得与客户发生争吵；对公司正常办公用品、软件、公司网站前后台能熟练使用。
任职条件： 具有较强的责任心，工作有计划性，清楚自己每天的工作；掌握与客户、合作地接社和导游的谈判技巧；有风险和法律意识，对旅游相关法律法规要了如指掌；具备较强的市场意识及分析能力。计调人员应随时广泛收集和了解不断变化的旅游市场信息及竞争对手相关信息，对竞争对手推出的各种产品进行全方位分析，找出对手弱点，完善本公司产品，针对对手弱点力推本公司特色线路及旅游方案。

表3-4可为工作描述和任职说明提供许多有用的信息。另外，还可通过作业统计，如对每个员工出勤、产量、工作质量、消耗的统计，对员工的工作内容、负荷有更深的了解，这是建立工作标准的重要依据。

（二）问卷调查法

问卷调查法是一种应用非常普遍的职务分析方法。其基本过程是首先设计并分发问卷给选定的员工，要求在一定的期间内填写，以获取有关的信息。问卷主要有两种：一种内容具有普遍性，适合于各种职务内容；另一种是专门为特定的工作职务设计的。问卷还可以分成职务定向和人员定向两种。职务定向问卷比较强调工作本身的条件和结果；人员定向问卷则集中于了解员工的工作行为。

问卷调查法是比较节省职务分析人员时间与经费的一种方法，也是可用于被调查人员数量较大时获得信息的方法。问卷调查法的成败至少取决于三个方面：一是问卷的设计能否包括一切问题；二是各个问题设计是否适当、贴切，从而使回答者可以在要求的范围内正确地给予较为标准化的答案；三是如果答卷无强制性，则问卷会不会因太详尽而影响回收率。

理论上十分完备、实际上又可行的问卷设计是问卷调查法中最重要的环节。在一定程度上，一份周详的问卷可以将回答者所可能造成的无意误差减至最小。但是由于没有问卷设计者在身边解释，这种误差仍不能避免。其好处是回答者没有心理压力，所得的某些答案有时比面谈法理想。此法也不能避免人为的有意误差，而且答案的准确性又取决于回答者的耐心、文化水平、表达能力及所掌握的资料等因素，同时由于陈述与表达的方式不同，职务分析者整理起来也比较麻烦。

1. 调查问卷的类型

分结构性问卷和非结构性问卷。前者是对某工作任务与职责的大量描述，由员工选择与判断哪些是本工作的任务与职责；后者是事先不提供任何有关某工作的任务与职责的描述，而是由接受问卷调查的员工结合平时工作体会来说明、填写。一般调查问卷介于两者之间，既有结构性问卷，也有非结构性问卷，如表3-5所示。

表3-5　　调查问卷范例

姓名： 部门： 主管姓名：	工作名称： 工作编号： 主管职位：
1. 任务综述（请简单说明你的主要工作）	
2. 特定资格要求（说明由你承担的职务需要什么学历、证书或许可）	

续表

3. 设备（列举为完成本职工作，需要使用的设备或工具等） 设备名称： 平均每周使用小时数：
4. 日常工作任务（请你尽可能多地描述日常工作，并根据工作的重要性和每项工作所花费的时间由高到低排列）
5. 工作接触（请你列出在公司或公司外所有因工作而发生联系的部门和人员，并依接触频率由高到低排列）
6. 决策（请说明你的日常工作中包含哪些决策）
7. 文件记录责任（请列出需要由你准备的报告或保存的文件，并说明文件交给谁）
8. 工作条件（请描述你的工作环境与条件）
9. 资历要求（请描述胜任本工作的人最低应达到什么要求） 最低教育程度： 专业或专长： 工作经历： 工作年限： 特殊培训与资格： 特殊技能：

续表

10. 其他信息（请写出前面各项中没有涉及的，但你认为对本职务很重要的其他信息）	
填表人：	日期：

2. 问卷调查法的优、缺点

（1）优点：获得信息速度快，能在短时间内同时调查许多员工；结构性问卷所获取的信息比较规范化、数据化，因而便于统计分析。

（2）缺点：问卷结构及事先应提出什么问题难度较大，比较费时费力；由于是“背靠背”的一种方法，因而不易了解接受问卷调查者的工作态度与工作动机等较深层次的内容。

（三）人员访谈法

人员访谈法是由分析人员分别访问工作人员本人或其主管人员，以了解工作说明中原来填写的各项目的正确性，或对原填写事项有所疑问，以访谈方式加以解答的方法。因此，人员访谈法的作用一是对于观察所不能获得的资料，可由此获得；二是对已获得的资料加以证实。

人员访谈法不像问卷调查具有完善的结构，但具有问卷调查不可替代的作用。对于许多工作，分析人员不可能实际去做（如飞行员的工作），也不可能去现场观察（如外科手术医生的工作），这种情况下就需要与工作者本人进行访谈来收集有关的信息。

1. 访谈的主要内容

为了保证访谈的效果，在访谈前一般都要准备一个大致的提纲，列出需要提问的主要问题，这些问题主要包括：

（1）你平时需要做哪些工作？

（2）主要的职责有哪些？

（3）如何去完成它们？

（4）在哪些地点工作？

（5）工作需要怎样的学历、经验、技能或专业资格？

（6）基本的绩效标准是什么？

（7）工作有哪些环境和条件？

（8）工作有哪些生理要求和情绪、感情上的要求？

（9）工作的安全和卫生状况如何？

2. 面谈的一般过程

面谈分准备、开局、过程控制和结束四个阶段。

（1）准备阶段：将面谈安排通知到每位被面谈者，选定能保证面谈私密性的合适场所，不使用表示面谈者与被面谈者身份的标志。

（2）开局阶段：面谈者先做自我介绍，建立和谐气氛，使双方都处于自然轻松的气氛之中；然后讲清楚面谈的目的、面谈内容、被面谈者配合的重要性；引导并鼓励对方谈话。

（3）过程控制：控制面谈内容——面谈者应按照工作逻辑顺序提问并鼓励被面谈者说话，而不应探讨如抱怨不满、劳动关系、工资等方面的内容；控制面谈的针对性和时间——被面谈者离题太远、无针对性时，则面谈者应及时把话题拉回。

（4）结束阶段：面谈者用一定的方式表明面谈趋于尾声，如概括从被面谈者那里获得的资料、已完成的主要面谈内容，本次面谈所获信息的价值作用等。

3. 访谈的形式

访谈的形式可分为个别人员访谈、集体访谈和管理人员访谈三种。个别人员访谈法主要是在各职位的工作职责之间有明显差别时使用；集体访谈法则主要在多名员工从事同样的工作时使用。由于有些工作可能主管与现职人员的说明不同，分析人员必须把双方的资料合并在一起，予以独立的观察与证实。这不仅需要运用科学的方法，还需要有被人接受的人际关系技能。因此，应该把这三种方式加以综合运用，这样才能对工作分析真正做到透彻了解。

4. 在访谈过程中，应该注意的问题

（1）尊重工作者，接待要热情，态度要诚恳，用语要适当。

（2）营造一种良好的气氛，使工作者感到轻松愉快。

（3）分析人员应该善于启发和引导，获得所需信息，对重大原则问题，应避免发表个人看法和观点。

（4）访谈结束后，将收集到的材料请任职者和他的直接上司仔细阅读一遍，以便做修改和补充。

5. 人员访谈法的优缺点

（1）优点：人员访谈法能够简单、迅速地收集工作分析资料，适用性强，既可以获得标准和非标准的资料，也可以获得体力和脑力劳动的资料。由于工作者本身也是自己行为的观察者，因此，他可以提供一些不易观察到的情况。总之，工作者可以提供从任何其他来源都无法获得的重要资料。

（2）缺点：分析人员对某一工作固有的理念会影响对分析结果的正确判断。而工作者可能出于自身利益的考虑，采取不合作的态度或有意无意地夸大自己承担的责任和工作的难度，容易引起工作分析资料的失真和扭曲。若分析人员和被调查者相互不信任，应用该方法具有一定的危险性。因此，人员访谈法不能单独作为信息收集的方法，只适合与其他方法一起使用。

（四）工作日志法

工作日志法就是由任职者本人按照时间顺序记录工作过程，然后经过归纳提炼取得所需资料的一种方法。这种方法适用于工作循环周期短、工作状态稳定的职位；适用于确定工作职责、工作关系以及劳动强度等方面的信息（如表 3－6 所示）。该方法的优缺点如下。

表 3－6　　工作日志表及填写示例

工作日志
姓名： 职位： 所属部门： 直接上级： 从事本业务工龄： 填写期限：自　　年　月　日至　　年　月　日 说明： 1. 在每天工作开始前将工作日志放在手边，按工作活动发生的顺序及时填写，切勿在一天结束后一并填写。 2. 要严格按照表格要求进行填写，不要遗漏任何细小的工作活动。 3. 请您提供真实的信息，以免损害您的利益。 4. 请您注意保管，防止遗失。

续表

日期	12月2日	工作开始时间	8：00	工作结束时间	18：00
序号	工作活动名称	工作活动内容	工作活动结果	时间消耗	备注
1	复印	协议文件	4张	6分	存档
2	起草公文	代理委托书	800字	1.25小时	报上级审批
3	计算机录入	经营数据	2屏	1小时	承办
4	接待	参观	3人	35分	承办
⋮					

1. 优点：所获得的信息比较全面，可靠性很高，适用与获取有关工作职责、工作内容、工作关系、劳动强度等方面的信息，所需费用也较低。

2. 缺点：使用范围较小，不适用于工作循环周期较长、工作状态不稳定的职位，且信息整理量大、归纳工作烦琐。由于工作执行者填写时的疏忽，在一定程度上可能会影响工作的正常进行。

（五）观察法

观察法是工作分析人员到现场实地去查看员工的实际操作情况，并予以记录、分析、归纳，再整理为适用的文字资料的方法。在分析过程中，应经常携带员工手册、分析工作指南，以便参考运用。分析人员观察工作时，必须注意员工在做什么，员工如何做，员工为何要做，以及员工的技能好不好。而对于可以改进、简化的工作事项，也应予以记录说明。当观察完某工作场所人员如何执行某工作后，最好再在其他两三处工作场地进行观察，以证实其工作内容，避免因所观察员工个人习惯造成的片面性看法。分析人员应注意，研究的目的是工作而不是个人的特性。

观察法在从事动作研究的时候，虽常为工业工程师所运用，但在工作分析时，如果仅运用此方法，所获得资料往往不足以撰写职务说明或职务规范。所以实际上，观察法多应用于了解工作条件、危险性或所使用的工具及设备等项目方面。

1. 类型

从观察方法来划分，有流程图法、运动研究法、工作样本分析法。从观察者是否兼具工作者双重身份来划分，有参与性观察与非参与性观察两种形式：前者是指观察者本人兼具工作者和观察者的双重身份，这时观察者的身份通常是保密的；后者是指观察者不兼具工作者和观察者的双重身份，而只有观察者一个身份。职务分析中通常使用非参与性观察。

2. 观察法的使用原则

在运用常用的非参与性观察法时，应坚持以下原则：

（1）观察员的工作应相对稳定，即在一定时间内，其工作内容、程序、对工作人员的要求没有明显的变化。

（2）适用于大量标准化的、周期较短的以体力活动为主的工作，不适用于脑力活动为主的工作。

（3）要注意工作行为本身的代表性。

（4）观察人员尽可能不要引起被观察者的注意和干扰他们的工作。

（5）观察前要有详细的观察提纲和行为标准。

工作分析观察法提纲示例如表 3－7 所示。

表 3－7　　工作分析观察法提纲（部分）

被观察者姓名：	日期：　　年　　月　　日
观察者姓名：	观察时间：
工作类型：	工作部分：
1. 什么时候开始正式工作？	
2. 上午工作多少小时？	
3. 上午休息几次？	
4. 第一次休息时间：从＿＿＿＿到＿＿＿＿。	
5. 第二次休息时间：从＿＿＿＿到＿＿＿＿。	
6. 上午接待多少客户？	
7. 平均多长时间接待一位客户？	
8. 与同事交谈几次？	
9. 每次交谈约多长时间？	
10. 室内温度＿＿＿＿摄氏度。	
11. 上午抽了几支香烟？	
12. 上午喝了几次水？	
13. 什么时候开始午休？	

续表

观察内容
14. 生产出了多少产品？
15. 领用了多少办公用品？
16. 工作场所的噪声分贝是多少？

3. 观察法的适用范围

观察法特别适用于分析那些在一段时间内，工作内容、工作程序对工作人员的要求不会发生明显变化的职务，是收集非语言行为资料的初步方法。它在收集非语言行为资料方面明显优于问卷调查法，观察人员通过直接观察工作所获得的资料比通过工作人员自己描述工作更能深入和全面地了解职务工作信息。此外，它还能观察自然环境或工作场合中员工做什么及如何做等情况。

4. 观察法的缺点

第一，分析人员难以控制可能影响职务活动的外部变量，可能会造成观察的结果不准确；第二，适用对象有局限性，容易观察以体力为主的工作特征，对以智力活动为主的工作特征难以观察；第三，观察的结果难以用数量表示，大部分以文字形式表示，不利于统计分析；第四，观察的样本数量通常较少，观察研究的样本比问卷的样本少，而且观察所需要的时间较长，因此影响所收集信息资料的全面性和时效性。

（六）关键事件法

关键事件法，又称关键事件技术。它是由上级主管者记录员工平时工作中的关键事件：一种是做得特别好的，另一种是做得不好的。在预定的时间，通常是半年或一年之后，要求分析人员、管理人员、本岗位人员，将工作过程中的“关键事件”详细地加以记录，并在大量收集信息后，对岗位的特征和要求进行分析研究的方法。关键事件法是由美国学者福莱·诺格和伯恩斯在 1954 年共同提出的，其主要原则是认定员工与职务有关的行为，并选择其中最重要、最关键的部分来评定其结果。

1. 运用关键事件分析法的步骤

（1）识别岗位关键事件

运用关键事件分析法进行工作分析，其重点是对岗位关键时间的识别，这对调查人员提出了非常高的要求，一般从领导、员工或其他熟悉职务的人那里收集一系列职务行为的事件，然后描述“特别好”或“特别坏”的职务绩效。非本行业、对专业技术了解不深的调查人员很难在短时间内识别该岗位的关键事件是什么。

（2）识别关键事件后，调查人员应记录关键事件的信息和资料

关键事件的记录可由任职者的直接主管或其他目击者去完成，按照行为发生的顺序来记录。为了给确定任职资格提供事实依据，往往需要大量有效和无效的关键事件，并把它们划分成不同的类别和等级。实际的操作步骤如下：

①把每关键事件记录在卡片上。

②让多名有经验的工作分析者对所有卡片进行分类，分类的标准可以统一，也可以不统一，对那些有争议的事件要讨论，直到取得一致意见。

③对类别予以明确的概括和定义，如表 3－8 所示，将所有放在一起的 8 个关键事件概括为“打字员准确、整洁的工作作风与能力”。

④资格条件比较，从关键事件分类与概括中，可能得出数个任职资格条件。

表 3－8　　　　商务中心打字员能力概括

分析对象：商务中心打字员
关键事件： 1. 注意打印稿中不正确的地方，检查并改正它； 2. 修饰每侧都是方边的稿件，使它看起来像打印版； 3. 检查即将寄出的打印文件并纠正错误； 4. 当怀疑有不适合的打印时，查阅有关手册； 5. 经常将图表放错位置； 6. 由于粗心而以颠倒的次序打印，在字体大小、位置及其他专业数据等关键信息上出错； 7. 当对某个字和笔画无绝对把握时，不愿意查字典而让顾客自己校对； 8. 打印排版错误，以致必须重打 600～800 页。
概括命名：打字员准确、整洁的工作作风与能力

（3）将上述各项信息资料详细记录后，可以对这些信息资料进行分类，并归纳总结出该岗位的主要特征、具体控制要求和员工的工作表现情况。

2. 关键事件法的优点和缺点

关键事件法的主要优点是研究的焦点集中在职务行为上，因为行为是可观察的、可测量的。同时，通过这种职务分析可以确定行为的任何可能的利益和作用。

（1）它为领导者向下属工作人员解释绩效评价结果提供了一些确切的事实证据。

（2）它还会确保领导者在对下属工作人员的绩效进行考察时，所依据的是员工在整个年度中的表现（因为这些关键事件肯定是在一年中累积下来的），而不是员工在最近一段时间的表现。

（3）保存一种动态的关键事件记录还可以使你获得一份关于下属员工是通过何种途径消除不良绩效的具体实例。

但这个方法也有两个主要的缺点：

（1）这种方法费时，需要花大量的时间去收集那些关键事件，并加以概括和分类。

（2）关键事件的定义是显著地对工作绩效有效或无效的事件，但是，这就遗漏了平均绩效水平。而对工作来说，最重要的一点就是要描述“平均”的职务绩效。利用关键事件法，对中等绩效的员工较难以涉及，因而全面的职务分析工作就无法完成。

第三节　旅游企业工作设计

工作设计，就是根据企业需要并兼顾个人需要，规定某个工作的任务、责任、权力以及在企业中与其他职务之间的关系，以满足员工个人需要，实现组织目标的过程。

一、工作设计的原则和内容

工作设计必须改变以技术为中心的传统做法，转移到以人为中心的工作态度和工作方式，才能真正达到提高劳动生产率的目的，特别是现代生产运作的新特征和发展趋势，使工作设计变得越来越重要。

（一）工作设计的原则

工作设计是在工作分析的信息基础上，研究和分析工作如何做能够促进组织目标的实现，以及如何使员工在工作中满意以调动员工的工作积极性。一般来说，工作设计需要遵循以下几个原则：

1. 因事设岗原则

一般来说，某一企业设置什么岗位、设置多少岗位由该企业具体的工作职能划分和总的工作任务量决定。随着企业规模的逐渐扩大、职能范围的加大、生产任务的增加，当企业现有的职能岗位不能满足新的职能需求时，工作总量增加到大于现有工作职位能够承担的工作量时，企业就需要为新出现的职能和实务增加新的职位。

企业在设计每个工作职位时，应尽可能使工作量达到饱和，使有效的劳动时间得到充分利用。如果职位的工作量处于低负荷状态，必然会影响企业的运作成本，造成企业资源的浪费。如果是超负荷运作，只能带来暂时的高效率，会给员工的身心健康带来极大的负面影响。

企业中任何职位的设置都依赖于具体的工作职能和工作量而存在，没有具体工作内容的岗位是空洞的职位。因此，企业在设置工作职位时，应以工作职能和工作任务量为基础进行设计，因事设岗。

2. 规范化原则

工作职位名称的表述应遵循规范化的原则。虽然职位名称只是职位的一个代码，但一个好的职位名称不仅给人一种理念上的认识，还能增加人们对职位感性的认识。尽管由于企业经营性质和企业规模多种多样，职位名称也千差万别，但根本不变的是名称必须与职位的任务、职责等相匹配，不然就会给具体工作带来诸多不便。

3. 系统化原则

任何一个完善的组织机构都是一个相对独立的系统。职位是组织系统的基本单元，虽然每个职位都有独特的功能，但企业中任何一个职位都不是孤立的。每个职位之间都存在着不可分割的联系，他们之间相互的配合度、支持度和协作关系深深地影响着组织系统的功能。每个职位设置之后，它在企业里应该发挥最积极的作用，它和上、下、左、右其他职位间的关系应该非常协调。

4. 最低数量原则

企业在进行职位设置时遵循“最低数量原则”，以最少的职位数量来承担企业中尽可能多的工作。一方面可以最大限度地节约人力成本，降低企业负担；另一方面可以减少工作过程中信息传递的层次和缩短职位之间信息传递的时间。除此之外，遵循最低数量原则还可以提升企业的凝聚力并有助于管理效度的提高。

（二）工作设计的内容

工作设计主要是为提高劳动生产率而对工作进行合理的设计，其目的在于使工作分配一方面满足组织、技术的要求，另一方面满足员工个人在生理、心理方面的需求。工作设计主要包括工作内容、工作职责和工作关系的设计三个方面。

1. 工作内容

工作内容的设计是工作设计的重点，一般包括工作的广度、工作的深度、工作的完整性、工作的自主性以及工作的反馈性五个方面。

（1）工作的广度。工作设计得过于单一，员工容易感到枯燥和厌烦。因此，设计工作时，应尽量使工作多样化，使员工在完成任务的过程中能进行不同的活动，保持工作的兴趣。

（2）工作的深度。设计的工作应具有从易到难的层次性，对员工工作的技能提出不同程度的要求，从而增加工作的挑战性，激发员工的创造力、培养克服困难的能力。

（3）工作的完整性。保证工作的完整性能使员工有成就感，即使是流水作业中的一个简单程序，也应是全过程，让员工见到自己的工作成果，感受到自己工作的意义。

（4）工作的自主性。适当的自主权力能增加员工的工作责任感，使员工感到自己受到了信任和重视。认识到自己工作的重要，使员工工作的责任心增强，工作的热情提高。

（5）工作的反馈性。工作的反馈包括两方面的信息：一是同事及上级对自己工作意见的反馈，如对自己工作能力、工作态度的评价等；二是工作本身的反馈，如工作的质量、数量和效率等。工作反馈信息使员工对自己的工作效果有全面的认识，能正确引导和激励员工，有利于工作的精益求精。

2. 工作职责

工作职责设计主要包括工作的责任、权力、方法以及工作中的相互沟通和协作等方面。

（1）工作责任。工作责任设计就是员工在工作中应承担的职责及压力范围的界定，也就是工作负荷的设定。责任的界定要适度，工作负荷过低、无压力，会导致员工行为轻率和低效；工作负荷过高，压力过大又会影响员工的身心健康，导致员工产生抱怨和抵触情绪。

（2）工作权力。权力与责任是对应的，责任越大权力范围越广。如果二者脱节，会影响员工的工作积极性。

（3）工作方法。其中包括领导对下级的工作方法、企业和个人的工作方法设计等。工作方法的设计具有灵活性和多样性，不同性质的工作根据其工作特点的不同，采取的具体方法也不同，不能千篇一律。

（4）相互沟通。沟通是一个信息交流的过程，是整个工作流程顺利进行的信息基础，包括垂直沟通、平行沟通和斜向沟通等形式。

（5）协作。整个企业是有机联系的整体，由若干个相互联系、相互制约的环节构成。每个环节的变化都会影响其他环节以及整个企业运行，因此各环节之间必须相互合作，相互制约。

3. 工作关系

企业中的工作关系，表现为协作关系、监督关系等各个方面。

通过以上三个方面的工作设计，为企业的人力资源管理提供了依据，保证事（岗位）得其人，人尽其才，人事相宜；优化人力资源配置，为员工创造更加能够发挥自身能力的条件，提高工作效率，提供有效管理的环境保障。

二、工作设计的形式

为了有效地进行工作设计，工作人员必须全面了解工作的当前状态，以及该职位在整个企业工作流程中的位置或地位。工作设计的形式有很多，下面介绍几种常见的形式。

（一）职位轮换

职位轮换是指在不同的时间阶段，员工在不同的岗位上进行工作。职位轮换不要求改变工作设计本身，而只是使员工定期从一个职位转换到另一个职位。这样，使员工有更强的适应力，更宽阔的视野，可以从全新的角度来看待问题，对企业的全局有更好的把握。日本的企业广泛实行职位轮换，对培养管理人员发挥了很大的作用。

（二）工作扩大化

工作扩大化是指扩展工作所包括的任务和职责，促进工作的多样性，以减少员工工作的单调性，提升对员工的心理激励。工作扩大化的范围，包括横向扩大工作和纵向扩大工作。前者可以将分工很细的作业单位合并，由一个人负责一道工序，改为几个人共同负责几道工序。还可以采用包干负责制，由一个人或一个小组负责一件完整的工作等。纵向扩大工作可以将经营管理人员的部分职能转由生产者承担，工作范围沿着组织形式的方向垂直扩大。例如，一线员工参与计划制订，自行决定生产目标、作业程序、操作方法、检验衡量工作数量和质量，并进行经济核算。工作扩大化使员工的工作范围、责任增加，改变了他们对工作感到单调、乏味的状况，从而有利于满足员工的身心需要，也有利于提高员工的工作效率。

工作扩大化的优点在于使员工有更多类似的工作可以做，当员工对某类工作的熟练程度提高时，效率也将提高。而且，增加工作内容后，员工需要掌握更多的知识和技能，这能提高员工的工作兴趣。工作扩大化的不足之处在于新增加的工作任务与原先的很相似，这对员工并没有太大的挑战性，甚至有的员工会认为自己的工作只是比以前更繁重而已。

（三）工作丰富化

工作丰富化是通过增加工作责任、工作自主权以及自我控制，以满足员工的心理需要，达到激励的目的。

（四）以员工为中心的工作再设计

以员工为中心的工作再设计是将企业的战略、使命与员工对工作的满意度相结合。它鼓励员工参与对其工作的再设计，有效的“以员工为中心的工作再设计”可以形成对员工的有效激励，大大提高其工作的主动性和创造性，因而使企业的效益显著增加。

在工作设计中，员工可以提出对工作进行某种改变的建议，以便他们的工作更让人满意，但他们还必须说明这些改变如何更有利于实现企业整体目标。运用这一方法，可以使每个员工的贡献都得到认可，与此同时，也强调企业使命的有效完成。

三、工作设计需要考虑的因素

工作设计描述了如何根据企业的所有工作而设置一些职位，以使这些工作在其相应的职位上最有效的完成。企业职位的设计应该至少考虑下列四种因素，即企业因素、环境因素、人员因素及技术因素。

（一）企业因素

企业因素包括专业化、工作流以及工作习惯。

所谓专业化是指按照所需工作时间最短、所需努力最少的原则来分解工作，其结果是形成很小的工作循环。

工作流问题是指在相互协作的工作团体中，需要考虑各个职位之间负荷的均衡性问题，以确保不会出现所谓的“瓶颈”现象。管理学中有所谓的“木桶原则”，就是说如果箍成木桶的木板长短不一，则该木桶盛水的容量是由最短的那块木板决定的。这也是“瓶颈”现象的原理解释。

工作习惯是在长期工作实践中形成的传统工作方式，它反映工作集体的愿望。

（二）环境因素

环境因素包括人力供给和社会期望两个方面。

人力供给是指工作设计不能仅凭主观愿望，而要考虑现实劳动力市场上的人力资源供应情况。例如，一些不发达国家在进行技术引进时，没有考虑配套人力资源的制约，结果先进设备没有合格人员来使用，发挥不出技术、设备应有的效能。

社会期望是指人们希望通过工作满足一些需求。在经济不发达的地区和阶段，劳动者主要追求的是满足基本的物质需要，可以接受比较繁重的、枯燥的工作。但是，随着经济发展和文化教育水平的提高，人们的需求层次提高了，对工作及生活质量也有了更高的期望，如果单纯考虑经济效率就会引起不满。因此，要求在工作设计方面适当考虑一些人性方面的因素。

（三）人员因素

工作设计不能只考虑经济效率，也应该考虑满足员工的精神需要。这些需要主要包括：

1. 自主权

现代管理理论有别于传统科学管理理论的一个主要观点就是“社会人”假设。它认为人通常有责任心，有自我管理能力。因此，在工作设计时，应当考虑给员工一定的自主权力，提供附加责任，以增强员工的自尊心和被重视的感受。相反的，如果员工没有丝毫自主权，就会造成对工作的冷漠和低绩效。

2. 多样性

如果工作设计得过于简单，就会使员工因为单调、枯燥而产生厌烦，影响员工的身心健康。

3. 工作的意义

工作设计要让员工感觉到该工作对于实现企业总目标的意义，从而产生成就感。员工如果不能参与一些比较完整的工作，就会缺乏对工作成果的骄傲感受，从而失去责任感。

4. 反馈

企业要对员工的绩效给予及时的反馈，才能正确引导和激励员工，使其不断改进自己的工作。

（四）技术因素

技术因素对工作设计的影响包括三个方面：技术本身的发展、技术的相互依赖程度和技术的不确定性。

首先，随着技术的发展和进步，或者新的技术代替了老化的技术，传统的工作设计也会随着变化，原来所设计的职位已经不能满足这种技术发展的结果，那么就需要进行职位的重新设计。

其次，技术的相互依赖程度，即生产产品或服务时要求员工合作的程度。一般来说，技术相互依赖程度低时，就设计成个人职位；反之，当相互依赖程度较高，员工必须协同工作时，就设计成团队式的工作方式。

最后，技术的不确定性，决定了职位是设计成外部控制如监督、日程规划或标准化，还是应当设计成员工自我控制。当技术不确定性较低，员工不需要掌握什么信息时，可以设置成外部控制式的职位，如餐厅服务员或其他类似的工作。当技术不确定性高时，可以设置成自我控制的职位，例如软件开发技术人员，他们可以在家里办公等。

四、工作设计的方法

（一）科学管理法

泰罗的科学管理原理是系统设计工作职位最早的方法之一。这种方法的思想是通过时间和动作的研究，即工程师研究和分析手、臂及身体其他部位的动作，研究工具、员工和原材料之间的物理机械关系，研究生产线和工作环节之间的最佳程序，强调通过寻找员工的身体活动、工具和任务的最佳组合，找出完成工作的"一种最好的方法"，以使生产率达到最大化。它的基本方法是工作简单化和标准化，把每项工作简化到其最简单的任务，然后让员工在严密的监督下完成。这样设计出来的工作的优点是安全、简单和可靠，使得员工工作中的精神需要最小化。

尽管泰罗的科学管理原理是一套系统化的工作设计原理，但是，许多经理人员错误地应用了这些原理，过于强调严密的监督和僵硬的标准。人们知道，必须将机器和员工结合在一起，才能产生效果，但高效率的机器并不一定产生高效率的人-机关系。由于这种工作设计方法在实践中重点关心的是工作任务，而很少考虑员工的社会需要和个人需要，因此产生了很大的副作用，包括工作单调乏味、令人厌倦，管理者和员工之间产生隔阂。另外，离职率和缺勤率也由此升高，造成怠工和工作质量下降的问题。

前面提到，与工作简单化相对立的是工作扩大化。它的目标也是效率，但是它的优点是减少任务之间的等待时间，提高企业的灵活性，减少对支援人员的需要等。而且避免了工作过于单调给员工造成的情绪压抑。迄今为止，科学管理原理对工业社会的工作岗位设计仍然具有很大影响，在对教育水平、个人判断和决策活动要求比较少的加工制造行业的工作中应用非常广泛。

（二）人际关系法

由于科学管理运动带来了过分的专业化，使每个员工的工作越来越简单和单调，于是出现了大量的消极对抗现象，缺勤和离职率居高不下。企业为了解决员工对工作的不满而采取一些临时性措施：工作轮换和工作扩大化的方法。这两种方法强调的是员工在不同岗位之间的轮换和个人工作范围的扩大，对员工的对抗情绪起到了暂时的缓解作用。

人际关系运动是对科学管理运动的非人性倾向的一个否定。它是从员工的角度出发来考虑工作设计。其起点就是20世纪20年代的霍桑实验。霍桑工厂进行这项实验的最初目的，是研究工作条件的变化对劳动生产率的影响。而实验最终得出的却是采光、通风和温度等工作环境的变化对生产率的影响还不及员工之间的社会关系重要。研究人员发现，员工自发地构成工作环境，建立标准，并在他们之间实施制裁。因此，设计出支持性的工作群体，是提高员工工作动力和劳动生产率，从而实现企业目标的关键。

品质圈和其他员工参与企业管理的做法，就是人际关系运动思想在当代的应用。人际关系思想在工作设计中运用的方法，是在按照传统方法设计出来的枯燥的工作内容中增加管理的成分，增加工作对员工的吸引力。这种方法强调的是工作对承担这一工作的员工心理的影响。随着时间的推移，人们发现员工需要从工作中得到的，不仅是经济利益的外在报酬，还需要体验表现为工作的成就感和满足感的内在报酬。内在报酬只能来自工作本身，因此工作的挑战性越强，越令人愉快，内在薪酬也就越高。根据人际关系哲学提出的工作设计方法包括工作扩大化、工作轮换和工作丰富化等内容。

（三）工作特征模型法

工作设计的方法有多种，但其中心思想是使工作丰富化，而工作丰富化的核心是激励的工作特征模型。工作特征模型的核心内容是：

（1）技能的多样性，也就是完成一项工作涉及的技能，包括各种技巧和能力。

（2）工作的完整性，即在多大程度上工作需要作为一个整体来完成——从工作的开始到完成并取得明显的成果。

（3）任务的重要性，即自己的工作在多大程度上影响其他人的工作或生活——无论是在企业内还是在工作环境外。

（4）主动性，即工作在多大程度上允许自由、独立，以及在具体工作中个人制订计划和执行计划时的自主范围。

（5）反馈性，即员工能及时明确地知道自己所从事的工作的绩效及其效率。

根据这一模型，一个工作岗位可以让员工产生三种心理状态：感受到工作的意义、感受到工作的责任和了解到工作的结果。这些心理状态又可以影响个人和工作的结果，即内在工作动力、绩效水平、工作满足感、缺勤率和离职率等，从而给予员工内在的激励。工作特征模型强调的是员工与工作岗位之间的心理上的相互作用，并且强调最好的工作设计应该给员工以内在的激励。

在知识经济时代，企业最重视的资源是员工的热情和忠诚。通过职位的设计，把员工安排在相应的工作岗位上，让人与工作相匹配，满足员工各自独特的需求以及技术、能力与个性要求，从而使员工的兴趣得以实现，提高员工的工作和生活质量，增加留住人才的机会。

（四）优秀业绩工作体系

优秀业绩工作体系，即科学管理哲学＋人际关系法，这是将科学管理哲学与人际关系方法结合起来的一个工作设计方法。这一模型的特点是同时强调工作社会学和最优技术安排的重要性，认为工作社会学和最优技术安排是相互联系、相互影响的，必须把它们有效地结合起来。

在优秀业绩工作体系中，操作者不再从事某种特定任务的工作，而是每名员工都具有多方面的技能，由这些员工组成工作小组。工作任务被分配给工作小组，然后由小组决定谁在什么时候从事什么任务。工作小组有权在既定的技术约束和预算约束下，自行决定工作任务的分配方式，他们只需要对最终产品负责。

工作小组管理者的责任，不是去设计具有内在激励作用的工作岗位，而是建立工作小组，确保小组成员拥有完成工作所需要的资格。同时，小组的目标与整个企业的目标相互一致。这就意味着工作小组的管理者是一名教练和激励者。当然，他们也必须使小组在企业中拥有足够的权力，并对小组实施领导。这种工作设计方法特别适合于扁平化和网络化的组织结构。

优秀业绩工作体系非常重视员工的自我管理和工作小组的运用。工作小组是由两个或者多个员工组成的一个工作群体，小组中的各个员工以独立的身份相互配合，以实现特定的工作目标。工作小组可以是暂时的，也可以是长期的；可以是半自治的，也可以是自我管理的。工作小组可以由具有相同技能的员工组成，也可以由具有不同技能的员工组成；可以包括管理者，也可以没有管理者。但是，小组中，通常需要有一个领导来处理纪律问题和解决工作中的困难。

（五）辅助工作设计法

辅助工作设计法，指的是缩短工作周和弹性工作制。虽然它们没有完全改变完成工作的方法，从根本意义上说还不是工作设计的内容，但是它们改变了员工个人工作时间的严格规定，并且在实际中也产生了促进生产率的作用，所以可以把它们作为辅助工作设计法。

1. 缩短工作周

缩短工作周是指员工可以在 5 天内工作 40 个小时，典型的情况是每周工作 4 个 10 小时工作日。

缩短工作周的优点是每周员工开始工作的次数减少，使缺勤率和迟到率都下降。员工在路上的时间减少，工作的成本下降，工作的满足感提高。缩短工作周的缺点是工作日工作时间延长使员工感到疲劳，并可能导致危险。员工在工作日的晚间活动还会受到影响。实行缩短工作周的企业与实行工作周的企业（5 天×8 小时）在联络时会发生时间上的障碍。

2. 弹性工作制

弹性工作制的典型做法是企业要求员工在一个核心期间（如上午 10 点到下午 4 点）必须工作，但是上下班时间由员工自己决定，只要工作时间总量符合要求即可。

弹性工作制的优点是员工可以自己掌握工作时间，为实现个人要求和企业要求的一致性创造了条件。可以降低离职率和缺勤率，提高工作绩效。弹性工作制的缺点是每天的工作时间延长，增加了企业的公用事业费。同时，要求企业有更加复杂的管理监督系统来确保员工工作时间总量符合规定。弹性工作制虽然对企业的生产率没有明显的影响，却能使员工得到利益。目前，实行弹性工作制的企业越来越多，特别是工作比较独立的专业人员，在理论上和现实中，都证明了弹性工作制的益处。

五、工作设计时应注意的问题

（一）工作设计的操作问题

以部门工作人员职位的设计为例，进行工作设计时最好以部门的职能分解表作为基础，首先对职能分解表中所列的职能进行分析。除部门设一个经理职位负责本部门的全面管理外，还要看本部门一共有多少项职能，这些职能的工作量有多大，设置几个职位为宜。

以一个企业的人力资源部为例，通常除了部门经理对本部门全面负责外，部门共有人力资源规划、员工管理、薪酬管理、培训管理和考核管理等5项职能。如果企业有一定规模，除人力资源规划不属于日常工作，编制人力资源规划可以由部门经理牵头外，其余4项可以设4个职位，分别是员工主管、薪酬主管、培训主管和考核主管。如果企业较小、人员不多，则可以不设这么多职位，如只设员工主管、薪酬主管，培训与考核工作由员工主管承担。如果企业人数还少，则在部门经理之下，只设一名薪酬主管，员工管理、培训与考核工作由经理承担。

（二）设计多少个职位，不等于安排多少个人员，职位数和人数不能混为一谈

职位设定以后，将来安排多少人员要根据企业的具体情况确定，可以一人多岗，也可以一岗多人。如前面例子所示：培训与考核工作由员工主管承担，这个人实际上是一人多岗，即他是员工主管兼培训主管与考核主管；又如财务部，会计这个职位在工作量大时可能会有几名会计师，那么会计这个职位就是一岗多人。

（三）注意各职位工作的饱和度

现在有些企业的中层领导，特别是部门经理或下属单位的负责人总认为给自己部门或单位配备的人员越多越好，这样工作紧张时调配起来比较方便。企业要按照工作的饱和度来安排每个职位的员工数，最好让每个职位工作人员都饱和。但配属的人员越多就越容易出现人浮于事的现象，从而造成员工忙闲不均，反而会影响员工的工作热情和积极性。

（四）要注意“能级匹配”

这里所讲的“能级”是指企业中各职位功能的等级，也就是职位在该企业中所具有的能量等级。一个职位功能的大小由它在企业中的工作性质、任务大小、工作的繁简难易以及责任轻重等因素所决定。功能大的职位，它的能级就高，反之，它的能级就低。对于一个组织系统而言，其岗位能级从高到低，一般可以分为4个层次，即决策层、管理层、执行层和操作层。各层次职位呈梯状结构，在

设置职位时，要遵循能级原则，把不同功能的职位设在相应的能级上。

复习与练习

一、填空题

1. 工作设计，就是根据企业需要并兼顾个人需要，规定某个工作的______、________、________以及在企业中与其他职务关系的过程，以满足企业正常运营。

2. 一份完整的工作说明书包括________和________两部分。

3. 企业职位的设计应该至少考虑下列 4 种因素，即________、________、________及________。

二、选择题

1. ____是指用书面形式对企业中各类岗位（职位）的工作性质、工作任务、工作职责与工作环境等所做的统一要求。

A. 工作描述　　B. 工作规范

C. 工作分析　　D. 工作名称

2. ____工作内容的设计是工作设计的重点，一般包括工作广度、深度、工作的完整性、工作的自主性以及工作的反馈 5 个方面。

A. 工作职责　　B. 工作关系

C. 工作族　　D. 工作内容

3. ____主要在多名员工从事同样的工作时使用。

A. 个别人员访谈法　　B. 问卷调查法

C. 集体访谈法　　D. 管理人员访谈法

4. ____是通过增加工作责任、工作自主权以及自我控制，以满足员工的心理需要，达到激励的目的。

A. 以员工为中心的工作再设计　　B. 工作丰富化

C. 工作扩大化　　D. 职位轮换

5. ____就是由职位的任职者本人按照时间顺序记录工作过程，然后经过归纳提炼取得所需资料的一种方法。

A. 关键事件法　　B. 资料分析法

C. 工作日记法　　D. 问卷调查法

三、简答题

1. 简述旅游企业工作分析要解决的主要问题。

2. 简述旅游企业工作分析的步骤和方法。

3. 简述旅游企业工作设计的内容。

实训项目

【实训名称】 模拟调研

【实训内容】 使学生结合实际，加深对工作分析与工作设计认识与理解

【实训步骤】

同学按照5～8人/组的形式，自由组合成调查小组，利用课余时间，选择当地一些旅游企业的相同岗位进行调查与访问。在调查访问之前，每组需根据课程所学知识经过讨论制订调查访问提纲，主要包括调研的主要问题与具体安排。调研内容为不同企业中相同岗位的岗位设置、岗位职责、能力要求、人员配置、薪酬福利等。

【实训点评】

1. 调查前，每个小组要制订工作分析调查计划。

2. 根据岗位的不同选择相应的调查方法。

3. 小组成员分工协作实施调查，分别整理调查内容，然后汇总进行讨论，形成调查报告。

4. 安排一次报告会，以小组为单位，每组派代表就本小组的工作分析调查做陈述和答辩。

5. 教师根据学生的调查报告和陈述答辩的表现给予评价打分。纳入学生实训课考核之中。

第四章 员工招聘

员工招聘是旅游企业人力资源管理中非常重要的一个环节，它与旅游企业其他人力资源活动存在着密切的联系。员工招聘作为企业获取人力资源的重要手段，其本身又是一个独立的系统，是建立在职务分析和企业人力资源规划基础上的一项科学的工作。因此，业界常说，员工招聘就是旅游企业精心选用人才的法宝。通过本章学习，能达到如下学习目标：

1. 掌握旅游企业员工招聘的来源和方法。
2. 掌握旅游企业员工招聘的程序。
3. 熟悉员工使用与调配的内容、要求、程序以及降低员工流失的措施。

案例引导

IBM的高质量招聘工作

在IBM，有一套简历管理系统，相关人员可以从系统报告里很清楚地看到共有多少应聘简历、简历的状态（分为未审阅、已审阅、已笔试、已面试等状态）是什么情况、每个空缺职位的候选人是多少，等等。如果简历量不够，IBM会加大广告投放量以增加简历数量，一直要保持这样一个动态的简历流量。对于电话联系过、面试过的人，在一两个月内都没有合适的位置，一般是近期不能用的人，但人力资源部还可能要重新查看、核实。

IBM遵循“谁用人、谁做招聘、谁面试”的原则，最终面试人一般都是业务经理。在IBM，带人的经理必须要具备识人、用人能力，这是他能够坐上这个位置的前提条件。对于一线带人的经理，一方面是要选人带人，另一方面要精通自己的业务。所以对他们来讲，管理能力和技术水平两样都要强调。但是对于更高层的经理，更需要具备的还是战略规划能力和宏观思维。他们需要能制订清晰的中短期目标和长期愿景，并能够有效激励基层主管，使整个团队有超强的向心力。IBM很多高级管理人员，实际上也都是做专业业务出身的。当他在业务能力方面具有了较高素养时，就能赢得团队对他的尊重。如果同时他又具有人员管理的素质，走上领导岗位也就水到渠成了。

为了保障招聘质量，IBM采用五项指标衡量招聘质量。第一，看HR的简历被业务部门选中的比例，也就是看他们从多少份简历里面能选中一个。现在这个比例差不多是3份至5份简历中选1个。第二看新人的业绩表现。第三看新人的离职率。不管是主动离职还是被动离职，离职率的高低都从某种意义上体现了招聘质量的好坏。第四，随机做用人部门对HR部门满意度的调查。第五，评估招聘周期。此外，IBM会对现有招聘方法、流程的有效性、合理性进行评估，如果有问题就会及时调整。人力资源部虽然是业务部门的合作伙伴，但是他们也扮演着管理者的角色，如果发现管理团队在挑选人员时，不论从流程上，还是从质量上有问题，人力资源部门都会去观察分析并解决这些问题。

在招聘有经验的人时，IBM不仅会考察他的专业技能和经验，更重要的是考察他的价值趋向，看他是不是能够和公司文化契合。IBM认为，人的价值观不像技能通过培养就能提高或改变，所以在选人时非常看重这个标准，特别是选择领导者的时候。在考察价值观时，IBM往往会问应聘者在做出某种选择时的出发点是什么，并且通过对多个事件的考察来综合判断他行为背后的动机，也就是价值观是否与IBM契合。随着深入的追问，应聘者深层的价值观就会显现出来。

IBM在员工招聘方面做出了许多积极的变革与创新，支撑起公司的组织规模和人力资源布局。借鉴和利用IBM探索的思想与方法，将有助于旅游企业从中找到灵感。

第一节　旅游企业员工招聘的来源和方法

员工招聘是指在企业总体发展战略规划的指导下，由人力资源管理部门和其他职能部门制订相应的职位空缺计划，并决定如何寻找合适的人员来填补这些职位空缺的过程。员工招聘是一个系统过程，表面上看是企业主动选择应聘者的过程，实质上是让潜在的合格人员对本企业的相关职位产生兴趣并前来应聘的双向选择和匹配的动态过程。

一、员工招聘的原因和依据

（一）员工招聘的原因

企业员工招聘需求的产生可能源于以下 5 种情况：

（1）新企业的建立。

（2）因现有企业规模扩大、业务量变化等企业成长发展导致的岗位空缺。

（3）现有企业员工结构不合理或人员不称职，即人与岗位的不匹配导致的岗位空缺。

（4）企业内部员工调动、离职、退休、休假、晋升等产生的岗位空缺。

（5）为使企业管理风格、经营理念更具活力，而必须从外面招聘新的人员。

在企业管理和发展中，员工并不是数量越多越好。人力资源管理的中心目标是提高生产率，而提高生产率恰恰要求降低人力资源投入，而且员工招聘工作本身也要花费大量的资金。因此，在人力资源管理决策中，增加员工的数量应该尤其慎重，切不可认为“人多力量大”。人的能力有大小，技能有高低，招聘时应量才录用，做到人尽其才、用其所长，这样才能持久、高效地发挥人力资源的作用。能力要和职位相匹配，把合适的人放在合适的岗位上，这是人事匹配中能级对应原则的基本要求。

（二）员工招聘的依据

员工招聘是人力资源管理工作中的重要环节，它需要在相关的人力资源管理工作落实的前提下实施。这个前提就是人力资源规划、工作分析和工作设计，如图 4－1 所示。

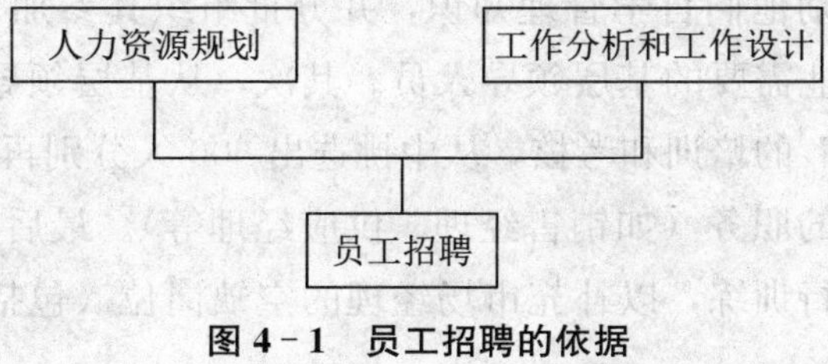

图 4－1 员工招聘的依据

1. 人力资源规划

人力资源规划主要是进行人员需求分析与预测，决定预计招聘的职位与部门数量、时限、类型等因素。这些具体内容决定了企业预计要招聘的部门、岗位、数量、到岗时间和人员类型等。人力资源规划的规范化程度直接影响员工招聘工作质量的高低。作为人力资源管理部门，要充分理解和掌握企业的人力资源规划，要与各用人部门进行沟通和协商，以对企业的招聘策略达成共识，确保招聘前期的准备工作落到实处。

2. 工作分析和工作设计

在领会和理解企业人力资源规划的要义后，就需要工作分析和设计来界定用人岗位的具体职责。通过对所需人员岗位的职责、工作内容、人员素质和能力结构进行工作分析和设计，给出招聘岗位的用人标准，如工作描述与工作说明书，为招聘录用提供了具体的参考依据。

二、员工招聘的来源

（一）内部招聘

1. 内部招聘的途径

内部招聘的途径主要有内部提升、内部调动、工作轮换和返聘四种。

（1）内部提升

让企业内部符合条件的员工从一个较低级的岗位晋升到一个较高级的岗位的过程就是内部提升。美国柏克德工程公司是一个贯彻内部提升制度较好的典范。该公司是美国乃至全球规模最大的从事基本建设工程的企业，仅员工就有3万多人。公司设有多级培训机构，并在总公司设立了一个规模很大的“管理人员培训中心”。首先，公司从2万名管理人员和工程师中，选择5000人作为基层领导的申请者，然后，鼓励他们自学管理知识，并分批组织其参加40个小时的培训，再从中选拔适合企业需要的基层领导人员。其次，从基层领导中选拔1100人参加“管理工程基础”的培训和考核，从中挑选出600人分别再给予专业训练，让他们承担专业经理的职务（如销售经理、供应经理等）。最后，再从这些专业经理中选拔300人进行训练，以补充市场经理的空缺岗位（包括各公司的总经理、副总经理等）。

(2) 内部调动

当企业中需要招聘的岗位与员工原来的岗位层次相同或略有下降时，把员工调到同层次或下一层次岗位上工作的过程称为内部调动。通过调动可以向员工提供全面了解企业中不同机构、不同职位的机会，为将来的提升做准备或为不适合现有职位的员工寻找更适当的位置。

联想集团对不适合本岗位的员工，采取先分析原因的做法，是因为能力不够，还是与同事的关系没有处理好，或是岗位不适合？找到原因之后，其所在部门副总经理以上的负责人会写一份评价和一份推荐信，放到公司的决策支持系统上（访问权为公司部门副总经理以上的管理人员）。如果其他部门有空缺职位，则会首先考虑聘用这些内部人员。

(3) 工作轮换

工作轮换是指暂时的工作岗位变动，以实习或培训的方式使管理职位的受训者更广泛、更深入地了解企业的工作流程和各部门的工作特点等情况，使他们在工作变换中得到全面锻炼的机会。

日本丰田公司对于岗位一线员工采用工作轮换的方式培养和训练多功能作业员工，提高员工的全面操作能力。对各级管理人员，丰田公司采取5年调换一次工作的方式进行重点培养。每年1月1日进行组织变更，调换幅度在5%左右。

(4) 返聘

企业将解雇、提前退休、已退休或下岗待业的员工再召回来重新工作，这些人都熟悉企业的情况，能很快适应工作环境。

上述内部招聘途径中，内部提升是下级职位人员通过晋升的方式来填补空缺职位；内部调动、工作轮换、返聘则是由同级职位人员填补空缺职位；还有一类是上级职位上的人员通过降职的方式来填补空缺职位，一般企业较少采用。

2. 内部招聘的优点

内部招聘对于企业的管理职位来说是非常重要的来源。在20世纪50年代，美国有50%的管理职位是由企业内部人员填补的，目前这一比率已经上升到90%以上。正是因为内部选拔有许多优点，才会有如此多的企业采用这种招聘方式。

(1) 激励性强。内部招聘对现有的员工来说是一种重要的晋升渠道，获得升迁的员工会认为自己的才干得到企业的承认，因此他们的积极性和绩效都会提高。

（2）适应较快。由于现有的员工在企业已经工作了一段时间，对企业的情况比较了解，更有积极工作的意愿，因此人员流失的可能性比较小。

（3）提拔内部员工可以提高所有员工对企业的忠诚度，使他们在制订管理决策时能做出比较长远的考虑。

（4）费用较低。内部招聘对企业来说，不仅可以节约大量的招聘广告费用和筛选录用费用，还可以节约相应的培训费用。通过内部招聘，员工在企业已经受到的培训得到了肯定。员工对企业的贡献也得到了最好的回报。

（5）有利于保持企业内部的稳定性。新员工和老员工、新员工和企业，矛盾最多的是企业文化和企业核心价值观，当然也有一些非主流方面的矛盾。无论是何种矛盾，都可能有两个方面的结果：一是促进企业思考和发展；二是扰乱企业的日常秩序和正常运作。而内部招聘使企业在补充优质人力资源到合适岗位时，极大地减少了不稳定因素的出现，保持了企业内部的稳定性。

（6）准确性高，减少识人、用人的失误。日本采用企业内部谨慎而缓慢的提升制度，其主要作用在于尽量多地规避用人失误的风险，尽量减少因识人、用人的失误而造成的损失。

3. 内部招聘的不利影响

作为一种选择范围相对狭小的招聘方式，内部招聘也有许多不足之处。

（1）被拒绝的申请者可能会感到不公平、失望，从而影响工作的积极性和创造性，因此要加以正确的引导，认真做好解释和鼓励工作。因处理不公、方法不当或员工个人原因，可能会在企业中造成一些矛盾，产生不利的影响。

（2）在员工群体中会引起嫉妒、攀比的心理，进而会引发拉帮结派现象。

（3）长期使用内部招聘方式，企业的整个管理队伍都是按照同样的方式选拔组建的，都拥有同样的风格，势必会在管理决策上缺乏差异性，那么企业管理层就会缺乏创新意识。

（4）可能引发企业高层领导的不团结。用人方面的分歧历来是企业高层领导各种可能的分歧中最容易引起断裂的分歧。当用人出现分歧时，可能引发企业高层领导原本存在的不团结因素被激化。

（5）缺少思想碰撞的火花，影响企业的活力和竞争力。得到内部晋升的人和企业原本是和谐的，理念、文化、价值观彼此认同。因此，企业不会因为内部人事变动产生思想碰撞，也不会产生由于这种碰撞出现的不平衡，企业在这一过程中明显缺少活力。

（6）如果企业已经有了内部招聘的惯例，当其出现创新需要而急需从企业外部招聘人才时，就可能遇到现有员工的抵制，损害员工的积极性。

如何平衡内部招聘的优点和缺点，扬长避短，是一项非常具有挑战性的工作。其缺点可以通过细致的工作来弥补或消除。一般而言，内部招聘的员工要比外部招聘的员工更能长期地服务于企业。当内部补充机制不能满足企业对人才的需求时，就需要考虑在外部市场进行员工招聘。

（二）外部招聘

选择外部招聘的方法主要取决于周围的雇佣环境，特别是要将亟待填补的职位类型、工作接替要求的速度、招聘的地理区域、实施招聘方法的成本以及可能吸引到的求职者组合的合理化程度这 5 种因素结合起来考虑。

1. 外部招聘具有以下优势

（1）有利于平息和缓和内部竞争者之间的紧张关系。每个内部竞争者都希望得到晋升的机会，但空缺职位却总是有限的。当员工发现自己的同事，特别是原来与自己处于同一层次、具有同等学历和能力的同事提升而自己竞争失败时，就会产生不满情绪，从而懈怠工作、不服管理。而进行外部招聘就可能使这些竞争者得到某种心理上的平衡，从而有利于缓和他们之间的紧张关系。

（2）带来新思想、新方法，能够为企业带来新的活力。来自外部的应聘者可以为企业带来新的管理方法和经验，而且不会受太多程序的束缚，能够给企业带来较多的创新机会。

（3）树立形象的作用。可以通过外部招聘为企业树立良好的形象。

（4）可以规避“涟漪效应”产生的各种不良反应。当企业由于工作需要增设一个领导岗位时，或者因为退休、离职、调动、流动、生病等各种原因产生人才需求时，内部晋升的“涟漪效应”会使企业被迫接受许多不应接受的岗位和人员变动，外部招聘则有效规避了“涟漪效应”。

（5）有利于招到一流人才。

2. 外部招聘的不足之处

（1）筛选难度大，时间长。

（2）外聘人员不熟悉企业的情况，进入角色慢。外聘人员不熟悉企业内部的情况和企业运作的流程，同时也缺乏一定的人事基础，因此需要一段时间的适应才能进行有效的工作。同时，文化和价值观的融合需要时间，与周边工作关系的密切配合也需要时间，这种时间成本的投入也是必须考虑的不利因素。

（3）企业对应聘者的情况缺乏深入的了解，决策风险大。虽然在对外聘人员进行选拔时可以借助一些测评和评估的方法，但一个人的能力很难通过几次短暂的面试和几次书面测试就能够得到全面、正确的反映。被聘者的实际工作能力与选聘时的能力评估可能存在很大的差距，这对企业来说是一种招聘风险。

（4）对内部员工的积极性造成打击，影响内部员工的积极性。如果企业经常从外部招聘人员，而且形成制度和惯例，就会减少内部员工的晋升机会，从而挫伤员工工作的积极性。

（5）招聘成本高。无论是招聘高层次人才，还是中层、基层人才，均须支付相当高的招聘费用，这包括招聘人员的费用、广告费、测试费和专家顾问的费用等。

三、员工招聘的方法

（一）内部招聘的方法

在进行内部招聘时，一般是先列出各职位所需要的技能，然后在企业内部公布所出现的职位空缺，再由愿意填补空缺职位的内部人员通过公开竞争的方式来进行。

1. 职位公告

职位公告是企业向员工通报企业内部现有职位空缺的一种方式。企业通过布告栏、内部电视台、内部报刊和内部网站等多种方式发布职位空缺的信息。职位公告通常会显示工作名称、工作职责、资格要求、工作日程、薪资待遇和申请程序等内容。职位公告有利于发挥企业中现有人员的工作积极性，激励士气，鼓励员工在企业中努力工作。因此，它是激励员工职业发展的一种好方法，但不是省时和经济的方法。

2. 利用技术档案的信息

内部招聘的另一种方法是利用现有人员技术档案中的信息。这些信息可以帮助招聘人员确定目前现有的工作人员是否拥有填补空缺职位的任职资格，然后，招聘人员可以与他们接触以了解他们是否想提出申请。这种方法可以和职位公告共同使用以确保岗位空缺引起所有有资格申请人的注意。

利用技术档案的优点是可以在整个企业内发掘合适的候选人，同时技术档案可以作为人力资源信息系统的一部分。如果经过适当的准备，并且技术档案包含的信息比较全面，采用这种方法比较经济和省时。

3. 职位竞标

职位竞标是一种允许那些自己认为已经具备职位要求的员工申请公告中职位的自荐方法。内部人员求职申请表是企业专门用于职位竞标的一种文件，它能使企业内部员工针对本企业当前存在的职位空缺来阐述自己的背景和特长。企业利用它对内部申请者进行初步筛选，并最终形成一份面试的候选人名单。内部人员求职申请表在各个栏目中填写的内容应当足够广泛而细致，使人力资源部门能够把申请者的情况与工作说明书和需求人员详细情况记录单的内容进行比较，并进而确定出面试人员，如表 4－1 所示。

表 4－1　　内部人员求职申请表

<table>
<tr><td rowspan="3">求职申请表</td><td>申请职位：</td></tr>
<tr><td>你从哪里了解到这一职位空缺的？</td></tr>
<tr><td></td></tr>
<tr><td>姓名：</td><td>部门：</td></tr>
<tr><td>职称：</td><td>科室：</td></tr>
<tr><td colspan="2">进入公司后工作经历（请从当前职位写起）</td></tr>
<tr><td colspan="2">部门　　开始时间　　结束时间　　工作名称与描述　　薪水

</td></tr>
<tr><td colspan="2">公司培训</td></tr>
<tr><td colspan="2">课程　　开始时间　　结束时间　　参加考试科目　　考试成绩

</td></tr>
</table>

续表

业余爱好
其他需要说明的事项

（二）外部招聘的方法

外部招聘，是指在企业外部吸收申请人，可以采用多种形式。外部招聘方法主要有以下几种：广告招聘、员工推荐、校园招聘、职业中介机构招聘、委托猎头公司招聘、人才招聘会、网络招聘、安置退役军人等。

1. 广告招聘

广告招聘是应用很广泛的一种方法，它可以比较容易地从劳动力市场中招聘到所需的人才。其传播媒体可以是大学校园里的布告栏、专业技术杂志、报纸和电视等。广告的作用一方面可将有关工作的性质、要求、员工应该具备的资格等信息提供给潜在的申请人；另一方面也可向申请人宣传企业的优势。广告的内容应该真实。

广告招聘适用于各类企业、各类人才。优点是传播范围大，挑选余地大；招聘广告留存时间较长；可附带进行企业形象、产品宣传。缺点是初选双方不直接见面，容易造成信息失真；广告费用支出较大；录取成功率低。如表 4－2 所示是对各种广告媒体的比较。

表 4－2　　　　　　　　主要广告媒体比较表

类型	优点	缺点	适用范围
报纸	广告大小可灵活选择；价格低廉，制作简便，便于自由选择阅读；便于保存和查阅；信息量大	容易被未来可能的求职者所忽略；缺乏生动性和直观性；发行对象无特定性	招聘限定某一地区时；空缺职位短期急需时；招聘数量较大时
杂志	具有保存价值；阅读的有效时间长，重复阅读率高；指向性较为明确；印刷精美	出版周期较长，发行量和发行区域受到很大的限制，同时受众范围的限制性也更明显	所招聘的职位有专业要求时；招聘时间不急迫时；所招聘的职位无地域要求时
广播电视	受众面广；传播性强；影响面大；极富灵活性；传播迅速；成本较低廉，分享方便	只能传达简短的信息，缺乏持久性；信息的储存性差，难以记录和查询；广播媒介只能传递声波信号，不能传送图像信号	需要迅速扩大影响；当职位空缺有很多种，而在某一地区有很多的求职者时；急需宣传企业和急需大量招聘时
招聘现场的宣传材料	在求职者可能采取立即行动的时候，引起他们的兴趣，极富灵活性	作用有限；必须保证求职者到现场；有些宣传材料可能被人丢弃	在特殊场合比较适用，如招聘会、展示会等，适合其他形式的招聘活动配合使用
网络	费用低；传播速度快、范围广；信息量大	信息量大，容易被忽视	大范围地招聘

2. 员工推荐

当工作岗位出现空缺时，可由员工向企业推荐其亲戚、朋友、熟人、同乡、校友等，经过竞争和测试合格后录用。主要适用于招聘初级员工和核心人员。一些企业提供少量报酬以激励员工推荐合适的申请人，尤其是在劳动力短缺的条件下，往往采用这种方法。员工推荐有 3 个优点：招聘成本比较低、能缩短招聘时间、员工一般不会推荐不合适或不可靠的求职者。所以，此种方式在很多企业获得广泛应用。研究表明，通过这种方法招聘的人员比用其他方法招聘的人员跳槽率更低。

员工推荐存在的主要问题是易在企业内形成小团体和裙带关系；易受主管喜好程度的影响，较难做到客观评价和择优录用；选用人员的面较窄，会在一定程度上妨碍平等就业。因此，需要认真加以鉴别并经过严格的选择。

3. 校园招聘

大学校园是高素质人员相对比较集中的地方，大学生是大多数专业管理人员和工程技术人员的重要来源。企业能够在校园招聘中找到大量具有较高素质的合格申请者，招聘录用的手续也相对简便。而且年轻的毕业生充满活力，富有工作热情，可塑性强，对自己的第一份工作具有较强的敬业精神。校园招聘的一种方法是管理人员或者其他代表访问学校并发表演讲；另一种方法是与学生签约并参观校园，同时与有兴趣的学生面谈。一些大公司可以雇佣专职招聘人员去校园招聘。

校园招聘也有明显的不足之处，如许多毕业生在校园招聘中常常有多手准备、对工作和职位容易产生一种不现实的期望、在工作配合和制度理解执行等方面会有欠缺、流动率较高、成本高、时间长等。

4. 职业中介机构招聘

职业中介机构的作用是帮助雇主选拔人才，节省雇主的时间，特别是在企业没有设立人事部门或者需要立即填补空缺时可以借助于人才中介机构。一般由职业中介机构检索其人才资源库，实行单向（或双向）收费。主要适应于初中级人才招聘或急需用工。优点是介绍速度较快，费用较低；缺点是中介服务普遍质量不高。

5. 委托猎头公司招聘

猎头公司本质上也是一种职业中介组织，但是由于它特殊的运作方式和服务对象，所以经常被看作一种独立的招聘渠道。猎头公司是一种专门为雇主搜寻和推荐高级主管人员和高级技术人员的公司。他们可以出色地采用很多渠道挖掘那些被其他老板看中但目前尚未有流动意向的顶尖级人才，并且可以对这些人才进行全面的调查，确保人才的质量。

委托猎头公司主要适用于物色高级人才。优点是能找到满意人才，比企业自己招聘质量好，招聘过程隐秘、不声张。缺点是招聘过程较长，需要各方反复接洽谈判；招聘费用昂贵，须按年薪的一定比例支付猎头费，一般为所推荐人才年薪的 1/4 到 1/3。

6. 人才招聘会

参加定期或不定期举办的人才交流会、人才市场、人才集市。主要适用于初中级人才招聘或急需用工。优点是双方直接见面，可信程度较高；当时可确定初选意向；费用低廉。缺点是应聘者众多、洽谈环境差、挑选面受限。

7. 网络招聘

网络招聘是指利用互联网技术进行的招聘活动，包括信息的发布、简历的收集整理、电子面试以及在线测评等。它并不仅仅是将传统的招聘业务搬到网上，而是互动的、无地域限制的、具备远程服务功能的一种全新的招聘方式。网络招聘的实施步骤如下。

首先，发布招聘信息。发布招聘信息的渠道一般有以下几种：注册成为人才网站的会员，或在自己企业的主页或网站上发布招聘信息；在某些专业的网站上发布招聘信息；利用搜索引擎搜索相关专业网站及网页，从而发现潜在人才。

其次，收集、整理信息，从众多的应聘者中挑选出符合条件的求职者安排面试。

最后，进行电子面试。主要形式包括利用电子邮件、视频面试、在线测评等。

8. 安置退役军人

按政府法令接收退伍人员到企业工作，有的是指令性的，也可以由双方选择，主要发挥其专业优势并发扬军队优秀传统。

第二节 员工招聘的程序

员工招聘是一个复杂的、系统的而又程序化的操作过程，同时涉及企业内部各个用人部门，所以，招聘工作中各部门、各管理者的协调就显得十分重要。为了使员工招聘工作固定化、规范化，应当严格按照一定的程序来运作。一般来说，员工招聘工作包括编制人力资源规划、招聘准备阶段、招聘阶段、测试选择阶段、录用阶段、办理录用手续、评估阶段七个阶段，如图 4－2 所示。

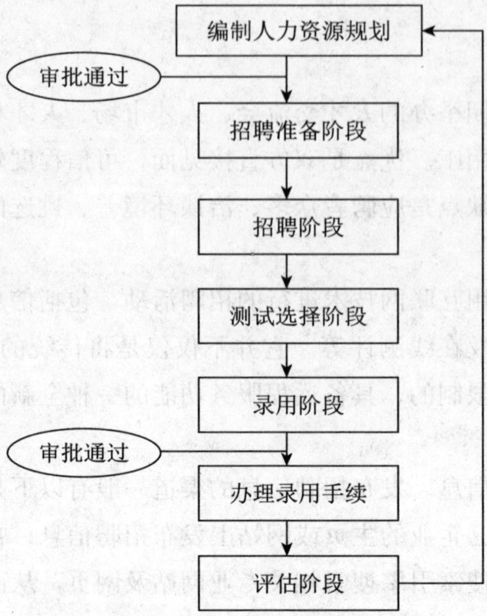

图4-2　员工招聘的程序

一、招聘准备阶段

（一）进行企业员工需求分析，确定哪些职位空缺

招聘需求分析主要进行人力资源配置状况分析和人力资源需求分析，并将招聘与培训，工作轮换、调动等其他为空缺岗位提供人员的方法相比较，分析招聘的必要性。招聘需求信息收集的来源主要有过去的在职人员，上级主管，与之相关的同事。

招聘信息要鼓励那些具有所要求的能力、技巧和兴趣的应聘人员愉快而主动地应聘。招聘信息应包括的内容：工作岗位的名称；有关工作职责的简单而明确的描述；说明完成工作所需的技巧、能力、知识和经验；工作条件，如地理位置、时间、周工作天数、管理人员的水平、报酬和福利；申请时间和地点；如何申请、是否要寄送简历、填申请表以及面试等。

（二）选择招聘渠道

企业员工招聘的渠道有两个：外部招聘和内部招聘。

（三）制订招聘计划

招聘计划是把对工作空缺的陈述变成一系列目标，并把这些目标和相关的应聘者的数量和类型具体化。招聘计划的主要内容如下。

1. 人员需求清单

招聘数量往往多于实际录用的人数。这是由于一些应聘者可能对于该工作没有兴趣，也可能不符合条件，或者两个原因兼而有之。

2. 招聘对象

就是确定录用什么样的人员。其内容包括：年龄、性别、学历、工作经验、工作能力、个性品质等。

3. 招聘费用预算

招聘的费用预算主要包括：人工费用，如企业招聘人员的工资、福利、差旅费、生活补贴以及加班费等；业务费用，如通信费、专业咨询费用、资料费、广告费等；其他费用，如设备折旧费、水电费、物业管理费等。

4. 招聘工作小组的组成，制订招聘章程、考核方案和择优选聘的条件，拟定招聘简章，规定招聘工作进度等

5. 招聘工作时间表

6. 招聘信息发布时间、渠道

（四）提出招聘策略

招聘策略是招聘计划的具体体现，是为实现招聘计划而采取的具体策略。

1. 招聘的人员策略

确定员工招聘工作的组织者和执行者，并明确各自的分工。

2. 招聘的规模策略

招聘收益金字塔是一个比较有用的工具，这里所谓的招聘收益是指经过招聘过程各个环节筛选后留下的应聘者的数量。使用这种方法，可以帮助人力资源管理部门决定为了获得最终的一定数目的员工，在招聘之初必须吸引多少个申请者才能有保证。

例如，假设根据企业过去的经验，每成功录用1名旅游营销人员，需要对5个候选人进行试用，要挑选到5个理想的候选人需要有15个人来参加测试和面谈筛选程序，挑选出15名合格的测试和筛选对象需要有20人提出求职申请。那么，如果企业想最终能招聘到10名合格的旅游营销人员，就需要至少200人递交求职信和个人简历，而且企业发出的招聘信息必须有比200人多很多的人能够看到。

由于招聘收益金字塔常以过去的招聘经验为基础得出，如果是在一个以前从没有进行过招聘的城市或劳动力市场，可能以前的收益率不管用。这种情况下，企业只能依靠其招聘人员的经验来进行推测。在取得招聘人数目标时，企业还可以采取实地检验的方法对确定的收益率进行修正，如通过一次小型的招聘来完成这种检测。

3. 招聘地点策略

选择哪个地方进行招聘，一般要考虑潜在应聘者寻找工作的行为，企业的位置，劳动力市场状况等因素。客观上，为了节省开支，企业通常在既有条件又有招聘经历的地方招聘，倾向于在所在地的市场招聘员工，在跨地区的市场招聘专业技术人员，而在全国范围内甚至国际上招聘高级管理人才。

4. 招聘的范围策略

招聘范围是指企业根据计划招聘人员的数量、能力要求等来决定要在多大的地域范围进行招聘活动。企业在确定招聘范围时，总的原则是在应聘人员直接相关的劳动力市场上进行招聘。这通常需要考虑以下两个主要的因素：一是空缺职位的类型，二是企业当地的劳动力市场状况。在比较不同招聘地点所需成本，进行成本收益分析后，再确定最优方案。

5. 招聘的时间策略

在制订招聘的时间策略时，经常要考虑劳动力市场上的人才规律。在人才供应高峰期到劳动力市场上招聘，可节约成本，提高招聘效率。

6. 招聘策略

采用哪一种途径或方式招聘人员，应根据供求双方不同情况而定。例如，是采用简单的方式，还是复杂的方式；是采用主动的方式，还是等人上门；是大张旗鼓，还是悄悄地进行等。无论如何，做好招聘工作，都需要和学校、职业介绍机构、有关团体、培训机构等保持密切联系。一般来说，企业可在大学毕业生中招聘专业技术人员和中层管理人员；借助职业介绍所招聘办事员和生产员工；通过广告招聘导游人员、研学专家等。为了节省开支和时间，还可采用员工引荐的方式。

7. 聘用策略

采用外部招聘，还是企业内部招聘，取决于企业的聘用策略。聘用策略主要有传统的甄选模式、人力资源管理模式和“非我族类”模式。

（1）传统的甄选模式，即“以人就事”，以工作为主，机构的需要优先。

（2）人力资源模式，即“以事就人”“以人为主”，旨在人尽其才。

（3）“非我族类”模式，即筛除与招聘方的理想、经验、教育、背景不同的人。

二、招聘阶段

根据招聘计划确定的策略和用人条件与标准进行决策，采用适宜的招聘渠道和相应的招聘方法，发布招聘信息，吸引合格的应聘者，以达到适当的效果。每类人都有自己习惯的生活空间、喜欢的传播媒介，企业想要吸引符合自己标准的员工，就必须选择相应的招聘信息发布途径和方法。

（一）招聘需求信息发布的要旨

（1）发布范围——由招聘对象的范围决定。

（2）发布时间——尽早，或在人才供应高峰期。

（3）招聘对象的层次——根据岗位要求，向特定层次的人发布特定的信息。

（二）招聘信息的发布渠道

招聘信息的发布渠道主要有广告招聘、人才招聘会、职业中介机构、委托猎头公司、大中专院校、员工推荐、安置退役军人等。

三、测试选择阶段

在吸引到符合标准的应聘者之后，还必须善于使用恰当的方法，挑选出最合适的人员。在比较筛选的过程中，要以工作岗位分析为依据，用定量、定性相结合的方法选择适合的应聘者，力求客观。

整个测试选择阶段由六个步骤组成：评价工作申请表和简历、选拔测试、面试、审核材料的真实性、体检、试用期考察。其中，选拔测试和面试是比较关键也比较复杂的两个步骤。

（一）选拔测试

选拔测试的内容主要有知识测试和能力测试，而能力测试常有一般能力测试和特殊能力测试两种。

1. 一般能力测试

一般能力测试是对一般智慧能力的测验。它测量的不是一个单独的智力特征，而是一组能力，包括记忆、词汇、数学、口头、空间意识等能力。智力是个人适应新环境的能力，是人的行为表现。智力的测量是比较困难的，直到20世纪初，科学家才发现人类智力区别的重要因素，即理解力和判断力。现介绍两种人们常用的智力测验方法。

（1）斯坦福-比奈智力测验

在这个测量方法中首次提出并采用了比率智商（IQ）的概念来给测验结果计分。比率智商就是一个人的智力年龄与实际年龄之比再乘以100。即

$$IQ=MQ/PQ\times 100$$

（2）韦克斯勒智力量表

美国医学心理学家大卫·韦克斯勒首次提出离差智商的概念。将一个人的智力水平与相同年龄的人进行比较，并把智力划分为操作智商和言语智商。

韦克斯勒离差智商的计算公式：$IQ=100+15Z$

其中，Z代表由被测验人测验分数计算出来的标准分数。

2. 特殊能力测试

除了与一般能力测验所测的心理特质不同这一点以外，特殊能力测验与一般能力测验所不同的就是特殊能力测验所测量出的不仅是一个人当时已经具有的能力，而且可以测量出一个人在某个特殊方面所具有的潜能。从这个意义上说，特殊能力测验更准确的说法应当是特殊能力倾向测验。

在现代化的生产和生活的要求下，人们的社会分工越来越精细，不同的社会领域所需要的能力有所不同，特殊能力测验成为一种必要。目前已经形成并在实践中广泛应用的特殊能力测验有以下几个：明尼苏达能力测验、克劳福特灵活性测验、音乐能力测验、行政职业能力倾向测验等。

选拔测试的内容除了知识测试和能力测试外，还有几个重要的内容：性格和

兴趣测试、工作样本测试、评价中心测试。

（二）面试

面试是通过主试与应聘者双方面对面地观察、交谈等双向沟通方式，了解应聘者素质状况、能力特征及求职应聘动机的一种人员考选技术。面试比笔试或查看简历更为直观、灵活、深入，可以观察出这些方法无法看出的人的属性或者层面，它不仅可以评价出应聘者的学识水平，还能评价出应聘者的能力、才智及个性心理特征等。

1. 面试的类型

（1）根据提问种类的不同，面试可以分为结构化面试和非结构化面试两种

在非结构化面试中，面试者会提出探索、无限制的问题。这种面试是综合性的，面试者鼓励应聘者多谈。非结构化面试一般比结构化面试耗时更多，且因不同的候选人会获得不同的信息。

结构化面试是在面试之前，已经有一个固定的框架或问题清单，面试者根据框架控制整个面试的进行，按照设计好的问题和有关细节逐一发问，严格按照这个框架对每个应聘者分别作相同的提问。使用结构化面试由于减少了非结构化面试的主观性，从而提高了面试的可靠性和准确性。

为获得评价公正、客观的候选人信息，面试者必须遵循一个结构化、系统化的面试程序，但是，如果面试人草率地提出每个问题，那么结构化的优势将大大削弱，这种方法很容易使气氛过于正式，因而影响应聘者回答问题的能力和愿望。

结构化面试的优点是标准统一，可以提供结构与形式相同的信息，便于分析、比较，减少主观性，同时有利于提高面试的效率，且对面试者的要求较少。

缺点：谈话方式过于程式化，难以随机应变；所收集的信息范围受到限制。

结构化面试一般包括四类问题。

第一，情景问题，提出一个假设的工作情景，以确定在这种情况下的反应。

第二，工作知识问题，了解应聘者的工作知识，这些问题既可能与基本教育技能有关，也可能与复杂的科学或管理技能有关。

第三，工作样本模拟问题，包括一种场景，在该场景中要求应聘者实际完成一项样本任务，当这种做法不可行时，可以采用关键工作内容进行模拟。

第四，员工要求问题，旨在确定应聘者是否愿意适应工作要求。例如，面试

者可能问应聘者，是否愿意从事重复性工作或迁往另一城市。这种问题的性质是实践工作的预演，并可能有助于应聘者进行自我选择。

（2）根据具体形式的不同，面试可分为个别面试、小组面试、成组面试等

个别面试。在这种形式下，一个应聘者与一个面试人员面对面地交谈，有利于双方建立较为亲密的关系，加深相互了解。但由于只有一个面试人员，所以决策时容易有失偏颇。

小组面试。通常是由2～3个人组成面试小组对各个应聘者分别进行面试。面试小组可由人事部门及其他专业部门的人员组成，从多种角度对应聘者进行考察，提高判断的准确性，克服个人偏见。

成组面试。通常由面试小组（一般2～3人组成）同时对几个应聘者（最好是5～6人）同时进行面试。在面试者的引导下，应聘者完成一些测试和练习。在这个过程中，对应聘者的逻辑思维能力、解决实际问题的能力、人际交往能力、领导能力等进行测试，以便做出用人决策。

2. 面试的过程

（1）面试准备

面试准备阶段要完成以下工作：选择应聘者、确定面试时间、了解应聘者的情况、准备面试材料、安排面试场所。

（2）面试实施

面试实施是整个面试过程的主体部分，一般可以分为以下几个小的阶段：引入阶段、正题阶段、收尾阶段。

面试过程是在连续的提问对话中完成的，但其中具有阶段性，一般面试分为五个连续阶段。

第一，预备阶段。这个阶段多以社交话题为主，主要是为了帮助应聘者消除紧张心理，建立起面试阶段所需的和谐、宽松、友善的气氛，当应聘者情绪平稳下来后，就可以进入第二阶段。

第二，引入阶段。这个阶段围绕应聘者的履历情况提出问题，逐步引出面试正题。在这个阶段，要给应聘者真正发言机会，同时面试者开始对应聘者进行实质性的评价。

第三，正题阶段。这是面试的实质性阶段，面试者通过广泛的话题从不同侧面了解应聘者的心理特点、工作动机、能力、素质等，评价内容基本上是“面试评价表”中所列的各项要素。

第四，深入阶段。这是面试的尾声阶段，这时面试的主要问题已经谈过了，面试者可以提一些更尖锐、更敏感的问题，以便能更深入地了解应聘者，但要注意尊重应聘者的人格和隐私权。

第五，结束阶段。在这个阶段，应给应聘者留下自由提问的时间，结束要自然，不要让应聘者感到很突然，留下疑惑。

面试的各阶段是一个有机连续的过程，面试者要熟练掌握面试技巧，使面试过程既具有连续性又能显出阶段性，保证面试过程的顺利进行。

小资料

几种常用的面试提问技巧

1. 封闭式提问。它只需应聘者做出简单的回答。一般以“是”或“不是”来回答。这种提问方式只是为了明确某些不明确的信息，或作为过渡性提问。

2. 开放式提问。这是一种鼓励应聘者自由发挥的提问方式，在应聘者回答问题的过程中，面试者可以对应聘者的逻辑思维能力、语言表达能力等进行评价。

3. 引导性提问。涉及工资、福利、工作安排等问题时，通过这种引导性提问方式征询应聘者的意向、掌握其需要并得到一些较为肯定的回答。

4. 压迫性提问。主要用于考察应聘者在面对压力的情况下的反应。提问应多从应聘者的矛盾谈话中引出，比如应聘者对于原单位工作很满意，而又急于换工作，面试者可针对这一矛盾进行提问。

5. 连串性提问。主要审查应聘者的反应能力、思维的逻辑性、条理性及情绪的稳定性。面试者向应聘者提出一连串问题，给应聘者造成一定的压力，这也是这种提问方式的目的之一。

6. 假设性提问。采用虚拟的提问方式，目的是考察应聘者的应变能力、思维能力和解决问题的能力。

3. 面试设计的程序

（1）工作分析。即对应聘岗位的工作内容进行详细的分析，该工作具体做什么事情，需要什么人员和相应的素质才能够胜任这项工作。

（2）确定目标。每次面试都应该有明确的目标，清楚面试必须了解何种信息，达到何种目的。

（3）在工作分析的基础上编制各种问题。这些问题可以包括工作环境方面的问题，工作经验方面的问题，工作技巧方面的问题，以及工作要求和对应聘者本身的要求等问题。

（4）决定如何评价面试的结果。即要制订若干标准以判断何种问题及回答是正确的或有效的，如表 4－3 所示。

（5）要有面试的控制。即要将面试的目的、面试的问题事先记录下来，在面试中可以经常提醒面试者始终围绕目标进行面试。

表 4－3　面试评价表

<table>
<tr><td>应聘者姓名</td><td></td><td>性别</td><td colspan="2"></td><td colspan="2">年龄</td><td></td></tr>
<tr><td>毕业院校</td><td></td><td>专业</td><td colspan="2"></td><td colspan="2">学历</td><td></td></tr>
<tr><td>应聘职位</td><td></td><td>应聘时间</td><td colspan="5"></td></tr>
<tr><td rowspan="2">评定项目</td><td rowspan="2" colspan="2">面试问题示例</td><td colspan="5">评分</td></tr>
<tr><td>5
优</td><td>4
良</td><td>3
好</td><td>2
一般</td><td>1
差</td></tr>
<tr><td>仪容仪表</td><td colspan="2">通过观察应聘者的穿着、打扮、言谈举止等来判断</td><td></td><td></td><td></td><td></td><td></td></tr>
<tr><td>教育背景</td><td colspan="2">1. 毕业院校、专业
2. 你认为你所受的哪些教育或培训将帮助你胜任你现在应聘的这份工作</td><td></td><td></td><td></td><td></td><td></td></tr>
<tr><td>工作经验</td><td colspan="2">1. 简要地介绍一下你的工作经历
2. 你在工作之中主要取得了哪些成绩</td><td></td><td></td><td></td><td></td><td></td></tr>
<tr><td>求职动机</td><td colspan="2">1. 选择本公司的原因
2. 选择工作时，最重视哪三项因素</td><td></td><td></td><td></td><td></td><td></td></tr>
<tr><td>专业知识和技能</td><td colspan="2">询问与职位要求相关的专业知识和相关领域的问题</td><td></td><td></td><td></td><td></td><td></td></tr>
<tr><td>语言表达能力</td><td colspan="2">1. 请做一个简单的自我介绍
2. 谈谈你的优缺点</td><td></td><td></td><td></td><td></td><td></td></tr>
</table>

续表

人际沟通能力	1. 谈谈你的同事或朋友对你的评价 2. 你认为良好沟通的关键是什么
灵活应变能力	1. 如果公司的竞争对手也决定录用你，你将如何抉择 2. 请列举一个工作或生活过程中你面临过的一个两难的处境，最后你又是如何解决的
个性品质	1. 个人的座右铭 2. 如何理解“受人之托，忠人之事”这句话
兴趣爱好	业余时间的安排
考核意见	1. 综合评价 2. 录用决策 □予以录用　□有待进一步考核　□不予考虑 面试者签字： 日期：　年　月　日

四、录用阶段

测试选择之后，招聘工作便进入了录用阶段。在这个阶段，招聘者和应聘者都要做出自己的决策。一旦双方达成意向，办理录用手续，签订劳动合同，劳动关系就正式建立起来了。这个阶段包括录用决策、发放录用通知书、试用期考察和正式录用四个环节。

（一）录用决策

录用决策一般由人力资源部具体负责，为用人部门提供经过筛选的应聘者名单，由用人部门最终做出录用决策。在这个过程中，要充分发挥人力资源部和用人部门的作用，充分收集应聘者信息，并对获取的信息进行综合评价与分析，确定应聘者的能力特点，根据预先设计好的录用标准和考核测试结果进行综合评价，从中择优挑选确定录用名单。

（二）发放录用通知书

录用通知书一般以信函的形式及时发出，内容包括报到的具体时间，报到的地点、程序以及其他需要说明的信息。

（三）试用期考察

员工进入企业后，需先进行岗前培训。培训合格后方可上岗，进入试用期考察。试用期一般是 3 个月。试用是对员工的能力、品质和素质做进一步考核，通过工作实践考察录用人员对工作的适应性。同时，也为试用期员工提供进一步了解企业和工作的机会，这是一个双向选择的过程。

（四）正式录用

试用期满，通过考察合格后，企业与员工签订劳动合同，以法律形式确立劳动关系。员工转正后，享有正式员工的权利，同时承担正式员工的义务和责任。

五、评估阶段

一个完整的招聘过程应该有评估阶段。进行招聘评估，可以及时发现问题、分析原因、寻找解决的对策，有利于及时调整有关计划并为下次招聘提供经验教训。

招聘评估包括以下三个方面的内容。

1. 招聘成本评估

招聘成本评估是指对招聘中的费用进行调查、核实，并对照预算进行评价的过程。它是鉴定招聘效率的一个重要指标。

招聘单价＝总经费（元）/录用人数（人）

做招聘成本评估之前，应该制订招聘预算。每年的招聘预算应该是全年人力资源开发与管理的总预算的一部分。招聘预算中主要包括：招聘广告预算、招聘测试预算、体格检查预算、其他预算，其中招聘广告预算占据较大的比例，一般来说按 4∶3∶2∶1 比例分配预算较为合理。

2. 录用人员评估

录用人员评估是指根据招聘计划对录用人员的质量和数量进行评价的过程。

（1）录用人员的数量

录用人员的数量可用以下几个数据来表示。

a. 录用比公式：

录用比＝录用人数/应聘人数×100％

相对来说，如果录用比越小，录用者的素质越高。反之，则可能录用者的素质较低。

b. 招聘完成比公式：

$$招聘完成比=录用人数/计划招聘人数\times 100\%$$

如果招聘完成比等于或大于 100％则说明在数量上全面或超额完成招聘计划。

c. 应聘比公式：

$$应聘比=应聘人数/计划招聘人数\times 100\%$$

如果应聘比越大，说明发布招聘信息效果越好，同时说明录用人员可能素质较高。

（2）录用人员的质量

除了运用录用比和应聘比这两个数据来反映录用人员的质量外，也可以根据招聘的要求或工作分析中的要求对录用人员进行等级排列来确定其质量。

3. 撰写招聘小结

招聘小结的主要内容包括招聘计划、招聘进程、招聘结果、招聘经费、招聘评定等。

小资料

某公司春季招聘小结

一、招聘计划

根据某年 1 月 3 日的董事会决议，向社会公开招聘负责国际旅游的副总经理一名，导游部经理一名，销售部经理一名。

由人力资源开发管理部经理在分管副总经理的直接领导下具体负责。

招聘测试工作全权委托某人力资源服务公司实施。

二、招聘过程

2 月 1 日，在报纸上刊登招聘广告。

2 月 16 日—3 月 2 日，初步筛选，筛选掉一些明显不符合要求的应聘者。

3 月 3 日—3 月 31 日，招聘测试。

4月1日—4月15日，最终决策。

4月20日，新员工上岗。

三、招聘结果

1. 副总经理应聘者40人，参加招聘测试28人，送企业候选人3人，录用0人。

2. 导游部经理应聘者22人，参加招聘测试16人，送企业候选人3名，录用1人。

3. 销售部经理应聘者36人，参加招聘测试28人，送企业候选人3名，录用1人。

四、招聘经费

1. 招聘预算共50000元。

2. 招聘广告费20000元。

3. 招聘测试费15000元。

4. 体格检查费2000元。

5. 应聘者纪念品费1000元。

6. 招待费3000元。

7. 杂费3500元。

8. 合计支出43500元。

五、招聘评定

1. 主要成绩

由于委托专业机构进行科学测试，录用的两名经理的素质十分令人满意，同时测试结果指出了副总经理应聘者中无合适人选，最后没有录用。

另外由于公平竞争，许多落选者都声称接受了一次锻炼，对树立良好的企业形象起到了促进作用。

2. 主要不足之处

由于招聘广告的设计还有些问题，所以没有吸引足够多的高层次应聘者来竞争副总经理岗位，致使副总经理一职最终没有合适人选录用。

人力资源部（签名）

年　月　日

第三节　旅游企业员工的使用与调配

一、员工的使用

员工使用是指企业人力资源管理部门按照工作岗位的任职要求，将员工安排到具体的工作岗位上，并给予不同的职位，赋予相应的职权，以使其开始相应的具体工作。广义的员工使用，还包括干部的选拔作用、岗位配置、人事调整等。从本质上来看，员工使用过程是企业对员工所提供的人力资源的消费过程。

（一）员工使用的内容

员工使用是人力资源管理的核心环节，它具体包括以下内容。

1. 新员工的安置

企业将新招聘的员工分配到相应的具体岗位上，使新员工开始为企业工作。

2. 干部选拔、任用

提拔能力卓著、绩效突出的员工担任企业一些部门的领导职务，组织员工完成系统任务，实现企业目标。

3. 劳动组合

将员工组合成班组等小团体，使其形成协作关系。好的劳动组合将减少企业内耗，提高整体效率。

4. 员工调配

根据实际需要，改变员工的岗位职务、工作单位或隶属关系的人事变动，以保证将员工使用在企业最需要的地方。同时，合理的员工调配还能减轻由于专业化程度过高而产生的工作枯燥感，防止员工工作效率低。

5. 职务升降

通过绩效评价，对工作绩效优异者晋升职务，以更好地发挥其潜能；对能力不足，无法胜任其工作岗位要求者则降职使用，以免影响企业任务的完成。

6. 员工的退休、辞退管理

这是员工使用的终止、员工退出企业的过程。

（二）员工使用的程序

1. 任职资格确认

员工使用前，首先应分析员工的任职资格，对其能力进行评价、确认，了解培训工作是否达到了履行岗位职责的要求。如果员工已经具备了入职条件，则由人力资源部安排其上岗。如不合格或经再培训仍不合格，则予以辞退。

2. 员工赋职

通过任职资格确认的员工，由人力资源部按其能力与招聘培训的目的进行工作分配，并向员工颁发聘书或其他任用文件，注明职务名称、工作内容、职责、权利、任职时间等。员工按相关要求，在规定的时间到指定的岗位上工作。

3. 考核评价

人力资源部和业务部门需对员工的工作情况进行全程监督和考查，所获得的信息作为员工绩效考核的依据。

4. 人事调整

对员工能力的考察和认识需要一个过程，因此，在实际工作中经常会出现员工能力与所在岗位不相适应的情况，另外，在同一岗位上长期工作的员工会产生职业倦怠感，因此，适时地对部分员工的工作岗位进行调整，有利于激励员工的工作热情。常用的人事调整措施有三种，即升职、降职、平级调动。

二、员工的调配

（一）员工调配的要求

1. 建立、健全员工调配的规章制度

员工调配工作需要建立和健全相关的规章制度，使其制度化、规范化和可操作化。员工调配制度包括员工调配的依据、员工调配的审核权限、员工调配的程序、相关的移交手续和规定、员工调配的方法等。

2. 拥有健全的员工调配资料

员工调配的资料主要指各类申请表、通知单、信息卡、登记表等。健全的员工调配资料有助于员工调配管理的规范和信息的规范。

3. 员工调配后的结果评价工作

进行员工调配后，要及时了解员工在新的工作岗位上的工作态度和工作表现，检查员工调配工作是否按规范化程序来运行。

（二）员工调配的内容

1. 平级调动

平级调动是指员工在企业中的横向流动，包括企业内部的不同单位之间，以及单位内部不同职位或职务之间的变更。平级调动与员工的职业生涯发展密切相关，它可能是为了使员工对不同工作岗位有更广泛的了解，也可能是使员工获得晋升所必需的经验而做的安排，还可能是对员工的一种变相的降职处理。

企业在进行平级调配管理工作时，要注意以下 5 点。

（1）用人所长。一般而言，员工的最大的愿望就是发挥自己的业务专长。

（2）因事设人。因事设人是根据企业职位或职务对人员素质、能力的需要，挑选合适的人去承担相应工作。

（3）协商一致。在人事调配过程中，应该做好细致入微的思想工作，做好各方意见的沟通，否则将影响部门与部门、员工与员工之间的正常关系。

（4）照顾差异。人与人之间在生理、心理、能力等方面千差万别，只有适当考虑和细心照顾这些差异，做到因才施用，才能做好人员调配工作。

（5）对调配工作要有明确的管理规定。

2. 升迁

升迁是指企业员工从原来的岗位晋升到另一个更高的岗位。对员工来说，升迁会使自己具有更高的地位并承担更重要的责任，同时也为自己带来更高的薪资福利；对企业来说，升迁是企业管理层常常使用的一种重要的激励方式和手段。企业中常见的升迁有四种：职务升迁，职等不变；职等升迁，职务不变；职务职等同时升迁；资格升迁。

升迁的程序一般是先由部门主管提出升迁申请，经人力资源管理部门审核，再提交岗位空缺报告，最后选择合适的升迁对象。升迁的方法有主管评定法、配对比较法、升等考试法、评价中心法、综合法等。

3. 降职

降职，是指从原来的职位降低到较低的职位。降职的同时意味着削减被降职员工的工资、地位、权利和机会。发生下列情形时，可对员工进行降职处理：①由于企业机构调整而精减人员；②员工不能胜任本职工作；③按照惩罚条例，对员工进行降职；④员工身体健康原因。

降职的基本程序一般是先由用人部门提出申请，报送人力资源管理部门；再由人力资源管理部门根据企业政策和各部门主管提出的降职申请，进行员工调整；最后，呈请主管人事的上级核定。凡核定降职人员，人力资源管理部门都要发布员工变更通知，并以书面的形式告知本人。

三、降低员工流失的措施

员工流失是指企业不愿意而员工个人愿意的自愿流出。这种流出方式对企业来讲是被动的，企业不希望出现的员工流出往往给企业带来特殊的损失，因而又称为员工流失。员工辞职是员工的权利，但由于对企业有害，企业一般要设法控制和挽留，至少要避免这种现象经常发生。

（一）降低员工流失的物质激励措施

1. 支付高工资

高工资是稳定人才的重要措施，高工资才能保证员工生活得到改善，使员工生活得更为幸福。薪酬是一种非常有效的激励工具。一个有效的薪酬体系，应该对外具有竞争力，对内具有公正性，对员工具有激励性，做到公开、公正、公平，能充分调动员工的工作意愿，使员工的努力方向符合企业的发展方向，实现员工与企业的共同成长。如果一个企业不重视它的薪酬体系，不能提高员工薪酬满意度，那么一定程度上将导致人员的流失，影响企业的发展。

2. 改善福利措施

在一定时期内改善福利措施，也是企业吸引人才、稳定人才的重要条件。许多企业只关注提供给员工的薪酬，但即便提供了高工资，仍旧有不少人才流走，很多企业管理者理解不了为什么会有很高的流动率。其实原因很简单，就是企业忽视给员工提供完善的福利。一个福利不完善的企业，即便员工工资水平相对很高，仍旧不能算是一个理想的企业。如 A 公司虽然员工的工资政策不完善，但是给员工提供的福利项目比较多样化。例如，员工每年享有 15 天的年休假，每年四月公司会组织员工旅游；员工被公司正式录用以后，公司会给员工买人身保险，每年会安排员工体检；每年过年过节，公司会给员工发放礼品；员工遇到生病、生育、结婚、丧事等大事，工会会委派代表看望员工并给予一定的慰问金；现在房价相当昂贵，大多数员工购买住房较困难，针对现实情况，年底的时候公司发布了一条政策：对于在 A 公司工作三年以上的员工一次性获得公司所发放的将近本人年收入总额的住房货币补贴。所以，虽然A公司提供的工资不具有竞争力，但是它所提供的福利措施的确留住了不少员工，许多求稳定的员工或的确受到过公司关心、关怀的员工能够安心在A公司工作。

3. 企业应该建立利润分享计划

为了最大限度地调动员工特别是中高层领导干部的工作主动性与积极性，企业应该建立利润分享计划。利润分享计划也是企业长期有效且具有吸引力的一项举措。利润分享计划是指对代表企业绩效的某种指标（通常指利润指标）进行衡量，并以衡量的结果为依据来支付员工薪酬。利润分享使员工有了更多机会分享到企业的利益，能够最大限度地调动员工工作积极性与主动性。利润分享计划一般有三种形式：一是现金现付法。例如A公司鼓励员工每月写份提案，主要就是让员工提出一些对公司的意见、建议、改进方法、改进效果、实施时间、对部门工作以及本人工作看法等。如果员工提出的建议被公司采纳、执行，而且获得了有效的成果或利润的增长，那么员工将获得200～2000元不等的现金奖励。即便提案没有被公司接受，公司为了鼓励员工继续参与，并且能够提出更有效的意见，仍旧会象征性的奖励现金20元。二是递延滚存式，是指利润中应发给员工的部分不立即发放，而是转入员工的账户，留待将来支付。第三种形式是混合制，就是前两种形式的结合，给予员工更多机会参与利益分配，增加员工的敬业心和忠诚度。

（二）降低员工流失的精神激励措施

1. 满足员工对事业发展的需要

企业应为员工制订个人发展计划，协助员工学习各种知识和技能，特别是专业性的知识和技能。通过个人职业发展计划，使每名员工对自己目前所拥有的技能进行评估，并考虑企业发展的需求，使自己的特长及发展方向符合企业的需求。给员工教育和培训的机会，鼓励员工发挥个人主观能动性，给那些爱岗敬业、力求上进的员工提供晋升的机会，最终增强员工的归属感和忠诚度，降低员工的流动率。

2. 直接沟通，鼓励社交，强化情感投入，使工作变成乐趣

必须注重感情投入，创造和谐的气氛，使工作成为乐趣，最大限度地激发员工的潜能，将员工的希望、梦想和企业的目标联系在一起，使员工真心实意地为自己、同事和企业的成功而努力，在给员工带来欢乐的同时，为企业创造财富。

3. 实施人本管理，充分尊重员工，以诚留人

人本管理要求企业把员工看作企业最宝贵的财富和最重要的资源，其中心思想是充分尊重每位员工。企业管理者须把员工当作渴望得到关怀、理解和尊重的人来看待，充分尊重他们的劳动，维护他们的权益，为他们的工作创造良好的工作氛围。这既能增强其自信心，激发其工作热情，又能提高他们对企业的满意度和忠诚度，从而降低员工的流动率。

4. 时时关心员工，解决员工的实际困难

企业领导应该时时关心员工，给员工解决实际困难。领导可以通过相应工作来了解员工的近况，并采取必要的应对措施。员工确实碰到困难时，领导本人或者鼓励其他员工一起伸出援手，帮助员工渡过难关，给予员工心灵和精神上的安慰，使他们把感激转化为工作动力，他们会以加倍的热情和忠诚来对待工作。

在这里需要说明的一点是，并不是企业的流动率越低越好，流动率太低也会使一个企业知识结构守旧，没有创新意识。在企业的人力资源管理过程中，员工离职的影响既可能是积极的，也可能是消极的。但是一个企业如果员工流动率高，特别是人才流失严重，那对企业的发展肯定是有很大弊端的。所以企业要采取措施把员工流动率控制在合理范围内，才能促进企业更好地发展。

复习与练习

一、填空题

1. 内部选拔的途径主要有________、________、________和________四种。

2. 选拔测试的内容主要有________和________。

3. 根据提问种类的不同，面试可以分为________和________两种。

二、选择题

1. ____强调能力要和职位相匹配，把合适的人放在合适的岗位上。

A. 公开公平原则　　B. 考核择优原则

C. 能级对应原则　　D. 效率优先原则

2. ____是把对工作空缺的陈述变成一系列目标，并把这些目标和相关的应聘者的数量和类型具体化。

A. 招聘计划　　B. 招聘渠道

C. 招聘策略　　D. 招聘原则

3.____是在面试之前，已经有一个固定的框架或问题清单，面试考官根据框架控制整个面试的进行，按照设计好的问题和有关细节逐一提问，严格按照这个框架对每名应聘者分别做相同的提问。

A. 个别面试 B. 结构化面试

C. 非结构化面试 D. 集体面试

4.____是指对招聘中的费用进行调查、核实，并对照预算进行评价的过程。它是鉴定招聘效率的一个重要指标。

A. 录用人员评估 B. 招聘数量评估

C. 录用质量评估 D. 招聘成本评估

5.____主要适用于招聘初级员工和核心人员。

A. 广告招聘 B. 职业中介机构

C. 猎头公司 D. 员工推荐

三、简答题

1. 简述员工招聘的原因和依据。

2. 请谈谈员工招聘的程序。

3. 简述员工使用的程序。

实训项目

【实训名称】模拟招聘

【实训内容】

1. 培养学生招聘工作的能力。

2. 培养与训练学生应聘的能力与心理素质。

【实训步骤】

1. 全班可分为两大组作为两个公司，分别担任招聘方与应聘方，以公司为单位组织招聘活动。

2. 招聘方公司要制订招聘计划，包括招聘目的、招聘岗位、聘用条件、招聘程序等，特别是聘用的决定办法。

3. 应聘方学生都要写出应聘提纲或应聘讲演稿，一定要体现出应聘者的竞争优势。

4. 模拟招聘场景：根据招聘公司的战略发展计划建立相应的组织结构和部

门，公司招聘由人力资源部经理主持，公司成员均为招聘组成员；招聘程序按课程讲授的内容进行，各公司根据每位应聘者的综合表现决定是否聘任；学生应在教师的指导下精心准备，成功地扮演好招聘者和应聘者的角色。

【实训点评】

1. 招聘公司需提供招聘计划书。
2. 应聘方学生提供应聘提纲或讲演稿。
3. 评估组织状况和个人能力状况。
4. 由教师最终做出统计和效果综合评价。

第五章　员工培训

美国经济学家、诺贝尔经济学奖得主西奥多·舒尔茨发现，单纯从自然资源、实物资本和劳动力的角度，不能解释生产力提高的全部原因，作为资本和财富的转换形态的人的知识和能力是社会进步的决定性原因。但是它的取得不是无代价的，它需要通过投资才能形成，员工培训就是这种投资中非常重要的一种形式。通过本章学习，将达到如下学习目标：

1. 熟悉员工培训的基本含义、分类、作用、目的及原则。
2. 掌握旅游企业员工培训管理流程。
3. 掌握员工培训的内容与方法。

案例引导

迪士尼的员工培训

从1955年沃特·迪士尼在美国加利福尼亚州阿纳海姆创建世界上第一个生产欢乐的主题公园——迪士尼乐园起，迪士尼乐园就名震全球，一直是世界旅游业主题公园中的一张王牌。是什么力量使迪士尼经久不衰，执主题公园之牛耳呢？实质上，迪士尼成功的秘密武器就是给旅游者提供优质、高效、细致的服务，而这种服务品牌的形成则得力于迪士尼严格、系统的员工培训。

一、员工培训——迪士尼的价值工程

迪士尼对员工的培训首先不是着眼于其素质和水平的提高，而是把它作为企业价值观和企业精神教育的一种重要手段。所以，迪士尼对所有员工的培训开始都是近乎宗教式的灌输，培训成为企业长期坚持的核心价值工程之一。

迪士尼要求每名员工，不论是新聘任的副总裁还是入口处收票的业余兼职短工，都要接受由迪士尼大学教授团的新员工企业文化训练课，以便让他们认识迪士尼的历史传统、成就、经营宗旨与方法、管理理念和风格等。

在几天的培训中，所有新聘员工需要马上学会下列迪士尼语言：员工是“演员”；顾客是“客人”；一群人是“观众”；一班工作是一场“表演”；一个职位是一个“角色”；一个工作说明是一个“脚本”；一套制服是一套“表演服装”；人事部是“制作部”；上班是“上台表演”；下班是“下台休息”；等等。

通过这种从文化、精神，到角色、语言的培训，迪士尼所有的员工都会对企业有一个比较深入的了解，为他们以后更好地适应迪士尼的工作打下良好的心理基础。

二、新员工培训

一般来说，迪士尼的新员工培训都安排在特别设计的、贴满创始人沃特·迪士尼肖像和他最出名的角色（如米老鼠、白雪公主和七个小矮人等）的训练室里进行，经过精心挑选的培训导师用认真编写的脚本和特殊语言，通过反复提问及回答的方式来强化新员工对迪士尼的个性、历史传统、神话等的认识。最典型的对话练习如：

导师：众所周知，麦当劳生产汉堡包。迪士尼生产什么呢？

新员工：迪士尼给人们带来欢乐！

导师：对极了。我们给人们带来欢乐。不管他们是谁，说什么语言，干什么工作，从哪里来，什么肤色，都要在此让他们高兴。你们不是被请来做工的，你们每一个都是来我们的节目中扮演一个角色的。

在这种反复强化的训练中，迪士尼的宗旨（迪士尼给人们带来欢乐）被灌输进每名被培训者的脑海里。在员工以后的工作中，心灵深处总有一个随时提醒自己的预警系统——自己的责任就是给人们带来欢乐。在迪士尼大学的课本中，员工还可以读到这样的训练语言：“在迪士尼，我们可能会工作劳累，但是从来都不会厌倦。即使在最辛苦的日子里，我们也要表现高兴，要露出发自内心真诚的微笑。”

经过教室培训之后，每名新员工都要接受一段时间的个别专业训练，即使是一般收票及售票的工作也需要进行两个星期的训练。而且培训后的课程考试非常严格，有时长达四到六个小时。经过专业训练后，新员工到现场与一个熟练同事结为对子，老员工将进一步协助其适应特定岗位的工作。

三、老员工培训

对于已经有一定经验的迪士尼员工来说，他们需要接受的培训更多，从内容到形式都非常丰富。当然，大多数的培训课程都是针对员工自身素质提高和职业生涯设计的要求予以设计和安排的，员工选择的余地也比较大。

比如在“生涯提升周”时，员工可以选择上“未来生涯”课，这堂课会告诉员工，迪士尼乐园中有些什么新的机会，以及该如何去准备它。还有一种课程叫“应征课程”，它培训员工如何做一份好的履历表，如何透过履历表推荐自己，以及如何参加面试。当然还有“如何转职”“对着星星许愿”“我们一路走来”等各种各样的培训课程。通过这些培训，为员工们补充精力，使员工们充满活力，在轻松的心态下辛勤工作，这也正是迪士尼确保客人能玩得愉快并且员工自身也得到快速发展的重要原因。

第一节 旅游企业员工培训概述

一、什么是员工培训

员工培训是指企业为了满足不断发展的需要，在综合考虑企业的发展目标和员工个人发展的基础上，进行的一种旨在提高员工在现有或将来职位上的工作业绩，从而提升企业整体绩效的一系列有组织、有计划的学习与训练。

员工培训是有组织、有计划地提供的。企业通过各种方式提高员工的知识、技能、能力，改善员工的工作态度，使员工能胜任本职工作并不断有所创新，以保证员工能够按照预期的标准或水平完成所承担或将要承担的工作和任务。

对培训含义的准确理解，需要把握以下几个要点：

1. 员工培训的对象是企业的全体员工，而不只是某部分员工，当然这并不是说每次培训的对象都必须是全体员工。

2. 员工培训的内容应当与员工的工作有关，与工作无关的内容不应当包括在培训的范围之内。此外，培训的内容还应当全面，与工作有关的内容都属于培训的范畴。如知识、技能、态度、企业的战略规划以及企业的规章制度等。

3. 员工培训的目的是要提升员工的工作业绩及企业的整体绩效，应当说这是企业进行培训的初衷和根本原因，也是衡量培训工作成败的根本性标准，如果不能实现这一目的，培训工作就是不成功的。

4. 员工培训的主体是企业，也就是说培训应当由企业来组织实施。有些活动虽然客观上也实现了培训的目的，但是实施主体并不是企业，因此也不属于培训的范畴。例如员工进行自学，虽然同样会改善工作业绩，但不能算作培训。但是如果这种自学是由企业来组织实施的，那么就属于培训。

二、员工培训的分类

员工培训要视企业的需要和员工的具体情况而定。从不同的角度出发，可以将培训划分为不同的类型。

（一）按照培训的内容分类，可以将培训分为基本技能培训、专业知识培训和工作态度培训

基本技能培训是通过培训使员工掌握从事职务工作必备的技能；专业知识培训是通过培训使员工掌握完成本职工作所需要的业务知识；员工态度培训是通过培训改善员工的工作态度，使员工与企业之间建立起互相信任的关系，使员工更加忠诚于企业。这三类培训对于员工个人和企业绩效的改善都具有非常重要的意义。因此，在培训中应予以足够的重视。

（二）按培训对象分类，可以将培训分为新员工培训和在职员工培训

新员工培训又称向导性培训或岗前培训，是指对新进员工进行的培训，主要是让新员工了解企业的工作环境、工作程序、人际关系等；在职员工培训是对企业中已有人员的培训，主要是为了提高现有员工的工作绩效。

（三）按照培训的目的分类，可以将培训分为应急性培训和发展性培训

应急性培训是企业急需什么知识、技能就培训什么。例如，某旅游企业计划新购一台高精度的设备，而目前又没有员工能够操作，就需要进行针对此设备的应急性培训；发展性培训是从企业长远的发展需要出发而进行的培训。

（四）按培训性质分类，可以将培训分为岗前培训、在职培训和脱产培训

岗前培训主要是针对新员工进行的。岗前培训的内容主要包括两部分。一部分是基础教育，另一部分是行为培训。基础教育的主要内容包括：讲解企业历史，规章制度，企业文化，与本企业有关的新知识、新技能和新理念等。行为培训的主要内容包括：熟悉工作流程、讲解企业现状和企业发展目标、学习工作手册等。岗前培训的时间一般为一周。在职培训就是在工作中直接对员工进行培训，员工不离开实际的工作岗位。它是一种使员工通过实际完成工作任务来进行学习的非正规的培训方法。脱产培训是指企业为了企业发展和员工个人发展的需要，让员工离开工作岗位，进行专门性业务和技术培训。

三、员工培训的作用

（一）补偿作用

企业培训有支持经营机能的补偿作用。由于不断追求更高的经济增长率，只有恰当地利用人力资源，.才能取得更高的劳动生产率，而技能培训对人力发展是极为重要的。因此，员工的培训应与企业经营战略密切配合。

（二）保持企业竞争力的重要手段

高素质的企业队伍是企业最重要的竞争因素。通过培训，可以提高员工的知识水平、首创精神和创新能力。同时，也可以提高员工工作热情和合作精神，建立良好的工作环境和工作气氛，提高员工的工作满意感和成就感，从而提高员工队伍的整体素质，增强企业竞争力。

（三）提高生产力

员工通过有效的培训，在生产商品或服务时，能减少所需工作时间，从而降低人力及推销成本；减少材料的浪费和不良产品的产生，从而降低供应成本；改进由企业将产品或服务输送到用户手中的方法，从而降低服务成本。可见生产的数量、品质和效率跟员工的知识、技术和能力有绝对的相关性。而通过培训可增加其知识、判断力和解决困难的能力，这两者均可使企业提高生产力。

四、员工培训的目的

培训的出发点和归宿是“企业的生存与发展”，其目的具体如下。

（一）适应企业外部环境的发展变化

企业的发展是内外因共同起作用的结果。一方面，企业要充分利用外部环境所给予的各种机会和条件，抓住时机；另一方面，企业也要通过自身的变革去适应外部环境的变化。企业不是一个封闭的系统，而是一个不断与外界相适应的升级系统，这种适应并不是静态的机械的适应，而是动态的积极的适应。外因通过内因起作用，企业要在市场竞争中立于不败之地，关键在于企业内部的机制问题。企业的生存和发展又归结到人的作用上，具体可落实到如何提高员工素质、调动员工的积极性和发挥员工的创造力上。因此企业必须不断培训员工，才能使他们跟上时代，适应技术及经济发展的需求。

（二）满足员工自我成长的需要

员工希望学习新的知识和技能，希望接受具有挑战性的任务，希望晋升，这些都离不开培训。因此，通过培训可增强员工的满足感。期望越高，受训者的表现越佳。反之，期望越低，受训者的表现越差。

（三）提高绩效

员工通过培训，可在工作中减少失误，生产中减少工伤事故，降低因失误造成的损失。同时，员工经培训后，随着技能的提高，可减少废品、次品，减少消耗和浪费，提高工作质量和工作效率，提高企业效益。

（四）提高企业素质

员工通过培训，知识和技能都得到提高，这仅仅是培训的目的之一。培训的另一个重要目的是使其成为具有不同价值观、信念、不同工作作风及习惯的人，按照时代及企业经营要求，应对员工进行文化养成教育，以便形成统一、和谐的工作集体，使劳动生产率得到提高，员工的工作及生活质量得到改善。要提高企业竞争力，企业一定要重视教育培训和文化建设，充分发挥企业文化的巨大作用。

五、员工培训的原则

（一）战略原则

所谓培训的战略原则包括两层含义：一是企业培训要服从或服务于企业的整体发展战略，最终目的是实现企业的发展目标；二是培训本身也要从战略角度考虑，要以战略眼光去组织企业培训，不能只局限于某一个培训项目或某一项培训需求。

企业员工培训开发工作的实施，应当从企业战略的高度出发来进行，服务企业战略和规划。员工培训是企业人力资源管理的重要环节，它要求企业在组织员工培训时，一定要从企业的发展战略出发去思考相关问题，使员工培训工作构成企业发展战略的重要内容。

（二）主动参与原则

在培训过程中，如果受训者只保持一种静止的消极状态，就不可能达到培训的目的。为调动员工接受培训的积极性，日本一些企业采用“自我申请”制度，由员工定期填写申请表，主要反映其过去 5 年内的能力提高和发挥情况以及今后 5 年的发展方向、对个人能力发展的自我设计。然后由上级针对员工申请与员工面谈，互相沟通思想、统一看法，最后由上级在员工申请表上填写意见后，报人事部门存入人事信息库，作为以后制订员工培训计划的依据。同时，这种制度还有很重要的心理作用，它使员工意识到个人对工作的“自主性”和对于企业的主人翁地位，畅通上下级之间思想交流的渠道，更有利于促进集体协作和配合。

（三）目标原则

企业组织员工培训的目的，在于通过培训让员工掌握必要的知识技能以完成规定的工作，最终为提高企业的经济效益服务。培训的内容必须是员工的个人需要和工作岗位需要的知识、技能以及态度等。为此，在培训项目实施中，目标设置要明确、适度，要把培训内容和培训后的使用衔接起来，对员工形成一定的引导，这样培训的效果才能体现到实际工作中去，才能达到培训目标。如果不能按需培训，培训与使用脱节，不仅会造成企业人力、财力和物力的浪费，而且会使培训失去意义。

（四）激励原则

利用正向和反向激励，严格考核和择优奖励，调动员工参与培训的积极性和主动性，增强培训效果。一般而言，动机多来自需要，所以在培训过程中，就可应用多种激励方法，使受训者在学习过程中，因需要的满足而产生学习意愿。

（五）实效原则

培训不仅是观念的培训、理论的培训，更重要的是实践的培训。培训内容要结合实际，并且要注意培训结果的转化。在培训过程中要创造实践条件，以实际操作来印证、深化培训的具体内容，这样更有利于实践成果的转化。在理论培训过程中，要有计划地为受训员工提供实践和操作的机会，使他们通过实践提高工作能力。

企业员工培训与普通教育的根本区别在于员工培训特别强调针对性、实践性。企业发展需要什么、员工缺什么就培训什么，要努力克服脱离实际，向学历教育靠拢的倾向。不搞形式主义的培训，而要讲求实效，学以致用。

（六）效益原则

员工培训是企业的一种投资行为，和其他投资一样，也要从投入产出的角度考虑效益大小及远期效益、近期效益等问题。员工培训投资属于智力投资，它的投资收益应高于实物投资收益。但这种投资的投入产出衡量具有特殊性，培训投资成本不仅包括可以明确计算出来的成本，还要将机会成本纳进去。培训产出不能纯粹以传统的经济核算方式来评估，它包括潜在的或发展的因素，另外还有社会的因素。在投资培训时，投入是较容易计算的，但产出回报是较难量化计算的，并且还有些培训较难确定是长期效益还是短期效益。尽管如此，还是必须把它当作非常重要的问题来考虑，以求在费用一定的情况下，使培训效果最大化。

（七）差异性原则

普通员工和中高层管理者所从事的工作不同，创造的绩效不同，个人能力所应达到的工作标准也不同，因此员工培训工作应当充分考虑培训对象的工作性质、任务和特点，坚持内容的差异化原则，实行按需培训。例如，对一线员工来说，技术能力应是其能力构成中最主要的组成部分；企业最高领导层，是决定企业命运的关键人物，要具有较强的管理、商业、财务和会计等方面的能力。

企业不仅岗位繁多，员工水平参差不齐，而且员工在人格、智力、兴趣、经验和技能方面，均存在个体差异。所以，对担任工作所需具备的各种条件，各员工所具备的情况也有不同，对这种已经具备与未具备的条件的差异，在实施培训时应该予以重视。显然，企业进行培训时应遵循人员的差异化原则，实行因人而异培训方式，不能采用普通教育“齐步走”的方式培训员工。也就是说要根据不同的对象选择不同的培训内容和培训方式，有的甚至要针对个人制订培训发展计划。例如，一线员工操作技能的培训采用模拟训练法比较合适；管理人员管理技能的培训主要是用案例研究法和课堂传授法。

（八）全员培训和重点培训相结合的原则

全员培训是指对所有员工进行培训，以提高企业全员素质；全员培训也不是说对所有员工平均分摊培训资金。在全员培训的基础之上，还要强调重点培训，重点培训是指对企业技术中坚、管理骨干（特别是中高层管理人员）加大培训力度，进行重点培训，因为这些人对企业的发展起着关键作用。

（九）长期性原则

员工培训需要企业投入大量的人力、物力，这对企业的当前工作可能会造成一定的影响。有的培训要在一段时间以后才能反映到员工工作绩效或企业经济效益上，尤其是管理人员和员工理念的培训。因此，应正确认识智力投资和人才开发的长期性和持续性，应本着以人为本的经营管理理念来做好员工培训。

第二节　旅游企业员工培训管理流程

企业提供员工培训的最终目的是增强自身的竞争优势。企业选择并利用有效的培训手段，使员工的培训与实际工作紧密结合，从而不断提高企业竞争力。随着经济和技术发展规律变化不断加快，非正式的培训程序已无法确保培训的效率和质量。企业越来越重视员工的技能培训与开发规划的制订与实施，并通过系统的操作程序，把企业的培训需求转变为实际的培训活动，如图 5－1 所示。

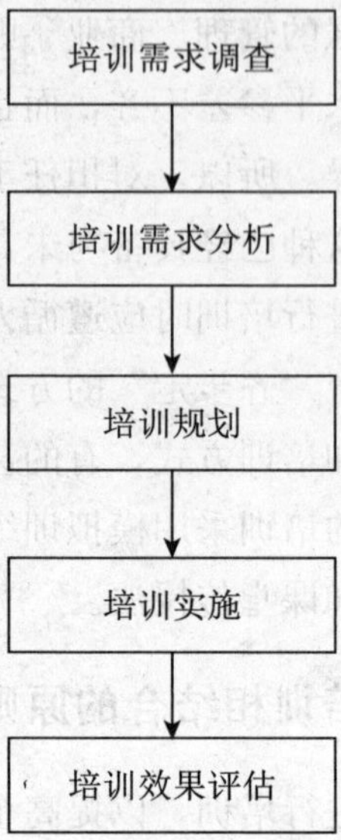

图 5－1　员工培训管理流程

一、培训需求调查

（一）调查前的准备工作

如建立员工背景档案、原始培训需求回顾等。

（二）制订培训需求调查计划

①制订调查行动计划；②确定培训需求调查工作的目标；③选择调查方法；④确定培训需求调查的内容。

（三）实施培训需求调查工作

①提出培训需求动机或愿望；②调查、申报、汇总动机；③分析培训需求；④汇总培训需求意见，确认培训需求。

（四）分析与输出培训需求结果

①对培训需求调查信息进行归类、整理。进行统计、利用图表将信息表现的

趋势进行形象化处理。如利用直方图、分布曲线图等工具。

②对培训需求进行分析、总结。找出培训需求，注意个别需求和普遍需求、当前需求和未来需求之间的关系。要结合业务发展需要，根据任务的重要程度和紧迫程度进行排序。

③撰写培训需求分析报告。根据处理结果撰写培训需求调查报告。主要包括调查背景、概述需求分析实施的主要方法和过程、阐明分析结果、主要建议与说明、附录、报告提要。

（五）培训需求信息收集的方法

1. 面谈法

面谈法可以进行面对面地交流，充分了解相关方面的信息，相互了解，建立信任关系，但需要花费较长的时间，而且对面谈技巧要求高，但它是一种非常有效的需求分析方法。

2. 重点团队分析法

这种方法是指培训者在培训对象中选出一批熟悉问题的员工作为代表参加讨论，以调查培训需求信息。小组成员不宜太多，通常由 8～12 人组成一个小组，一人组织讨论，一人负责记录。要求就是成员必须能代表所培训对象的培训需求，并且要熟悉需求调查中讨论的问题。

3. 工作任务分析法

工作任务分析法是以工作说明书、工作规范和工作任务分析记录表作为确定员工任职的依据，通过岗位资料分析和员工现状进行对比，寻找员工的素质差距。这是一种非常正规的培训需求调查方法，结论可信度高。

4. 观察法

观察法是最原始、最基本的需求调查工具之一，比较适合生产作业和服务性工作人员，不太适用于技术人员和营销人员，通常要设计一份观察记录表。

5. 问卷调查法

这种方法的调查结果为间接取得，问卷设计、分析工作难度大。应注意的问题：①问题清楚明了，不产生歧义；②语言简洁；③问卷尽量采用匿名方式；④多采用客观问题方式，易于填写；⑤主观问题要有足够的空间填写意见。如表 5-1所示。

表 5-1　　　　员工培训需求调查表

<table>
<tr><td colspan="4">一、企业培训现状调查</td></tr>
<tr><td>已参加过的培训项目或内容</td><td>培训实施机构</td><td>培训时间</td><td>培训方式</td></tr>
<tr><td></td><td></td><td></td><td></td></tr>
<tr><td></td><td></td><td></td><td></td></tr>
<tr><td colspan="2">以往培训是否针对个人做过培训需求征询</td><td colspan="2">□是　□否　□偶尔</td></tr>
<tr><td colspan="2">培训后技能、绩效是否得到明显提升</td><td colspan="2">□明显提升　□稍有提升　□作用基本不大</td></tr>
<tr><td colspan="4">二、员工培训需求调查</td></tr>
<tr><td colspan="2">培训内容</td><td rowspan="2">期望的培训时间</td><td rowspan="2">期望的培训方式</td></tr>
<tr><td>培训项目</td><td>培训内容</td></tr>
<tr><td rowspan="4">营销管理</td><td>□现代营销战略与战术</td><td></td><td></td></tr>
<tr><td>□销售队伍与业绩管理</td><td></td><td></td></tr>
<tr><td>□专业销售技巧与谈判技巧</td><td></td><td></td></tr>
<tr><td>□电话销售技巧</td><td></td><td></td></tr>
<tr><td rowspan="4">财务管理</td><td>□成本分析与控制</td><td></td><td></td></tr>
<tr><td>□如何阅读财务报表</td><td></td><td></td></tr>
<tr><td>□预算管理</td><td></td><td></td></tr>
<tr><td>□内部控制与风险管理</td><td></td><td></td></tr>
<tr><td rowspan="5">人力资源管理</td><td>□人力资源管理人员的角色定位</td><td></td><td></td></tr>
<tr><td>□国内外人力资源管理发展现况</td><td></td><td></td></tr>
<tr><td>□人力资源规划与工作分析</td><td></td><td></td></tr>
<tr><td>□人力资源培训与开发</td><td></td><td></td></tr>
<tr><td>□薪酬管理</td><td></td><td></td></tr>
<tr><td rowspan="4">生产管理</td><td>□生产计划与进程的控制</td><td></td><td></td></tr>
<tr><td>□现场管理</td><td></td><td></td></tr>
<tr><td>□精益生产管理</td><td></td><td></td></tr>
<tr><td>□设备管理与维护</td><td></td><td></td></tr>
</table>

续表

三、其他
1. 除以上的培训项目外，您认为还需要接受哪些方面的培训
2. 您在工作中经常会遇到哪些困难

二、培训需求分析

所谓培训需求分析，是指在规划与设计每项培训活动之前，由培训部门、主管人员、工作人员等采用各种方法与技术，对各种企业及其成员的目标、知识、技能等方面进行系统的鉴别与分析，以确定是否需要培训及培训内容的一种活动或过程。它既是确定培训目标、设计培训规划的前提，也是进行培训评估的基础，因而成为整个培训活动的首要环节。如果该项工作不规范、不细致，就会导致培训计划难以制订，使培训工作难以成为完整的系统，影响整体培训工作的开展。

（一）培训需求分析的基本功能

培训需求分析是整个培训开发工作流程的出发点，其准确与否直接决定了整个培训工作有效性的大小。简单地说，培训需求分析，就是了解与掌握企业为什么培训（Why）、谁需要培训（Who）、培训什么（What）、培训的目标等一系列的分析过程。

1. 明确培训对象

即确认有哪些员工需要进行培训。需要进行培训的员工主要分两种情况：一是由于工作岗位发生重大变革，而需要对该岗位的所有员工进行的技术、知识、能力等方面的培训；二是由于员工个人原因，如适应岗位晋升需求等，需要对其进行专门的培训。

2. 制订培训标准

确定员工需要或不需要培训的具体标准，或员工培训后应达到什么程度。标准就是判断企业是否需要培训即培训内容的一种活动或过程。企业根据自身发展和员工个人发展需要，通过企业分析、任务分析和人员分析的途径，确定特定工作岗位所需的知识、技能和态度的分析过程。

（二）培训需求分析的内容

当把培训需求相关的资料收集完以后，就要从不同层次、不同方面、不同时期对培训需求进行分析。分析的内容有三大块：层次分析、对象分析以及阶段分析。

1. 培训需求的层次分析

（1）企业层次分析

主要是确定企业范围内的培训需求，包括对企业目标、资源和环境的分析，以及对人力资源的重要或关键方面进行分析，保证培训计划符合企业的整体目标与战略要求。从企业内外的对比分析中，从生产经营过程的现状和问题的对比分析中，确定企业的人才需求结构，进而确定培训的目标与计划大纲。

（2）工作岗位层次分析

即按照企业职务工作标准和相当职务所需的能力标准（职能标准），对各部门、各职务工作（岗位）状况，主要是对承担工作的员工及员工的工作能力、工作态度和工作成绩等，进行比较分析，以确定企业成员在各自的工作岗位上是否胜任所承担的工作，进而确定企业培训的需求结构。工作分析、绩效评价、质量控制报告和顾客反映等都为这种培训提供了重要信息。

（3）员工个人层次分析

寻找绩效差距，为将来评价培训结果和评估未来培训的需要。通过逐一对员工的工作过程和工作结果以及工作态度进行考核评价，尤其对那些关键工作、关键岗位的人员素质，进行测评，以确定需要培训的内容和人员。

上述三种分析过程是三位一体的，由综合分析到单项分析、由总体分析到个体分析、由抽象分析到具体分析，由大至小逐步确定培训对象。

2. 培训需求的对象分析

（1）新员工培训需求分析

主要产生于其对企业文化、企业制度不了解而不能融入企业，或是不熟悉工作岗位而不能胜任新工作。通常使用任务分析法决定其在工作中需要的技能。

（2）在职员工培训需求分析

由于新技术在生产过程中的应用，在职员工的技能不能满足工作需要等方面的原因而产生培训需求，通常采用绩效分析法评估在职员工的培训需求。

3. 培训需求的阶段分析

（1）当前培训需求分析

针对企业当前存在的问题而提出的培训要求，主要是分析企业现阶段的生产经营目标，生产经营目标实现状况，未能实现的生产任务、企业运行中存在的问题等方面，指出原因，确认培训是解决问题的有效途径。

（2）未来培训需求分析

主要是满足企业未来发展过程中的需要而提出的培训需求。采用前瞻性培训需求分析方法，预测企业未来工作变化、员工调动情况、新工作职位对员工的要求及员工知识技能方面的缺陷部分。

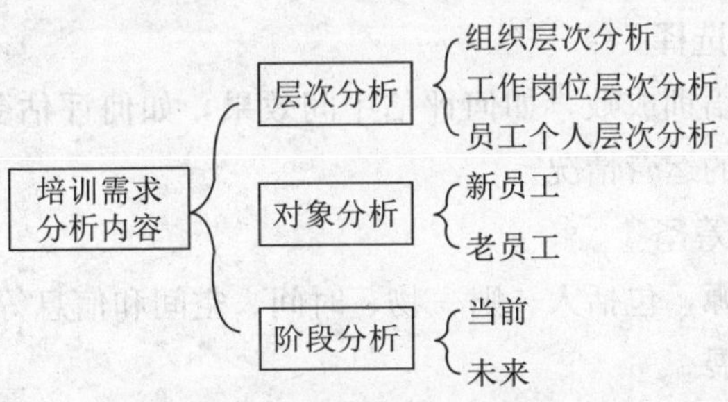

图 5－2　培训需求分析的内容

三、培训规划

培训规划是指根据企业的发展规划，针对员工工作过程中出现的各种现象，结合企业发展规划和总体发展战略，大力提升员工素质，突出人才培养及专业技术力量储备培训，为企业打造高绩效团队提供合适的人力资源，全面提升企业员工的综合素质和业务能力，为员工学习和成长而设定和安排的职能性计划。

（一）员工培训规划的主要内容

1. 培训项目的确定

首先，明确培训需求的优先次序，并根据企业的资源状况优先满足那些排在前列的需求。其次，明确培训的目标群体及其规模，进行后续的目标设定和课程安排等。再次，确定培训群体的培训目标，对培训预期达到的结果和标准加以明确、清晰地描述。

2. 培训内容的开发

通过需求分析确认了员工能力及素质的不足，并据此确定哪些员工是主要的培训对象？这些人在哪些方面应该进行培训和提高，包括培训什么，培训过程中要经过哪些环节，做什么练习。

3. 实施过程的设计

包括培训的课程安排，培训进度表，培训的时间、地点，培训的形式和方式，培训教师的选择，培训对象的确定，以及培训环境的营造等。

4. 评估手段的选择

包括如何衡量培训成败，如何评估中间效果，如何评估受训者的培训效果，如何考察在工作中的运营情况。

5. 培训资源的筹备

培训需要的资源，包括人、财、物、时间、空间和信息等的筹备和使用，决定培训能否顺利开展。

6. 培训预算

培训预算是培训工作中的一个重要环节，既要保证培训目标的实现，又要注意成本控制。对培训项目进行成本—收益分析，主要通过会计方法决定培训项目的经济收益，需从成本、收益两个方面的信息加以考虑。

（1）培训成本预算：需要确定培训的经费来源、经费的分配与使用、进行培训成本—收益计算、制订培训预算计划、培训费用的控制及成本降低。

培训成本包括直接成本和间接成本。直接成本包括培训材料、培训设备、培训师的师资费、教室的租金、学员的差旅费等。间接成本是指培训期间受训者的工资、福利、时间等的支付以及因误工所造成的损失。计算培训成本的方法有两种：利用资源需求模型计算；利用会计方法计算。

（2）培训的收益：培训收益一般为潜在收益。用来确定收益的方法如下。

①运用技术、研究及实践证实与特定培训计划有关的收益。

②在企业大规模投入资源之前通过实验性培训，评价一小部分受训者所获得的收益。

③通过对成功者的观察，可帮助企业确定成功者与不成功者的绩效差别。

（二）制订培训规划的步骤和方法

制订培训规划是一个复杂的过程，其中每个步骤都有自己的目标和实现的方法。在实践中，这些步骤是不能分开的，培训管理者可以根据自己的需要来确定各个步骤的先后顺序，也可以决定是否跨过或重复其中一个或几个步骤。

1. 培训需求分析

目的在于提高工作者的绩效，这就需要一种机制来决定员工现有绩效是否需要提高，以及在哪方面和何种程度上来提高。在培训规划设计过程中，这种机制就是需求分析。

2. 工作说明

要想判断某一培训规划应包括什么，不包括什么，就需要有一种机制来说明培训与什么有关或与什么无关。在培训规划设计中，这种机制就是工作说明。

3. 任务分析

由于各类工作岗位的任务内容不同，因而对培训的要求也就不同。有些工作任务可能要求培训提供专业知识方面的支持，有些工作任务可能要求培训提供解决某种问题的方法。因此，要想为某项工作任务选择切实可行的培训方法，就需要采用特定的方式，对岗位工作任务的培训需求进行分析。

4. 排序

学习顺序非常重要。每项工作中都有很多技能需要学习，该如何确定科学的学习顺序？在培训规划设计中，完成此项任务的机制就是排序。

5. 陈述目标

目标是对培训结果或由培训带来的岗位工作结果的规定。为了使培训达到预定的目标，就需要对培训目标进行清楚明白的说明。

6. 设计测验

培训规划设计最终要对培训的结果进行评估，因此，它必须提供可靠的和有效的测评工具。这些工具必须能精确地显示受训者经过培训后有多少进步。因而，在陈述目标后，设计者要设计测验。

7. 制订培训策略

制订培训策略就是根据培训面临的问题及环境，选择、制订相应的措施。

8. 设计培训内容

培训策略必须转化成具体的培训内容和培训程序，才能被执行和运用。在培训规划设计中，这种转化就是设计培训内容。

9. 实验

按照上述步骤设计的培训规划，从理论上讲可能尽善尽美。但是，它是否考虑了不该考虑的因素，是否能在实践中起到预期的作用，需要将培训规划进行实验，然后根据实验结果对其进行改善。

四、培训实施

培训实施是指企业培训部门组织培训教师实施培训，并由培训项目的组织管理部门进行考核评定。

（一）准备培训设施

1. 选择培训讲师

挑选培训师需要从培训师的知名度、专业性、价位等方面综合考虑，对培训师的确定需要及早进行，尤其是外部培训师，因为对培训师的联系、甄选和谈判需要一个过程。而且，很多优秀培训师的时间都排得很紧，所以经常需要从多个培训师中挑选出一个最合适的。聘请外部培训师需要提前一个月甚至数个月着手准备，否则，很可能找不到合适的培训师。当然，内部培训师的安排就不用如此费周折了。

对培训师的基本要求是必须具备良好的品质、完备的知识、丰富的经验和有效的沟通技能。

2. 培训内容设计

培训师根据培训组织者提供的信息资料进行课程设计。课程设计包括两部分，一是培训提纲的设计，作为发布培训计划及通知之用，让学员及早了解培训的主要内容；另外是培训讲义的设计，让学员按照设计学习。

培训师或培训机构设计完培训提纲和讲义后，培训组织者要认真审核，征询相关人员意见，对课程中不恰当之处，及时要求对方修改。对企业内部培训师来说，可以采用小规模试讲的方式，由相关人员对其课程提出针对性的改进意见。

3. 选定培训地点

不同的培训需要选择不同的场所。理论或操作性不强的培训可以选择在常规的教室进行，游戏活动多的培训就需要教室桌椅能够方便移动，实践性操作课程要选择在操作现场或者能够实施操作的地方进行。如果培训需要外部场地，需要提前预订并进行现场勘察等。

4. 确定培训时间

培训时间的确定要考虑两个因素：培训需求；受训人员。

（二）培训

培训师在规定的时间、场所对确定的受训人进行培训。

1. 岗前培训

（1）新员工到职培训由人力资源部负责，内容为企业简介、员工手册、人事管理规章的讲解；企业文化知识的培训；工作要求、工作程序、工作职责的说明；业务部门进行的业务技能培训。

（2）调职员工岗前培训。培训的方式及培训内容由调入部门决定。

2. 在职培训

在职培训的目的主要在于提高员工的工作效率，以更好地促进企业的运作及发展。培训的内容和方式均由部门决定。

3. 专题培训

企业根据发展需要或者部门根据岗位需要，组织部分或全部员工进行某一主题的培训工作。

（三）考核受训者

对受训人员进行培训考核是考察受训人员对受训内容的接受程度，一般包括：培训教师评核，经理评核及员工自评等，这是督促受训人员认真接受培训的一种方式。

（四）培训奖惩

培训奖惩是督促受训人员接受培训的一项强制和激励措施，这是保障良好培训效果的一种重要手段。培训奖惩应及时进行，否则会失去激励的作用。为了加大其力度，有时受训人员的考核与奖惩也在培训过程中实施。

培训结束，由培训教师填写培训记录，连同考核表、培训教材、签到表一起交给管理部存档。培训中如有关于企业机密的内容，受训员工应严格遵守保密原则。如有泄露，企业将根据具体情况给予罚款、记过或辞退处罚。

五、培训评估

培训评估是指收集培训成果并以此衡量培训是否有效的过程。它运用科学的理论、方法和程序，从培训项目中收集数据，并将其与整个企业的需求和目标联系起来，对培训是否达到预期目标、培训是否具有成效进行检查与评价，以确定培训项目的价值和质量的过程。

（一）培训效果的评估标准

在对培训项目进行评估时，首先应该考虑的是选取什么样的标准来评价培训效果。

1. 反应层

反应评估，测试的是受训人员对培训的印象或态度。如受训人员喜好该项目吗？对培训人员和设施有什么意见？课程有用吗？他们有些什么建议？培训是否有价值？受训人员是否从培训中学习了很多内容？受训人员是否感受到培训带来的帮助？这些数据一般采用问卷调查、面谈观察、综合面谈等形式来获得。

2. 学习层

学习评估，主要测试受训人员通过培训学习了多少内容，受训人员在培训前后，知识以及技能的掌握方面有多大程度的提高。一般采用笔试或绩效考核来了解。

3. 行为层

培训后，受训人员在工作中是否使用了培训中学到的知识？

行为评估，关注的是受训人员行为改变的程度，这个问题会牵涉培训迁移的问题。培训后，受训人员的行为有无不同？在工作中的行为方式有多大程度的提高？由管理人员、同事、客户和下属进行绩效考核，绩效考核的结果是否较受训前有所提高？

4. 结果层

结果评估，主要从企业绩效方面来考察培训效果。培训后，企业的业绩是否有明显的好转？企业是否因为培训经营得更好了，还要考察企业事故率、生产率、流动率、质量、士气等方面是否有改善。

（二）培训效果的评估方法

1. 成本收益分析法

在经济上，成本收益分析法常用来评价投资效果。由于在一定意义上可将其视为企业的一项重要投资，因而在评估培训效果时也可借鉴成本收益分析法。

运用成本收益分析法评估培训效果，要注意以下几点：

第一，培训项目的目标要明确；

第二，只有具有可比性的培训项目才能相互比较，比较的口径和单位应一致；

第三，真实反映培训工作的重量；

第四，要考虑培训项目的机会成本；

第五，计算培训项目的投资回收期，要考虑该项目给其他项目带来的收益；

第六，评估的依据只能是培训对企业生产经营实际作用的费用和收益。

2. 以汇报的方式评估培训效果

员工完成培训回到部门，应及时向部门主管汇报培训效果。通过部门主管与该员工之间的双向交流，了解培训目标的完成情况，检查员工掌握的新知识、新技能，识别员工工作态度的变化。

3. 采用调查问卷评价培训效果

企业人事部门向培训员工发放无记名的调查问卷，要求员工回答。将这些问卷回收、归纳、整理分析，了解各员工对培训工作的意见，评估员工在培训中取得的进步，以改进今后的培训工作。

4. 评估记录

评估记录是记载培训工作评估结果的档案资料。它有助于掌握过去历次培训工作的情况、经验和教训，为今后的培训工作提供借鉴。评估记录应力求做得全面、准确、详细。

（三）培训评估的一般流程

一般来说，培训评估包括以下几个环节：

1. 确定培训评估目标

进行培训需求分析是培训项目设计的第一步，也是培训评估的第一步。在培训项目实施之前，必须把培训评估的目的明确下来。多数情况下，培训评估的实施有助于对培训项目的前景做出决定，重要的是，培训评估的目的将影响数据收集的方法和所要收集的数据类型。

2. 建立培训评估数据库

进行培训评估之前，企业必须将培训前后发生的数据收集齐备，因为培训数据是培训评估的对象。培训的数据按照能否用数字衡量的标准可以分为两类：定量数据和定性数据。定量数据是对改进情况的主要衡量标准，以比例的形式出现，是一些易于收集的无可争辩的事实，这是最需要收集的理想数据。定量数据可以分为四大类：产出、质量、成本和时间，几乎在所有组织机构中这四类都是具有代表性的业绩衡量标准。有时候很难找到定量数据，这时，定性数据在评估人力资源开发培训项目时就很有意义。常用的定性数据类型可以归纳为六个部分：工作习惯、氛围、新技能、发展、满意度和主动性。

3. 调整培训项目

对收集到的信息进行认真分析，人力资源开发部门就可以有针对性地调整培训项目。如果培训项目没有什么效果或是存在问题，人力资源开发人员就要对该项目进行调整或考虑取消该项目。如果评估结果表明，培训项目的某些部分不够有效，例如，内容不适当、授课方式不适当、对工作没有足够的影响或受训人员本身缺乏积极性等，人力资源开发人员就可以有针对性地考虑对这些部分进行重新设计或调整。

4. 沟通培训项目结果

一般来说，企业中有四个群体是必须要得到培训评估结果的。最重要的一类群体是人力资源开发人员，他们需要这些信息来改进培训项目。只有在得到反馈意见的基础上精益求精，培训项目才能得到提高。管理层是另一个重要的群体，因为他们当中有一些是决策人物，决定培训项目的未来。评估的基本目的之一就是为妥善的决策提供基础。第三个群体是受训人员，他们应该知道自己的培训效果怎么样，并且将自己的业绩表现与其他人的业绩表现进行比较。这种意见反馈有助于他们继续努力，也有助于将来参加该培训项目学习的人员不断努力。第四个群体是受训人员的直接经理。

（四）撰写评估报告

员工培训评估报告的格式和内容如下：

（1）导言。说明评估实施背景，介绍评估目的和评估性质，原始培训评估分析，撰写者必须说明此评估方案实施前是否有过类似的评估。如有过，要从中发现缺陷或失误。

（2）概述评估实施的过程。要交代清楚评估方案的设计方法、抽样及统计方法、资料收集方法和评估所依据的量度指标。

（3）阐明评估结果。

（4）解释、评论评估结果和提供参考意见。

（5）附录。内容包括收集和分析资料用的图表、问卷、部分原始资料等。

（6）报告提要。对报告要点的概括，旨在帮助读者迅速掌握要点。要求简明扼要，内容上要主次分明、详略得当，构成有机联系的整体。

第三节　旅游企业员工培训的内容与方法

一、员工培训的内容

（一）知识的学习

员工要了解企业的发展战略、企业愿景、规章制度、企业文化、市场前景及竞争；员工的岗位职责及本员工作基础知识和技能；如何节约成本，控制支出，提高效益；如何处理工作中发生的一切问题，特别是安全问题和品质事故等。

这类的课程应由人力资源和部门主管共同完成，分工协作并相互督促。对于企业的规章制度和企业文化，要求全体员工能理解、认同和遵守。

（二）技能的提高

技能是指为满足工作需要必备的能力，而技巧是要通过不断的练习才能得到的，熟能生巧，像打字，越练越有技巧。企业高层干部必须具备的技能是战略目标的制订与实施，领导力方面的训练；企业中层干部的管理技能是目标管理、时间管理、有效沟通、计划实施、团队合作、品质管理、营销管理等，也就是执行力的训练；基层员工是按计划、按流程、按标准等操作实施，完成任务必备能力的训练。

（三）态度的转变

没有良好的态度，即使能力好也没有用。员工的态度决定其敬业精神、团队合作能力、人际关系和个人职业生涯发展，能不能建立正确的人生观和价值观，塑造职业化精神。这方面的培训，大部分企业做得是很不够的。

二、员工培训的方法

培训方法是指为了有效地实现培训目标而确定的手段和技法。它必须与教育培训需求、培训课程、培训目标相适应，它的选择必须结合培训对象的特点。下面分别介绍几种培训方法及其特点。

（一）课堂培训法

课堂培训法适宜知识类的培训。它的一个最大的优点是可以在相对较短的时间内传递大量信息，缺点是信息交流的单向性和培训对象的被动性。具体形式有以下几种。

1. 讲授法

讲授法是指教师按照准备好的讲稿系统地向受训者传授知识的方法。它是最基本的培训方法，适用于各类学员对学科知识、前沿理论的系统了解。主要有灌输式讲授、启发式讲授、画龙点睛式讲授三种方式。讲课教师是讲授法成败的关键因素。

讲授法的优点：传授内容多，知识比较系统、全面，有利于大面积培养人才；对培训环境要求不高；有利于教师的发挥；学员可利用教室环境相互沟通；也能够向教师请教疑难问题；员工平均培训费用较低。

讲授法的局限性：学员难以完全消化、吸收；单向传授不利于教学双方互动；不能满足学员的个性需求；教师水平直接影响培训效果，容易导致理论与实践相脱节；传授方式较为枯燥、单一。

2. 研讨法

研讨法是指在教师的引导下，学员围绕某一个或几个主题进行交流，相互启发的培训方法。研讨法的类型有以下几种。

（1）以教师或受训者为中心的研讨

以教师为中心的研讨从头至尾由教师组织，教师提出问题，引导学员做出回答。教师起着活跃气氛，使讨论不断深入的作用。讨论的问题除主题本身外，有时也包括由学员的回答引出的问题。讨论也可以采用这种形式，教师先指定阅读材料，然后围绕材料提出问题，并要求学员回答。研讨结束后，由教师进行总结。

以学员为中心的研讨常常采用分组讨论的形式。通常有两种方法：一是由教师提出问题或任务，学员独立提出解决办法；二是不规定研讨的任务，学员就某议题进行自由讨论，相互启发。

（2）以任务或过程为取向的研讨

任务取向的研讨着眼于达到某种目标，这个目标是事先确定的，即通过讨论弄清某一个或几个问题，或者得出某个结论，组织这样的研讨需要设计能够引起讨论者兴趣、具有探索价值的题目。过程取向的研讨着眼于讨论过程中成员之间的相互影响，重点是相互启发，进行信息交换，并增进了解，加深感情。

（3）任务—过程取向的研讨

这种类型的研讨既能得出某个结论，又能达到相互影响的目的，这需要对讨论进行精心的组织。例如，先分成小组讨论，小组内进行充分的交流，意见达成一致，然后小组推举一人在全体学员的讨论会上发言。

3. 案例分析法

案例分析法又称个案分析法，它是围绕一定的培训目的，把实际中真实的场景加以典型化处理，形成供学员思考分析和决断的案例，通过独立研究和相互讨论的方式，来提高学员分析及解决问题能力的一种培训方法。用于教学的案例应满足以下三个要求：内容真实、案例中应包含一定的管理问题、分析案例必须有明确的目的。

案例分析法有描述评价型和分析决策型两种。描述评价型，即描述解决某种问题的全过程，包括其实际后果（不论成功还是失败）。这只是对案例中的做法进行事后分析，以及提出“亡羊补牢”性的建议。分析决策型，只介绍某一待解决的问题，由学员去分析并提出对策。本方法更能有效地培养学员分析决策、解决问题的能力。

4. 事件处理法

事件处理法是指让学员自行收集亲身经历的案例，将这些案例作为个案，利用案例研究法进行分析讨论，并用讨论结果来警戒日常工作中可能出现的问题。学员间通过彼此亲历事件的相互交流和讨论，可使企业内部信息得到充分利用和共享，同时有利于形成一个和谐、合作的工作环境。

事件处理法的适用范围：适宜各类员工了解解决问题时收集各种情报及分析具体情况的重要性；了解工作中相互倾听、相互商量、不断思考的重要性；通过自编案例及案例的交流分析，提高学员理论联系实际的能力、分析解决问题的能力，以及表达、交流能力；培养员工间良好的人际关系。

事件处理法的优点：参与性强，变学员被动接受为主动参与；将学员解决问题能力的提高融入知识传授中；教学方式生动具体，直观易学；学员之间能够通过案例分析达到交流的目的。

事件处理法的缺点：案例准备的时间较长且要求高；需要较多的培训时间，同时对学员能力有一定的要求；对培训教师能力的要求高；无效的案例会浪费学员的时间和精力。

5. 专题讲座法

专题讲座法形式上和课堂教学法基本相同，但在内容上有所差异。课堂教学一般是系统知识的传授，每节课涉及一个专题，接连多次授课；专题讲座是针对某一个专题知识，一般只安排一次培训。这种培训方法适合于管理人员或技术人员了解专业技术发展方向或当前热点问题等。专题讲座法的优点：培训不占用大量的时间，形式比较灵活；可随时满足学员某一方面的培训需求；讲授内容集中于某一专题，学员易于加深理解。

专题讲座法的缺点：讲座中传授的知识相对集中，内容可能不具备较好的系统性。

（二）现场培训法

现场培训法以掌握工作中所需要的知识、技能为目的，适合于技能性的培训。它将培训内容与实际工作直接相结合，具有实用、经济、有效的优点。具体的方式有以下几种。

1. 工作指导法

工作指导法又称教练法、实习法，是指由一位有经验的员工或直接主管人员在工作岗位上对学员进行培训的方法。指导教师的任务是教学员如何做，提出如何做好的建议，并对学员进行激励。

工作指导法的优点：应用广泛，可用于基层员工培训，如让学员通过观察教师工作和实际操作，掌握操作的技能。也可用于各级管理人员培训，让学员与现任管理人员一起工作，后者负责对学员进行指导，一旦现任管理人员因退休、提升、调动等原因离开岗位时，训练有素的学员便可立即顶替，如设立助理职务培养和开发企业未来的高层管理人员。这种方法并不一定要有详细、完整的教学计划，但应注意培训的要点：一是关键工作环节的要求；二是做好工作的原则和技巧；三是须避免、防止的问题和错误。

2. 工作轮换法

工作轮换法是将员工由一个岗位调到另一个岗位，使其获得不同岗位的工作经验的培训方法。这种知识扩展对完成更高水平的任务常常是很有必要的。以管理岗位的工作轮换培训为例：让受训者有计划地到各个部门学习，如生产、销售、财务等部门，在每个部门工作几个月。实际参与所在部门的工作，或仅仅作为观察者，以便了解所在部门的业务，扩大受训者对整个企业各环节工作的了解。

工作轮换法能丰富受训者的工作经验，增加对企业工作的了解；使受训者明确自己的长处和弱点，找到适合自己的位置；改善部门间的合作，使管理者能更好地理解相互间的问题。当然，由于工作轮换法鼓励员工“通才化”，只适合于一般直线管理人员的培训，不适用于职能管理人员。

3. 特别任务法

特别任务法是指企业通过为某些员工分派特别任务对其进行培训的方法，此法常用于管理培训。其具体形式有两种。

①委员会或初级董事会。这是为有发展前途的中层管理人员提供的，培养分析整个企业范围问题的能力，提高决策能力的培训方法。一般“初级董事会”由10～12名受训者组成，受训者来自各个部门，他们针对高层次的管理问题，如企业结构、经营管理人员的报酬、部门间的冲突等提出建议，并将这些建议提交给正式的董事会。通过这种方法为这些管理人员提供分析企业高层次问题的机会。

②行动学习。这是让受训者将全部时间用于分析、解决其他部门而非本部门问题的一种课题研究法。4～5名受训者组成一个小组，定期开会，就研究进展和结果进行讨论。这种方法为受训者提供解决实际问题的真实经验，可提高他们分析、解决问题，以及制订计划的能力。

4. 个别指导法

个别指导法和以前的“师傅带徒弟”或“学徒工制度”相类似。目前仍有很多企业在实行这种“传帮带”式培训方式，主要是通过资历较深的员工的指导，使新员工能够迅速掌握岗位技能。

个别指导法的优点很明显，由于是在师傅指导下开始工作，新员工可从指导人处获取丰富的经验，避免盲目摸索，能够尽快融入团队，有利于企业传统优良工作作风的传递。但是，个别指导法也有诸多不足，如为防止新员工对自己构成威胁，指导者可能会有意保留自己的经验、技术，从而使指导浮于形式；指导者本身水平对新员工的学习效果有极大影响；指导者不良的工作习惯会影响新员工；不利于新员工的工作创新。

（三）自学

自学适用于知识、技能、观念、思维、心态等多方面的学习。自学既适用于岗前培训，又适用于在岗培训，而且新员工和老员工都可以通过自学掌握必备的知识和技能。自学的组织形式包括指定学习资料让员工学习、网上学习等。

（四）一些特殊的培训方法

随着现代社会信息技术的发展，大量的信息技术被引进培训领域。在这种情况下，新兴的培训方式不断涌现，如网上培训、虚拟培训、计算机辅助教学、心智技能模拟培训法等培训方式在很多企业受到欢迎。

三、培训方法的选择

很多人在选择培训方法时，总是追求选择所谓的最佳培训方法。其实，普遍适用的、最佳的方法是没有的，只能说对于不同的目标和条件而言，某种培训方法是最合适的。在培训时，要力求采用最合适的培训方法。如果选择了不恰当的培训方法，将直接影响学员对培训内容的接受，从而影响培训的整体效果，从经济效益上来说也不合算。那么，选择培训方法的依据是什么呢？

（一）依目标而定

如果培训的目标只是为了令学员获取一些理论方面的知识，那么自学由于操作方式简便、费用较低、易被学员所接受而成为首选方法，而内部网络培训借助计算机界面的丰富性与学习时间的灵活性优势在备选项中列第二位。课堂讲授因具有费用低、操作简便的特点一直作为这一目标的传统培训方式，但有关专家认为它在记忆力与注意力方面效果欠佳，因此反而不及案例研究和头脑风暴等方式。

当培训目标是训练学员分析、解决问题的能力时，案例研究由于其分析有针对性特点列第一位；角色扮演由于实践性强列第二位；头脑风暴由于学员参与度高的优点列第三位。

当培训目标是改变学员态度与提高人际交往能力时，由于需要借助人与人之间的实际交流来进行，因此具有信息传递单向性特征的培训方式通常不被使用。

在实现知识的巩固与保持这一培训目标方面，由于自学的实践性与主动性最佳，因此是实现这一目标的最合适选择。而影视法与课堂讲授由于在学习上主动性与信息传递等方面的缺陷，因此使用效果不佳。

（二）视条件而变

1. 学员构成

学员构成这一条件会通过学员的职务特征、技术、心理成熟度与学员个性特征三个方面来影响培训方式选择。就学员职务特征看，可分为低层操作型、中层管理型与高层管理型员工。低层操作型员工的培训多与日常事务性工作相关，往往通过聘请专业技术人员授课的方式对其进行新技术讲座、新标准的培训，也常通过小组讨论的方式让学员巩固所学知识。中层管理者由于需对其进行协调能力与分析解决问题能力的培训，案例研究、讨论等实战性的方式较多被运用。由于中层管理者日常工作的不确定性较高，因此面向获取概念性知识的集中培训往往较少使用。高层管理者由于工作的不确定性更大，且需作出企业发展的战略，因此研讨会方式尤其适合，另外，因其对培训时间的灵活性与信息的速度与质量要求高，因此网上培训、自学也适合高层管理者的培训。

从学员的技术、心理特征来看，可分为成熟与非成熟两种类型。当学员的技术、心理都成熟时，已不愿轻易接受他人的观点，对事物有自己的分析与理解，对其采用灵活性差的培训方式就不再符合其已成熟的心理特点，因此课堂讲授、影视法的运用效果较差；当学员技术、心理不成熟时，采用课堂讲授法尽管灵活性差，但适合基本知识技能传授，可促使其尽快掌握基本的技术，适应企业的管理方式。

学员的个性特征也是影响培训方式选择的一大因素。库柏将学员分为四类：积极主动型、反思型、理论型和应用型。积极主动型的学员在学习中有强烈的参与意识，表现欲强，具有丰富的想象力和创造力，注重感情，对这类学员可采用讨论、案例法等。反思型的学员擅长归纳推理，特别注重对信息的收集和分析，考虑问题过于理性化，做事小心谨慎，对别人常持否定态度，对这类学员不适合采用参与度高的培训方式，而宜用讲授的培训方式。理论型学员偏好假设、思维、理论模型和系统分析，崇尚理性和逻辑，这类人善于用分析的方法进行学习，宜采用自学、研究、案例分析、网络等培训方式。应用型学员注重理论与实践相结合，喜欢新的经历和冒险，适应能力强。基层管理者、工程师、高级技工等多属此类型人才，对其宜采用案例分析、角色扮演等方式。

2. 工作可离度

如果学员工作可离度低，进行集中培训会影响其业务的开展，因此较适合自学，内部网络也为此提供了硬件支持；当学员工作可离度高时，企业可以根据其他条件对培训方式进行选择。如旅游企业对营销员工的分散培训就是因为这个因素。

3. 工作压力

当员工的工作压力很大，内外部竞争激烈时，即使企业不组织集中正式培训，员工也会为了提高自己的竞争实力而去自学，此时适合采用控制力较弱的内部网络学习、自学方式；而当员工的压力较小时，采用这种方法常常会因为员工的惰性而导致培训的失败，因此这时适宜采用正式的培训方式。如目前许多企业在制度中对员工的职业资格、素质标准作出硬性规定，通过对员工施加制度压力的方式来促进企业内学习风气的养成。

复习与练习

一、填空题

1. 员工培训的内容包括________、________、________。

2. 培训需求分析，就是了解与掌握企业________、________、________、________等一系列的分析过程。

3. ________和以前的“师傅带徒弟”或“学徒工制度”相类似。目前仍有很多企业在实行这种“传帮带”式培训方式，主要是通过资历较深的员工的指导，使新员工能够迅速掌握岗位技能。

二、选择题

1. ____就是在工作中直接对员工进行培训，员工不离开实际的工作岗位。它是一种使员工通过实际完成工作任务来进行学习的非正规的培训方法，也是人力资源开发使用最多的方法。

A. 新员工培训　　B. 在职培训

C. 岗前培训　　D. 脱产培训

2. ____是指收集培训成果以衡量培训是否有效的过程。

A. 培训分析　　B. 培训实施

C. 培训规划　　D. 培训评估

3. ____是指由一位有经验的员工或直接主管人员在工作岗位上对学员进行培训的方法。指导教师的任务是教学员如何做，提出如何做好的建议，并对学员进行激励。

A. 工作指导法　　B. 专题讲座法

C. 工作轮换法　　D. 特别任务法

4. ____是指在教师的引导下，学员围绕某一个或几个主题进行交流，相互启发的培训方法。

A. 讲授法　　B. 事件处理法

C. 研讨法　　D. 案例分析法

5. 现场培训法以掌握工作中所需要的知识、技能为目的，适合技能性的培训。下面的____属于现场培训法。

A. 工作轮换法　　B. 专题讲座法

C. 案例分析法　　D. 讲授法

三、简答题

1. 员工培训的目的是什么？

2. 简述培训评估的一般流程。

3. 简述四种主要的现场培训法。

实训项目

【实训名称】个人职业生涯规划的制订

【实训内容】

1. 个人职业生涯规划是自身开辟适合于自我个性和能力发挥的重要途径。

2. 强化了自身的价值观、兴趣与目标认知程度，更明确了职业生涯的发展方向，从而能够自主地发展和提升自身的某些潜能。

【实训步骤】

1. 自我职业生涯的设计。

2. 对自我职业生涯意识、自我评价、实际检验、个人职业发展战略目标和行动规划五个方面进行分析。

3. 每人独立撰写一份自我职业生涯规划，交给教师审核。

【实训点评】

1. 安排一次交流会，推选部分学生代表做主题发言。

2. 教师根据学生的个人职业生涯规划文本和交流发言的表现给予评价打分。纳入实训课考核之中。

第六章 绩效管理

谈到绩效管理，人们往往会把它视同为绩效考核，认为绩效管理就是绩效考核，两者并没有什么区别。其实，绩效管理的目的在于提高企业、部门、小组和个人的绩效，完成企业最终设定的目标；绩效考核的目的是区分、奖励、发展、反馈。可见，绩效考核只是绩效管理的一个组成部分，代表不了绩效管理的全部内容。通过本章学习，将会达到以下学习目标：

1. 理解绩效的基本含义、性质及形成过程。
2. 理解绩效管理的基本含义、特点及功能。
3. 掌握绩效管理的实施过程。
4. 掌握绩效考核的设计、实施及结果的运用。

案例引导

某餐饮管理有限公司的绩效管理

某餐饮管理有限公司是一家老牌的中餐企业，一直是区域餐饮行业的佼佼者。该公司在经营方面锐意创新，不断地翻新菜品，终日顾客盈门。但是，近一年来该公司的顾客数量却呈下降趋势，利润也只有上年的95%，而同期与其竞争的几家餐饮公司的利润都在稳步增长，公司的赵总经理为此愁眉不展。为了解决问题，赵总经理对公司的整体情况进行了为期两天的调研。他发现财务与采购方面都没有差错，菜品在顾客中口碑也不错，各方面的宣传也很到位，但是顾客就是在流失，利润也在减少。这是为什么呢？突然间，赵总经理想起了调查时听到的员工们的议论。前厅部的张经理备受下属爱戴，他平时总是尽个人所能帮助员工，如帮助员工度过“经济危机”，帮助员工减少离职损失。服务员小陈家在农村，上有母亲卧病在床，下有年幼的弟弟正在读书，生活十分困难，张经理总是尽力地去帮助她。虽然小陈的各方面表现并不突出，但张经理在每一项考核上给她的评价都为"优秀"。营销部的王经理喜欢根据第一印象看人，营销部的小刘在工作过程中常常能突发奇想，但是却有偷懒现象，而且小刘为人处世总是大大咧咧，王经理劝说无效，于是每次评价时都会在小刘的态度栏中填上"较差"，却没有具体记录原因，也没有任何解释说明。赵总经理抖抖肩，长长地舒了一口气，好像明白了什么，径直朝公司人力资源部走去。

一个月后，一个全新的绩效管理系统开始在公司实施。新的绩效管理系统主要包括制订工作计划、开展工作追踪、实施绩效考核、考核结果反馈、考核结果运用。绩效考核的周期为一个月。首先确定公司级的经营目标，然后确定各部门的相应工作目标与工作计划；各部门经理在每月底，根据部门工作目标与工作计划对下属员工提交的个人工作计划进行调整，并由员工确认；每个月由各级主管人员根据工作计划对直属员工进行工作追踪，并在月底对员工的工作表现进行评价考核，向人力资源部提交绩效考核报告；对于绩效考核结果，主要用于调整员工的月度薪酬（绩效工资部分）及作出相关的聘用决定。

新的绩效管理系统实施后，公司的员工绩效有了很大程度的提高。到年底，公司的年度经营目标超额完成。

第一节　绩效与绩效管理

一、绩效

由于绩效管理是基于绩效来进行的，因此首先要对绩效有所了解。在一个企业中，广义的绩效包括两个层次的含义：一是指整个企业的绩效；二是指个人的绩效。在这里，讨论的主要是个人绩效。

（一）什么是绩效

绩效是企业管理活动中较常提及的一个名词。何为绩效？就是指企业中员工在工作岗位上所做的与企业战略目标相关的并且能够被评价的工作业绩、工作能力和工作态度。为进一步掌握绩效的内涵，可从如下方面理解：

（1）绩效是基于工作而产生的，与员工的工作过程直接联系在一起，工作之外的行为和结果不属于绩效的范围。

（2）绩效要与企业的目标有关，对企业的目标应当有直接的影响作用，例如员工的心情就不属于绩效，因为它与企业的目标没有直接的关系。由于企业的目标最终会体现在各个职位上，因此与企业目标有关就直接表现为与职位的职责和目标有关。

（3）绩效应当是能够被评价的工作行为和工作结果，那些不能被评价的行为和结果也不属于绩效。例如学生上课时的专心程度就不能直接作为绩效来使用，因为它很难被评价。

（4）绩效还应当是表现出来的工作行为和工作结果，没有表现出来的就不是绩效。这一点和招聘录用时的选拔评价是有区别的，选拔评价的重点是可能性，也就是说要评价员工是否能够做出绩效，而绩效考核的重点则是现实性，就是说要评价员工是否做出了绩效。

（5）绩效应当有一定的可度量性。对于实际成果的度量，需要经过必要的转换方可取得，具有一定的难度，这正是评价过程必须解决的问题。

因此，绩效是工作过程中的有效成果，是企业对成员最终期望的达到程度。

（二）绩效的性质

1. 多因性

多因性指员工的工作绩效是受多种因素共同影响的，包括外部的环境、机遇，个人的智商、情商、所拥有的技能和知识结构，以及企业的激励因素。

2. 多维性

多维性是指员工的绩效往往是体现在多个方面的，工作结果和工作行为都属于绩效的范围。绩效考核时，应从多个方面、多个角度去分析，才能取得比较合理的、客观的、易接受的结果。例如一名操作员工的绩效，除生产产品的数量、质量外，原材料的消耗、出勤情况、与同事的合作以及纪律的遵守等都是绩效的表现。因此，对员工的绩效考核必须从工作能力、工作态度和工作业绩等多方面进行考察。当然，不同的维度在整体绩效中的重要性是不同的。

3. 动态性

动态性是指员工的绩效并不是固定不变的，在主客观条件发生变化的情况下，绩效是会发生变化的。这种动态性就决定了绩效的时限性，绩效往往是针对某一特定的时期而言的。因此，在绩效管理过程中，要针对具体情况、具体问题进行分析，不能犯“一刀切”和“教条主义”的错误。

（三）绩效的形成过程

绩效是个人的知识、能力等一切综合因素在一定的环境下通过工作而形成的成果，如图 6-1 所示。

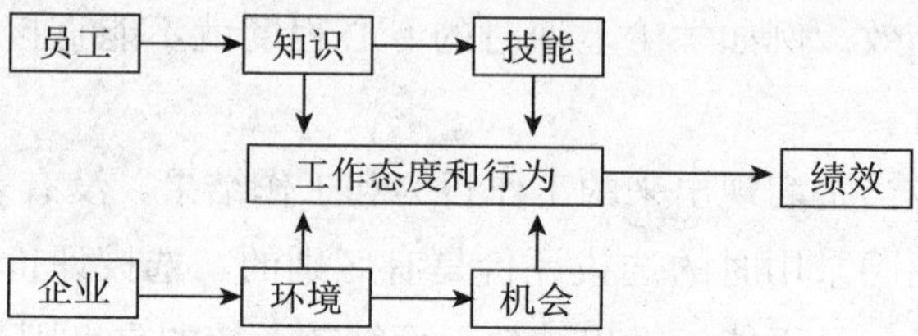

图 6-1　绩效的形成过程

员工的知识和技能等综合素质是实现绩效的前提，在一定的外因作用下，内因才能发挥作用。绩效管理的任务就是为员工创造一个良好的环境，使其潜能能够充分发挥出来，为企业作出更大贡献。

绩效形成的原因是多重的，概括起来有两方面：一方面是员工个人的原因造成的，如岗位不适合，能力和知识缺乏，工作态度和思想存在问题；另一方面是工作本身客观原因造成的，如组织与管理不合适，没有明确的工作职责，缺乏充分的信息，缺乏对工作结果的反馈，激励不当，工作条件不理想。在大多数情况下是客观条件限制和主、客观因素之间的相互作用造成的。在进行绩效反馈时，应更多地用系统的方法，从多个角度对员工的绩效进行综合分析，找到问题的真正根源，这样才能在绩效评价反馈中有针对性地帮助员工提高绩效水平。

二、绩效管理

（一）什么是绩效管理

绩效管理是指企业制订员工的绩效目标，并定期对员工的绩效目标完成情况做出评价和反馈，以确保员工的工作行为和产出与企业目标保持一致，进而促进个人与企业共同发展的制度化过程。由此可见，对绩效实施管理的根本目的是改善员工的工作绩效并最终提高企业的整体绩效，因此绝不能把它简单地看成一种对员工的控制手段。绩效管理不是在员工工作出现差错时对他们进行惩罚，而是在工作过程中帮助他们提高绩效，因此绩效管理不仅看重绩效的实现结果，更看重绩效的实现过程。

它包含以下三个内涵：

（1）绩效管理是建立共识的过程。

（2）绩效管理是一个持续的管理过程。

（3）绩效管理的最终目的是最大可能地取得个人和企业的成功。

（二）绩效管理的特点

1. 系统性

绩效管理是一个完整的系统，不是一个简单的步骤。绩效管理不等于绩效考核。许多企业在操作绩效管理时，往往认为绩效管理就是绩效考核，企业做了绩效考核表，量化了考核指标，年终实施了考核，就是做了绩效管理，其实这是一个误区。这种断章取义的认识使得很多企业在进行绩效管理时省略了极为重要的目标制订、沟通管理等过程，忽略了绩效管理中需要掌握和使用的技巧与技能，在实施绩效管理中遇到了很多困难和障碍，企业的绩效管理水平也在低层次徘徊。

2. 目标性

目标管理的一个最大好处就是让员工明白自己努力的方向，经理明确如何更好地通过员工的目标对其进行有效管理、提供支持帮助。同样，绩效管理也强调目标管理，“目标＋沟通”的绩效管理模式被广泛提倡和使用。只有绩效管理的目标明确了，经理和员工才会有努力奋斗的方向，才会共同致力于绩效目标责任制的实现，共同提高绩效能力，更好地服务于企业的战略规划和远景目标。

3. 强调沟通性

沟通在绩效管理中起着决定性的作用。制订绩效标准要沟通，帮助员工实现目标要沟通，年终评估要沟通，分析原因寻求进步要沟通，总之，绩效管理的过程就是员工和经理持续不断沟通的过程。离开了沟通，企业的绩效管理将流于形式。许多管理活动失败的原因都是因为沟通出现了问题，绩效管理就是致力于管理沟通和改善，全面提高管理者的沟通意识，提高管理者的沟通技巧，进而改善企业的管理水平和管理者的管理素质。

（三）绩效管理的功能

1. 对企业的功能

（1）诊断功能

通过对企业进行诊断分析，为企业变革和企业发展提供重要的依据。绩效管理人员不但需要对企业中每个成员的活动进行追踪，及时沟通和分析，反馈绩效管理信息，而且能及时发现企业中存在的共性问题，采用科学的方法进行企业诊断，通过调查掌握企业机构的现状及存在的问题，并对照工作岗位说明书、企业机构功能图、管理业务流程图等文件，进行企业的职能分析、企业关系分析和决策分析，找出企业中现存问题的症结所在，指出有哪些部位、流程、程序、授权（决策权）和协作关系需要改进和调整，从而为企业变革和企业发展提供依据。

（2）监测功能

通过有效的绩效管理体系的运行，可以显示出企业中从高层领导到中层管理人员，以至一线员工，从硬件如劳动环境、生产条件、技术装备、工作场地等，到软件如企业文化、经营理念、领导方式、工作方法、工时制度等方方面面的实际运行情况。在企业绩效管理的过程中，各级主管必须对人力、物力和财力等资源的配置及其实际运行情况，进行及时的监督、测定和考量，才能达到有效的组织、协调和控制，从而实现预定的绩效目标。

（3）导向功能

绩效管理的基本目标是非常明确的，即不断地改善企业氛围，促进员工与企业的共同发展，以提高整体效率和经济效益。它将员工的工作目标同部门的目标、企业的目标联系在一起，为员工指明努力方向。绩效管理在战略的基础之上建立科学合理的企业目标，通过层层分解，形成部门的目标和员工的目标。这就保证了员工工作目标与部门和企业目标的一致性，从而也确保了员工的工作目标和企业战略目标的同步达成。要达到和实现这一基本目标，各级主管在企业绩效管理的活动中，应当充分发挥绩效管理的导向功能，通过积极主动的绩效沟通和面谈，采用科学的方法从不同需求出发，激励、诱导下属，朝着一个共同目标努力学习、积极工作。

（4）竞争功能

通过绩效管理，在企业中创造竞争氛围，促使员工持续改进并达到更高的工作绩效。绩效管理总是与企业薪酬奖励、晋升调配等制度密切相关的，绩效优秀的员工不但会受到奖励，还可能得到一定的晋级和提升；那些落后的、工作绩效不佳的员工，也可能受到一定的批评或处罚。

（5）规范功能

通过绩效管理，为各项人力资源管理提供客观有效的标准和行为规范，可以使各级管理者合理分配工作，确保员工在清晰的目标指引下工作。

2. 对员工的功能

（1）激励功能

激励功能是绩效管理系统的核心功能。一个具有激励功能的绩效管理系统，能建立员工的责任感和使命感，能最大限度地调动员工的工作积极性，能给优秀的员工提供最多和最大的成长机会，也能给优秀的员工提供最大的回报。

（2）发展功能

通过绩效管理，发现员工的长、短处，发现员工之间的差距，找出员工工作中的优点和存在的问题，对优点进行相应的开发，从而使员工扬长避短，在工作中不断进步。

（3）控制功能

通过绩效管理，将员工的工作数量和质量控制在合理范围内，还可以控制工作进度和协作关系，从而使员工明确自己的工作职责，促使各级管理者之间、管理者和员工之间进行沟通，增强企业的内聚力，树立较强的团队意识和责任感。

（4）沟通功能

沟通功能的价值在于它能打通企业横向、纵向和内外部的情感屏障、交流屏障和信息屏障。一个具有良好沟通功能的绩效管理系统，能让管理者将最明确的信息和责任传递给员工，能让员工将最直接的工作效果反馈给管理者，能让各层级人员为达成最大的绩效而努力减少各种屏障，也能为建立一个信息共享和具有特色企业文化的企业打下坚实的基础。

（5）评价功能

一个具有良好评价功能的绩效管理系统，能让管理者在最短的时间内获得各层级员工的工作绩效，能发现实际工作与期望目标的差距，能给出员工最准确和客观真实的工作业绩反馈。一个优秀的绩效管理系统就像一把标尺一样，能在最短的时间内精准地度量出各个员工的实际工作状况。

（四）绩效管理的意义

作为人力资源管理的一项核心职能，绩效管理具有非常重要的意义，这主要表现在以下几个方面。

1. 绩效管理有助于提升企业的绩效

企业绩效是以员工个人绩效为基础而形成的，有效的绩效管理系统可以改善员工的工作绩效，进而有助于提高企业的整体绩效。绩效管理的目标是根据企业的发展战略来制订的，通过将企业的战略目标层层分解变为部门和员工的目标，在此基础上确定部门和个人的绩效目标，通过绩效评价，对员工的工作结果进行反馈，及时发现工作中存在的问题并进行修正，通过提升员工的业绩从而达成企业的业绩，实现企业的战略目标，使企业进入良性循环。

2. 绩效管理有助于保证员工行为和企业目标的一致

企业绩效的实现依赖员工的努力工作，人们对此早已形成共识。由于绩效考核指标对员工的行为具有导向作用，因此通过设定与企业目标一致的考核指标，就可以将员工的行为引导至企业目标上来。

3. 绩效管理有助于提高员工的满意度

提高员工的满意度对企业来说具有重要的意义，而满意度是和员工需求联系在一起的。员工的需求有不同的层次，当员工基本的需求满足后，按照马斯洛的需求层次理论，每个员工都会内在地具有尊重和自我实现的需要，希望知道自己的绩效水平到底如何，以便为了今后的发展而明确努力的方向。绩效管理满足了这种需求，从而有助于提高员工的满意度。如果没有考核或考核不准确，员工就会处于盲目状态，失去努力的目标和方向。

4. 绩效管理有助于解决管理中存在的问题

员工绩效水平的高低与其自身的素质和努力程度有关，更与企业管理制度、管理理念和企业文化、管理风格有关。通过绩效评价和反馈，可以发现企业管理中存在的问题并能及时解决，使企业顺利地向前发展。

5. 绩效管理有助于实现人力资源管理其他决策的科学合理

绩效管理配合人力资源管理体系的运行，可以为人力资源管理的其他职能活动提供准确可靠的信息，从而提高其他决策的科学化和合理化程度。

三、绩效管理系统

完整意义上的绩效管理是由绩效计划、绩效沟通、绩效考核和绩效反馈四个部分组成的一个系统，如图 6 - 2 所示。

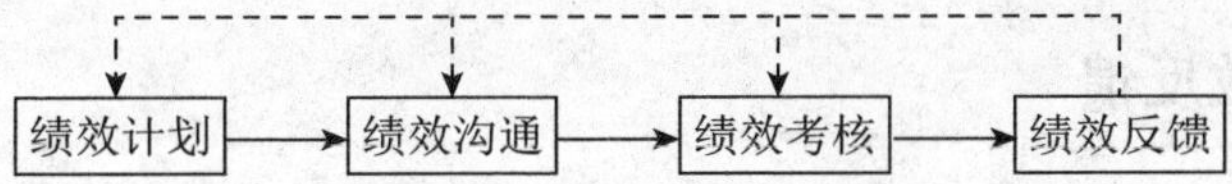

图 6－2　绩效管理系统示意图

（一）绩效计划

这是整个绩效管理系统的起点，它是指在绩效周期开始时，由上级和员工在绩效考核期对目标进行讨论并达成一致。

制订绩效计划的主要依据是工作目标和工作职责，它是一个双向沟通的过程。管理者与被管理者需要对被管理者绩效的问题达成共识。在共识的基础上，被管理者对自己的工作目标做好承诺。管理者和被管理者共同的投入和参与是进行绩效管理的基础。

在员工的绩效计划表中至少应包含的内容有：

（1）员工在本次绩效期间内所要达到的工作目标是什么？

（2）达成目标的结果是怎样的？

（3）这些结果可以从哪些方面去衡量，评判标准是什么？

（4）从何处获得关于员工工作结果的信息？

（5）员工各项工作目标的权重如何？

（二）绩效沟通

制订绩效计划后，在实施与管理的过程中主要需要做两件事：一是持续的绩效沟通，指在整个绩效期间内，通过上级和员工之间持续的沟通来预防或解决员工实现绩效时可能发生的各种问题的过程；二是对工作表现的记录。

（三）绩效考核

绩效考核是指确定一定的考核主体，借助一定的考核方法，对员工的工作绩效做出评价。在绩效期结束的时候，依据预先制订好的计划，主管人员对下属的绩效目标完成情况进行评价。评价的依据就是在绩效考核开始时双方达成一致意见的关键绩效指标。同时，在绩效实施与管理过程中，所收集到的能够说明被评价者绩效表现的数据事实，可以作为判断被评价者是否达到关键绩效指标要求的证据。

（四）绩效反馈

就是指绩效周期结束时，上级和员工进行绩效考核面谈，由主管人员将考核结果告诉下属，指出下属在工作中存在的不足，并和员工一起制订绩效改进的计划。

绩效管理过程并不是到绩效评价打出一个分数就结束了，主管人员还需要与下属进行一次面对面的交谈。通过绩效反馈面谈使下属了解主管对自己的期望及自己的绩效，认识自己有待改进的方面；下属也可以提出自己完成绩效目标过程中遇到的困难，请求主管指导。

经过上面的四个环节，就经历了一个绩效管理的循环。在这个循环中所得到的绩效评价结果具有多种用途。

第二节　绩效管理的实施过程

在实践中，绩效管理是按照一定的步骤来实施的，这些步骤可以归纳为四个阶段：准备阶段、实施阶段、反馈阶段和运用阶段。

一、准备阶段

准备阶段是整个绩效管理过程的开始，这一阶段主要是完成制订绩效计划的任务，也就是通过上级和员工的共同讨论，确定员工的绩效考核目标和绩效考核周期。

（一）绩效考核目标

绩效考核目标，或者叫作绩效目标，是对员工在绩效考核期间的工作任务和工作要求所做的界定，这是对员工进行绩效考核的参照体系，绩效目标由绩效内容和绩效标准组成。

1. 绩效内容

绩效内容界定了员工的工作任务，也就是说员工在绩效考核期间应当做什么样的事情，它包括绩效项目和绩效指标两个部分。

绩效项目是指绩效的维度，也就是要从哪些方面来对员工的绩效进行考核，按照前面所讲的绩效的含义，绩效的维度，即绩效考核项目有三个：工作业绩、工作能力和工作态度。

绩效指标则是指绩效项目的具体内容，它可以理解为是对绩效项目的分解和细化，例如对于某一职位工作能力这一考核项目就可以细化为分析判断能力、沟通协调能力、组织指挥能力、开拓创新能力、公共关系能力以及决策行动能力六项具体的指标。

对于工作业绩，设定指标时一般要从数量、质量、成本和时间四个方面进行考虑；对于工作能力和工作态度，则要具体情况具体对待，根据各个职位不同的工作内容来设定不同的指标。绩效指标的确定，有助于保证绩效考核的客观性。确定绩效指标时，应当注意以下几个问题。

（1）绩效指标应当有效

就是说绩效指标应当涵盖员工的全部工作内容，这样才能够准确地评价出员工的实际绩效，其包括两个方面的含义：一是指绩效指标不能有缺失，员工的全部工作内容都应当包括在绩效指标中；二是指绩效指标不能有溢出，职责范围以外工作内容不应当包括在绩效指标中，如图 6－3 所示。

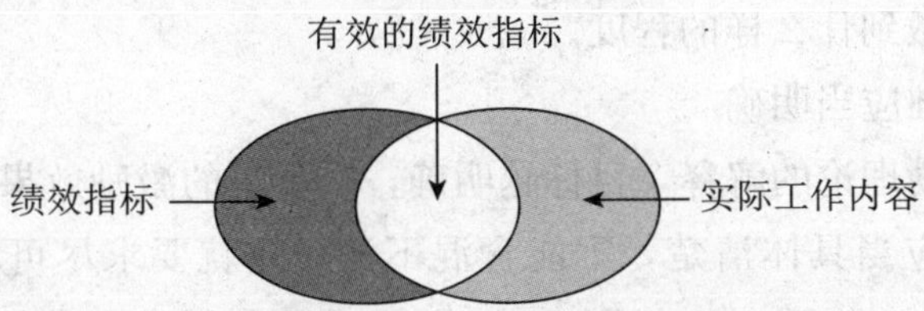

图 6－3 有效的绩效指标示意图

由图 6－3 可以看出，有效的绩效指标是绩效指标和实际工作内容这两个椭圆重叠的部分，左边的阴影表示绩效指标的溢出，右边的阴影表示绩效指标的缺失。这两个椭圆重叠的部分越大，绩效指标的有效性就越高。为了提高绩效指标的有效性，应当依据工作说明书的内容来确定绩效指标。

（2）绩效指标应当具体

就是说指标要明确地指出到底是要考核什么内容，不能过于笼统，否则考核主体就无法进行考核。

（3）绩效指标应当明确

也就是说，当指标有多种不同的理解时，应当清晰地界定其含义，不能让考核主体产生误解。

（4）绩效指标应当具有差异性

这包括两个层次的含义：一是指对于同一个员工来说，各个指标在总体绩效中所占的比重应当有差异，因为不同的指标对员工绩效的贡献不同；二是指对于不同的员工来说，绩效指标应当有差异，因为每个员工从事的工作内容是不同的，例如营销部经理的绩效指标就应当和导游部经理的不完全一样。此外，即便有些指标是一样的，权重也不一样，因为每个职位的工作重点不同。

（5）绩效指标应当具有变动性

这也包括两个层次的含义：一是指在不同的绩效周期，绩效指标应当随着工作任务的变化而有所变化；二是指在不同的绩效周期，各个指标的权重也应当根据工作重点的不同而有所区别，职位的工作重点一般是由企业的工作重点决定的。

2. 绩效标准

绩效标准明确了员工的工作要求，也就是说对于绩效内容界定的事情，员工应当怎样做或者做到什么样的程度。

（1）绩效标准应当明确

按照目标激励理论的解释，目标越明确，对员工的激励效果就越好，因此在确定绩效标准时应当具体清楚，不能含混不清，这就要求尽可能地使用量化的标准。

量化的绩效标准，主要有以下三种类型：数值型的标准；百分比型的标准；时间型的标准。

绩效标准量化的方式则分为两种：一种是以绝对值的方式进行量化；另一种是以相对值的方式进行量化。

此外，有些绩效指标难以量化或者量化的成本比较高，主要指能力和态度的工作行为指标。对于这些指标，明确绩效标准的方式就是给出行为的具体描述，例如对于商务谈判能力，就可以给出五个等级的行为描述，从而使这一指标的绩效标准相对比较明确，如表6－1所示。

表6-1　商务谈判能力的行为描述

等级	定义
A	谈判能力极强，在与外部组织或个人谈判时，能够非常准确地引用有关的法律规定，熟练地运用各种谈判技巧和方法，说服对方完全接受我方的合理条件，为我方争取最大的利益
B	谈判能力较强，在与外部组织或个人谈判时，能够比较准确地引用有关的法律规定，比较熟练地运用各种谈判技巧和方法，能够说服对方基本接受我方的合理条件，为我方争取一些利益
C	谈判能力一般，在与外部组织或个人谈判时，基本上能够准确地引用有关的法律规定，运用了一些谈判的技巧和方法，在做出一些让步后能够与对方达成一致意见，没有使我方的利益受到损失
D	谈判能力较差，在与外部组织或个人谈判时，引用有关的法律规定时会出现一些失误，运用的谈判技巧和方法比较少，在做出大的让步后才能够与对方达成一致意见，使我方的利益受到一定的损失，有时会出现无法与对方达成一致意见的情况
E	谈判能力很差，在与外部组织或个人谈判时，引用有关的法律规定时出现相当多的失误，基本上不会运用谈判的技巧和方法，经常无法与对方达成一致意见，造成我方的利益受到大的损失

(2) 绩效标准应当适度

即制订的标准要具有一定的难度，但是员工经过努力又是可以实现的。

(3) 绩效标准应当可变

这包括两个层次的含义：一是指对于同一名员工来说，在不同的绩效周期，随着外部环境的变化，绩效标准有可能也要变化；二是指对于不同的员工来说，即使在同样的绩效周期，由于工作环境的不同，绩效标准也可能不同。

对于绩效目标的设计要求，一般将其概括为SMART原则：

第一，绩效目标必须是具体明确的，以保证其明确的牵引性。

第二，绩效目标必须是可衡量的，必须有明确的衡量指标。

第三，绩效目标必须是可以达到的，不能因指标的无法达成而使员工产生挫折感，但这并不否定其应具有挑战性。

第四，绩效目标必须不是孤立的，它必须与企业的战略目标、部门的任务及职位职责相联系。

第五，绩效目标必须是以时间为基础的，即必须有明确的时间要求。

（二）绩效考核周期

绩效考核周期，也可以叫作绩效考核期限，是指多长时间对员工进行一次绩效考核。由于绩效考核需要耗费一定的人力、物力，因此考核周期过短，会增加企业管理成本的开支。但是，绩效考核周期过长，又会降低绩效考核的准确性，不利于员工工作绩效的改进，从而影响绩效管理的效果。因此，在准备阶段，还应当确定恰当的绩效考核周期。

绩效考核周期的确定，要考虑以下几个因素。

1. 职位的性质

不同的职位，工作的内容是不同的，因此绩效考核的周期也应当不同。一般来说，职位工作绩效比较容易考核的，考核周期相对要短一些。

2. 指标的性质

不同的绩效指标，其性质是不同的，考核的周期也应不同。一般来说，性质稳定的指标，考核周期相对要长一些；相反，考核周期相对要短一些。

3. 标准的合理性

在确定考核周期时，还应当考虑绩效标准的合理性，就是考核期间应当保证员工经过努力能够实现这些标准，这一点其实是和绩效标准的适度性联系在一起的。

二、实施阶段

（一）绩效沟通

绩效沟通是指在整个绩效考核周期内，上级就绩效问题持续不断地与员工进行交流和沟通，给予员工必要的指导和建议，帮助员工实现确定的绩效目标。

前面已经指出，绩效管理的根本目的是通过改善员工的绩效来提高企业的整体绩效，只有每名员工都实现了各自的绩效目标，企业的整体目标才能实现，因此在确定绩效目标后，管理者还应当帮助员工实现这一目标。

（二）绩效考核

绩效考核是指在考核周期结束时，选择相应的考核主体和考核方法，收集相关的信息，对员工完成绩效目标的情况做出考核。

1. 考核主体

考核主体是指对员工的绩效进行考核的人员，考核主体一般包括五类：上级、同事、下级、员工本人和外部人员。

（1）上级

这是最为主要的考核主体。上级考核的优点：由于上级对员工承担直接的领导管理与监督责任，因此他们对下属人员是否完成了工作任务，达到了预定的绩效目标等实际情况比较了解，而且在思想上也没有更多的顾忌，能较客观地进行考核。此外，上级考核主体还有助于实现管理的目的，保证管理的权威。上级考核的缺点：考核信息来源单一，容易产生个人偏见。

（2）同事

由于同事和被考核者在一起工作，因此他们对被考核者的工作情况比较了解；同事一般不止一人，可以对被考核者进行全方位的考核，避免个人的偏见；此外，还有助于促使被考核者在工作中与同事配合。同事考核的缺点：人际关系的因素会影响考核的公正性，和自己关系好的就给高分，不好的就给低分；大家有可能协商一致，相互给高分；可能造成相互的猜疑，影响同事关系。

（3）下级

下级作为考核主体既有优点也有缺点。优点：可以促使上级关心下级的工作，建立融洽的员工关系；由于下级是被管理的对象，因此较为了解上级的领导管理能力，能够发现上级在工作方面存在的问题。缺点：由于顾及上级的反应，往往不敢真实地反映情况；有可能削弱上级的管理权威，造成上级对下级的迁就。

（4）员工本人

员工本人可以作为考核主体进行自我考核。优点：被考核者对绩效进行自我考核，能充分调动被考核者的积极性，加强他们的自我开发意识和自我约束意识，特别是对那些以“实现自我”为目标的人更显重要。缺点：员工对自己的评价往往容易偏高；当自我考核和其他主体考核的结果差异较大时，容易引起矛盾。

（5）外部人员

外部人员即被考核者所在部门或小组以外的人员，如员工服务的对象——客户，这里的客户不仅包括外部客户，还包括内部客户。优点：外部人员考核有助于员工更加关注自己的工作结果，提高工作的质量。缺点：外部人员更侧重于员工的工作结果，他们很可能不太了解被考核者的能力、行为和实际工作的情况，不利于对员工进行全面的评价。在实际考核中，采用外部人员考核的形式时，应当慎重考虑。

不同的考核主体收集考核信息的来源不同，对员工绩效的看法也会不同，为了保证绩效考核的客观公正，应当根据考核指标的性质来选择考核主体，选择的考核主体应当是对考核指标最为了解的。例如，“协作性”由同事进行考核，“培养部属的能力”由下级进行考核，“服务的及时性”由客户进行考核等。由于每个职位的绩效目标都由一系列的指标组成，不同的指标又由不同的主体来进行考核，因此每个职位的评价主体也有多个。此外，当不同的考核主体对某一个指标都比较了解时，这些主体都应当对这一指标做出考核，以尽可能地消除考核的片面性。

2. 考核方法

实践中，进行绩效考核的方法有很多，企业应当根据具体的情况来选择合适的方法。

（三）绩效考核中的误区

绩效考核是一种人对人的评价，在这一过程中往往会出现一些错误，从而影响考核的效果。为了避免这些错误，首先应当知道这些错误是什么。

1. 常见的绩效考核误区

绩效考核中容易产生的误区，一般有以下几种。

（1）晕轮效应

晕轮效应就是指以点概面或以偏概全，通常以员工某一方面的特征为基础而对总体做出评价，通俗地讲就是“一好遮百丑”。举一个简单的例子，大家可能都有这样的经历，在学校时，学习成绩好的学生总是能够当选“三好”学生，尽管有些学生在“德”和“体”方面并不符合要求，这就是晕轮效应造成的结果。

（2）逻辑错误

这种错误是指考核主体使用简单的逻辑而不是根据客观情况来对员工进行评

价。例如按照“口头表达能力强，那么公共关系能力就强”这种逻辑，根据员工的口头表达能力来对公共关系能力做出评价。

(3) 初期误差

这种错误是指以员工在近期的表现为根据而对整个绩效考核周期的表现做出评价，例如考核周期为半年，员工只是在最近几周提前上班，以前总是迟到，考核主体就根据最近的表现将员工的出勤情况评为优秀。

(4) 初期效应

这种错误和近期误差正好相反，是指考核主体根据员工起初的表现而对整个绩效考核周期的表现做出评价。例如员工在考核周期开始时非常努力地工作，绩效也非常好，即使他后来的绩效并不怎么好，上级还是根据开始的表现对他在整个考核周期的绩效做出了较高的评价。

(5) 对比效应

这种错误是指考核主体将员工和自己进行对比，与自己相似的就给予较高的评价，与自己不同的就给予较低的评价。例如一个作风比较严谨的上级，对做事一丝不苟的员工评价比较高，而对不拘小节的员工评价比较低，尽管两个人实际的绩效水平可能差不多。

(6) 溢出效应

溢出效应是指根据员工在考核周期以外的表现对考核周期内的表现做出评价。例如生产线上的员工在考核周期开始前出了一次事故，在考核周期内并没有出现问题，全是由于上次事故的影响，上级对其绩效评价还是比较低。

(7) 宽大化倾向

这种错误是指考核主体放宽考核的标准，给所有员工的考核评价结果都比较高。与此类似的错误还有严格化倾向和中心化倾向，前者指掌握的标准过严，给员工的考核评价结果都比较低；后者指对员工的考核评价结果比较集中，既不过高，也不过低。

2. 绩效考核误区的预防措施

为了减少甚至避免这些错误，应当采取以下措施：

(1) 建立完善的绩效目标体系，绩效考核指标和绩效考核标准应当具体、明确。

(2) 选择恰当的考核主体，考核主体应当对员工在考核指标上的表现最为了解，这两个问题在前面已经做过详细的阐述。

(3) 选择合适的考核方法，例如强制分布法和排序法就可以避免宽大化、严格化和中心化倾向。

(4) 对考核主体进行培训，考核开始前要对考核主体进行培训，指出这些可能存在的误区，从而使他们在考核过程中能够有意识地避免这些误区。

三、反馈阶段

实施阶段结束以后，接着就是反馈阶段，这一阶段主要是完成绩效反馈的任务，也就是上级要就绩效考核的结果和员工进行面对面的沟通，指出员工在绩效考核期间存在的问题，并一起制订出绩效改进的计划。为了保证绩效的改进，还要对绩效改进计划的执行效果进行跟踪。

（一）绩效反馈应注意的问题

为了保证绩效反馈的效果，在反馈绩效时应当注意以下几个问题。

1. 绩效反馈应当及时

在绩效考核结束后，上级应当立即就绩效考核的结果向员工进行反馈。绩效反馈的目的是指出员工在工作中存在的问题，从而有利于他们在以后的工作中加以改进，如果反馈滞后，那么员工在下一个考核周期内还会出现同样的问题，就达不到绩效管理的目的。

2. 绩效反馈要指出具体的问题

绩效反馈是为了让员工知道自己到底什么地方存在不足，因此反馈时不能只告诉员工绩效考核的结果，而是应当指出具体的问题。例如反馈时不能只告诉员工“你的工作态度不好”，而应该告诉员工到底怎么不好，比如说“你的工作态度不够好，在这一个月内迟到了10次；上周开会时讨论的材料你没有提前读过。”

3. 绩效反馈要指出问题出现的原因

除了要指出员工的问题外，绩效反馈还应当和员工一起找出造成这些问题的原因并有针对性地制订出改进计划。

4. 绩效反馈应“对事不对人”

在反馈过程中，针对的只能是员工的工作绩效，而不能是员工本人，否则容易伤害员工，造成抵触情绪，影响反馈的效果。例如不能出现“你怎么这么笨”“别人都有能力完成，你怎么不行”之类的话。

5. 注意绩效反馈时说话的技巧

由于绩效反馈是一种面谈，因此说话的技巧会影响反馈的效果。在进行反馈时，首先要消除员工的紧张情绪，建立融洽的谈话氛围；其次，在反馈过程中，语气要平和，不能引起员工的反感；再次，要给员工说话的机会，允许他们解释，绩效反馈是一种沟通，不是在指责员工；最后，该结束的时候一定要结束，否则就是在浪费时间。

（二）绩效反馈效果的衡量

在绩效反馈结束以后，管理者还必须对反馈的效果加以衡量，提高以后的反馈效果。衡量反馈效果时，可以从以下几个方面进行考虑：

（1）此次反馈是否达到了预期的目的？

（2）下次反馈时，应当如何改进谈话的方式？

（3）有哪些遗漏必须加以补充？又有哪些无用的内容必须删除？

（4）此次反馈对员工改进工作是否有帮助？

（5）反馈是否增进了双方的理解？

（6）对于此次反馈，自己是否感到满意？

对于得到肯定回答的问题，在下一次反馈中就应当支持；得到否定回答的问题，在下一次反馈中就必须加以改进。

四、运用阶段

绩效管理实施的最后一个阶段是运用阶段，就是要将绩效考核的结果运用到人力资源管理的其他职能中去，从而真正发挥绩效管理的作用，保证绩效管理目的的实现。

绩效考核结果的运用包括两个层次的内容：一是直接根据绩效考核结果做出相关的奖惩决策；二是对绩效考核的结果进行分析，从而为人力资源管理其他职能的实施提供指导或依据。第二个层次的有关内容，在第一节中已经做了详细的阐述，这里重点是对第一个层次做出说明。

按照期望理论的解释，当员工经过个人的努力取得一定的绩效后，企业应当根据绩效的结果给予相应的奖励，这样他们才会有继续努力工作的动机，当然这些奖励要能够满足员工的需要才行。此外，强化理论也指出，当员工的工作结果或行为符合企业的要求时，应当给予正强化，以鼓励这种结果或行为；当工作结果或行为不符合企业的要求时，应当给予惩罚，以减少这种结果或行为的发生。因此，企业应当根据员工绩效考核的结果给予他们相应的奖励或惩罚。这种奖惩主要体现在两个方面：一是工资奖金的变动；二是职位的变动。

第三节　旅游企业绩效考核

考核是指在人力资源管理过程中，主管部门对其所属员工的表现及劳动业绩给出评价的活动。司马光在《资治通鉴》中说："治本在得人，得人在审举，审举在核真。""核真"即为通过考核、核实得到被考核者真实情况的意思。无考核便无管理，但是真正做好考核工作是一件非常不容易的事。

一、绩效考核体系的设计

（一）选择绩效考核的内容及确定原则

绩效考核的内容就是"绩"。"绩"指员工的工作绩效，其中包括完成工作的数量、质量、经济效益和社会效益。对不同职位，考核的侧重应有所不同，但效益应该处于中心地位。

绩效考核内容主要以岗位的工作职责为基础来确定的，但要注意遵循以下三个原则：一是要与企业文化和管理理念相一致；二是绩效考核内容要有侧重点；三是不考核与绩效无关的内容。

（二）确定绩效考核项目与标准

1. 工作分析

依据工作分析提供的与工作有关的信息，一方面可以分析出任职者的主要任职资格；另一方面可以把工作目的、职责、人物等转化成关键绩效指标。

2. 工作流程分析

绩效考核指标必须从流程中去把握。根据被考核者在流程中的角色、责任以及上游、下游之间的关系，来确定其衡量工作的绩效指标。

3. 绩效特征分析

可以用图表标出各个指标的绩效特征，按需要考核程度分档。例如可以按照非考核不可、非常需要考核、需要考核、需要考核程度低、几乎不需要考核五档对上述指标要素进行评估，然后根据少而精的原则按照不同的权重进行选取。

4. 理论验证

依据绩效考核的基本原理与原则，对所设计的绩效考核要素指标进行验证，保证其能有效地、可靠地反映被考核对象的绩效特征和考核目的的要求。

5. 要素调查，确定指标

根据上述步骤所初步确定的要素，可以运用多种灵活的方法进行要素调查，最后确定绩效考核指标体系。

6. 指标的修订

通常，修订分为两种：一种是考核前修订，通过专家调查法，将确定的考核指标提交领导、专家会议及咨询顾问，征求意见、修改、补充、完善绩效考核指标体系；另一种是考核后进行修订，根据考核及考核结果应用之后的效果等情况进行修订，使考核指标体系更加理想。

（三）选择绩效考核方法

自 20 世纪 30 年代以来，国内外各个管理学派已经提出了近 20 余种适合企业不同类别岗位人员的考核方法，这些方法各具特色，具有不同的特点和适用范围。

1. 主要的考核方法

（1）业绩评定法

又称"等级量度法"，是最古老的、采用最为广泛的一种考核法，它根据所限定的因素来对员工进行考核，考核者通常使用一种事先印制的表格进行考核。采用这种方法，通过一个等级表，对业绩进行判断并评出等级。等级常常被分成几类，用数字表示，也可采用诸如优秀、一般或较差这些形容词来定义。业绩评定表受欢迎的原因之一就是它的简单、迅速。

（2）绩效标准法

绩效标准法与目标管理法基本接近，它采用更直接的工作绩效衡量指标，通常适用于非管理岗位员工，衡量所采用的指标要具体、合理、明确，要有时间、空间、数量、质量的约束限制，要规定完成目标的先后顺序，保证目标与企业目标的一致性。

（3）直接指标法

直接指标法在员工的衡量方式上，采用可监测、可核算的指标构成若干考核要素。作为对下属的工作表现进行评估的主要依据，直接指标法简单易行，能节省人力，物力和管理成本。运用时需要加强企业基础管理，特别是一线人员的统计工作。

（4）成绩记录法

成绩记录法适合于从事科研教学工作的人员，如教师、工程技术人员等。因为他们每天的工作内容不尽相同，无法用完全固化的衡量指标考量。

（5）排序法

排序法也称排列法，是绩效考核中比较简单易行的一种综合比较的方法。通常由上级主管根据员工工作的整体表现按照优劣顺序依次排列。有时为了提高其精度，也可以将工作内容进行适当分解，分项按照优良的顺序排列，再进行总平均的顺序排列，作为绩效考核的最后结果。

（6）交替排列法

交替排列法是简单排列法的推广。选择排列法利用的是人们容易发现极端，不容易发现中间的心理，在所有员工中挑出最好的标杆，然后挑出最差的，把他们作为第一名和最后一名，接着在剩下的员工中再挑选出最好和最差的，分别排列在第二名和倒数第二名，依此类推，最终将所有员工按照优劣顺序全部排列。

（7）强制分布法

又叫硬性分布法。假设员工的工作行为和工作绩效整体呈正态分布，表现分为好、中、差的一定比例关系。在中间的员工应该最多，好的和差的应该是少数。它按照一定的比例，把员工强制分布到各个类别中（一般分为五类）。

（8）关键事件法

也叫重要事件法，就是通过观察，记录下有关工作成败的关键性事实，依此对员工进行考核。在某些工作领域，员工完成工作任务中有效的工作行为促进了成功，无效的工作导致失败，这些有效或无效的工作行为被称为“关键事件”。关键事件法要求保存最有利和最不利的工作行为的书面记录。考核者要记录和观察这些关键性事件，因为它们通常描述了员工的行为以及工作行为发生的具体背景条件。这样，在评定一个员工的工作行为时，就可以利用关键事件作为考核的指标和衡量的尺度。

关键事件法在认定员工的良好表现和劣等表现方面是十分有效的，而且对于制订改善不良绩效的规划也十分方便。但其缺点在于如果考察期较长，基层主管的工作量较大。此外，由于每一关键事件可能都会对绩效评估结果产生重大的影响，因而要求管理者在记录过程中不能带有主观色彩，必须始终如一地坚持客观、全面、精确的原则。这在实际操作过程中往往很难做到。

（9）目标管理法

目标管理体现了现代管理的哲学思想，是领导者与下属之间双向互动的过程。目标管理法是由员工与主管共同协商制订个人目标，个人目标依据企业的战略目标及相应的部门目标而确定，并与其尽可能一致。以制订的目标作为对员工考核的依据，从而使员工个人努力目标与企业目标保持一致，减少管理者将精力放到与企业目标无关的工作上的可能性。目标管理法一般有三个步骤，即战略目标设定、企业规划目标、实施控制。

（10）配对比较法

也叫成对比较法、两两比较法。基本顺序：首先根据某种考核要素将参加考核的人员逐一比较，按照从最好到最差的顺序对被考核者进行排序，然后根据下一个考核要素进行两两比较，得出本要素被考核者的排列次序，依此类推，经过汇总整理，最后求出被考核者所有考核要素的平均排序数值，得到最终考核的排序结果。

（11）行为锚定等级评价法

也称行为定位等级法。它是关键事件法的进一步拓展和应用。它将关键事件和等级评价有效地结合在一起，通过一张行为等级评价表可以发现，在同一个绩效维度中存在一系列的行为，每种行为分别表示这一维度中的一种特定绩效水平，将绩效水平按等级量化，可以使考核的结果更有效、更公平。

2. 选择绩效考核方法的影响因素

在选择、确定具体的绩效考核方法时，应当充分考虑以下三个重要的因素。

（1）管理成本

在设计考核方法时，需要进行管理成本的分析，包括：考核方法的研制开发成本；执行前的预付成本，如绩效管理的培训成本，各种书面说明指导书的编写和印制的成本等；实施应用成本，如考核者定时观察的费用、进行评定回馈考核结果、改进绩效的成本。在管理成本之外，还存在着隐性成本的问题，如果方法不得当，可能会引起员工的厌烦感和抵触情绪，甚至影响员工的士气，有时如果处理不当，还可能诱发某种冲突或劳动争议，严重影响企业的正常生产经营活动。

（2）工作实用性

任何一种考核方法，都必须体现实用性的原则要求，即考核方法应充分满足企业绩效管理的需要，能在实际考核中推广应用。如果一种方法需要耗费几年的时间才能研制出来，那么再好的考核工具也失去了实际的使用价值和意义。再如，一种考核方法虽然设计得“有理有据”，其考核的指标体系也十分完整，但是在实际应用时却发现有很多指标根本无法进行测量和评定，使这种方法的实用性受到很大限制，不得不进行全面的整合修改，甚至需要重新设计。总之，所设计的考核方法必须切实可行，便于贯彻实施。

（3）工作适用性

考核方法的适用性是指考核方法、工具与岗位人员的工作性质之间的对应性和一致性，切实保证考核方法能够体现工作的性质和特点。例如行为锚定等级评价法和行为观察量表法，都要求考核者对下属员工的工作行为进行必要的观察，然后作出判断评估和打分。但实际上有很多岗位的工作特点，不可能给考核者这种机会和条件，难以完成考核的全过程。一个典型的实例就是质量管理部经理，不可能天天都深入工作现场，观察并考核质量检查员的工作行为。同样，大学的校长也不大可能对教授在课堂上的教学行为作出全面准确的判断和评估，除非他能定期地到教授的讲坛上去听课，并持之以恒。此外，目标管理评定法更适合于实际产出能够有效进行测量的工作，例如公司前台的接待员其实际产出是不太可能进行测量的，只有对其工作行为进行考核才是有效的，比如他们是否不厌其烦地回答了顾客提出的各种各样的问题？是否和蔼可亲，礼貌待人？是否仪表庄重，站姿优美？一般来说，在生产企业中，一线人员宜采用以实际产出结果为对象的考核方法，而从事管理性或服务性工作的人员宜采用以行为或品质特征为导向的考核方法；在一些大的企业中，总经理、管理人员或专业人员采用以结果为导向的考核方法，而低层次的一般员工通常采用以行为或特征为导向的考核方法。

二、绩效考核的实施

（一）制订绩效计划

为了保证绩效考核的顺利进行，管理人员必须事先组织本部门人员制订有关计划。首先要明确考核的目的和对象，再根据目的和对象的不同，选择具有不同侧重点的考核内容和考核时机。

1. 确定工作要项

工作结果对企业有重大影响的活动或虽然不很重要却是大量重复的活动。一个工作，其工作要项的选择一般不超过 4～8 个，抓住了工作要项，就等于抓住了工作的关键环节，也就能够有效地组织考核。

2. 确定绩效标准

将考核要项逐一进行分解，形成考核的判断基准。绩效标准设定的要求是：明确、可衡量、切合实际、难度适中、有区分度。

（二）考核前的技术准备

绩效考核是一项技术性很强的工作，在考核之前必须有充分的技术准备。主要包括绩效标准的确定、绩效考核方法的选择以及考核人员的培训。

（三）进行绩效辅导和沟通

1. 绩效沟通

①计划跟进与调整；

②过程辅导与激励。

2. 收集数据、资料和信息

收集到什么样的数据部分取决于企业的目标，这里主要强调与绩效考核有关的信息。这些信息是绩效评估的事实依据，也是绩效改进的有利依据，还能发现优秀绩效和不良绩效产生的原因。

（四）绩效考核的实施

在这一阶段，考核者的主要任务是对员工的德、能、勤、绩等做出综合性的评价，并要同员工进行面谈。绩效考核的过程是一个从定性到定量再到定性的过程。实施绩效考核，首先要确定考核者，具体有：上级评估、自我评估、下级评估、同事评估、顾客评估、二级主管与小组评估；其次，要确定考核周期和考核办法，考核周期的确定与企业的实际情况、被考核者在企业中的职位等因素有关。

（五）提供绩效反馈

绩效反馈的目的就是要让员工了解自己的工作情况，肯定员工所取得的成绩，确认仍然存在的问题，并在查清造成这些问题原因的基础上制订出解决这些问题的行动计划。

（六）指导绩效改进

进行绩效考核的真正目的是提高企业的生产效率，帮助每名员工取得成功。因此，管理者在绩效考核中应该知道员工绩效差异的原因，并想办法多做一些改进员工绩效的工作。这样才能达到企业进行绩效考核的最终目的。

三、绩效考核结果的运用

要想在绩效考核方面投资后得到最好的效益，就必须能够把绩效考核和企业的其他过程联系起来。绩效考核需要其他过程的信息，同时它又把信息传递到其他过程中去。绩效考核是人力资源管理的重要内容，它的质量与效果对其他的人力资源管理职能产生深刻的影响。

（一）选拔与招聘

企业因扩大业务或因原有职位的员工离职而产生职位空缺时，往往需要从企业中进行选拔或从社会上招聘新员工，在企业的选拔与招聘过程中，绩效考核的结果发挥着重要的作用。

1. 企业选拔对考核结果的依赖

选拔往往表现为职位的晋升或薪资的增加，相应地，其所承担的责任也增大，所需的知识、经验和技能也更多。因此，选拔是否科学有效，是企业人事决策的一个关键问题之一。科学选拔包括两个方面：一是选拔程序科学；二是选拔方法科学。而这其中都需要科学有效的绩效考核体系提供有效的支撑。

2. 考核结果对企业提高招聘有效性的作用

绩效考核既是对不同岗位现任员工的评价，又是对人员选拔结论进行实际检验，同时更是提高企业招聘有效性的参考与手段。

3. 评价中心

评价中心是一种以测评被测人员管理素质为中心的一组标准化评价活动，又称情景模拟测评技术。评价中心是一种程序而不是一种具体的方法，在这种程序中主测人员针对特定的目的和标准采用多种测评技术评价人员的各种能力。

（二）人力资源开发与培训

绩效考核作为员工各个方面的评定过程，通过绩效考核的结果，能够有效地了解员工的不足与薄弱环节，因而也给人力资源开发与培训提供决策依据。可以说，没有绩效考核，也就无法作出最佳的人力资源开发与培训决策。

1. 绩效考核为人力资源开发与培训提供了针对性

通过对员工的绩效考核，主管可以发现员工在培训和发展方面不同的需要。通过识别那些对业绩有不利影响的缺陷，人力资源和直线管理人员有能力制订出人力资源发展方案，以帮助员工扬长避短。

2. 人力资源开发与培训的效果可以通过绩效考核来判定

人力资源开发与培训主要是通过提高员工的工作技能来提高他们的工作绩效。因此，检测人力资源开发与培训的效果如何，就可以通过绩效考核来判定。

（三）报酬方案的设计与调整

报酬是员工收入总和的统称。报酬方案是和绩效考核体系紧密相连的，没有报酬方案的强化与正反馈的放大机制，绩效考核体系的有效性和激励约束功能就得不到保障。从广义上讲，制订报酬方案是设计整个绩效考核体系的重要组成部分。

（四）协调处理内部员工关系

绩效考核除了广泛运用于报酬调整、招聘选拔、培训开发之外，也常用于企业内部员工关系的处理，以改善企业氛围，提高员工士气，增强企业的凝聚力与战斗力。绩效考核对于企业处理内部员工关系的意义主要表现在以下几个方面。

1. 绩效考核促进了企业与员工的沟通交流

良好的交流是企业的生命线，它将帮助员工更多地参与企业决策，并在此过程中加强员工对企业的认同，进而提高其业绩。

2. 塑造员工的共同心智

企业良好的内部关系可以归结为一种员工的共同心智，它表现为员工关系的和谐，有共同的信念、使命与追求，积极的团队精神等。绩效考核是一种强化共同心智的过程。在这个过程中，绩效考核的结果提供了反馈控制的信号，正是通过这样不断纠偏、强化的过程，共同心智才得以形成。

3. 调和劳资关系

首先，绩效考核制度一定要建立在员工的自尊之上，考核评价制度必须按照一定的方式进行设计与贯彻，以维护员工的自尊。其次，绩效考核不能存在任何方面的歧视，在绩效考核中重视员工工作生活质量，把绩效考核作为激励员工和发展员工的一种手段，同时也成为员工广泛参与的一项有意义的活动。

（五）认识和调动员工潜能

考核结果及时反馈给员工个人，考核者同时还应指出其工作的优缺点，使其改进工作具有依据和目标。在企业目标的前提下，员工不断提高工作能力，开发自我潜能，不断改进和优化工作，这同时也助于个人职业目标的实现和个人职业生涯的发展。

复习与练习

一、填空题

1. 绩效的性质包含有________、________、________三个方面。

2. 绩效管理具有________、________、________的特点。

3. 绩效管理是由________、________、________和________四个部分组成的一个系统。

二、选择题

1. ____就是指员工的绩效往往是体现在多个方面的。绩效考核时，应从多个方面、多个角度去分析，才能取得比较合理的、客观的、易接受的结果。

A. 动态性　　B. 多维性

C. 目标性　　D. 多因性

2. ____是绩效管理系统的核心功能。

A. 激励功能　　B. 发展功能

C. 控制功能　　D. 沟通功能

3. ____就是指以员工某一方面的特征为基础而对总体做出评价，通俗地讲就是“一好遮百丑”。

A. 逻辑错误　　B. 近期误差

C. 晕轮效应　　D. 初期效应

4. ____是对员工在绩效考核期间的工作任务和工作要求所做的界定，这是对员工进行绩效考核的参照系。

A. 绩效内容　　B. 绩效项目

C. 绩效指标　　D. 绩效目标

5. ____是指多长时间对员工进行一次绩效考核。

A. 绩效考核内容　　B. 绩效考核项目

C. 绩效考核指标　　D. 绩效考核周期

三、简答题

1. 简述绩效管理的功能。

2. 选择绩效考核方法的影响因素有哪些？

3. 简述常见的绩效考核误区及其预防措施。

实训项目

【实训名称】设计一份营销人员考核方案

【实训内容】

1. 培养学生对人员绩效考核的能力。

2. 培养学生训练提高自身综合素质的意识。

【实训步骤】

1. 查阅资料，指出营销人员应具备什么样的素质？

2. 依据营销人员的素质设计一份考核方案。考核方案要包括考核目标、考核原则、考核对象、考核机构或人员、考核期限、考核办法等内容。

【实训点评】

每人写一份营销人员考核方案并上交。教师依据学生的考核方案给每个学生评价打分并在课堂上进行总体评价。

第七章　薪酬管理

薪酬管理是旅游企业人力资源管理的核心工作任务之一，也是人力资源管理中最具战略性和挑战性的问题，对旅游企业的发展有着至关重要的作用。薪酬管理直接关系到旅游企业员工的利益，科学、合理的薪酬管理有助于激励员工的工作积极性。只有建立合理有效的薪酬管理体系，才能很好地吸引人才并且留住人才，保障旅游企业高效运营，进一步提高核心竞争力。通过本章学习，将会达到如下学习目标：

1. 熟悉薪酬的构成及功能。

2. 了解企业薪酬战略，熟悉几种常见的工资制度。

3. 了解薪酬管理的含义、特性和内容。

4. 掌握薪酬管理的流程。

案例引导

牛根生：薪酬绩效要相对公平且具有激励性

牛根生，内蒙古蒙牛乳业集团创始人，“老牛基金会”创始人、名誉会长，“全球捐股第一人”。1999 年离开伊利创立蒙牛，随后用短短 8 年时间，使蒙牛成为全球液态奶冠军、中国乳业总冠军。2002 年“中国十大创业风云人物”之一——牛根生是如何给员工发薪资的呢？

一、蒙牛集团薪酬组成

薪酬组成：岗位基本工资＋岗位绩效工资＋职务消费＋各类补贴

1. 岗位基本工资、职务消费、各类补贴按月发放。

2. 岗位绩效工资。岗位绩效工资与考核结果挂钩。

(1) 依据公司上年度经济效益来确定每一层级的绩效工资。

(2) 每一层级的绩效工资按考核结果分为杰出、优秀、称职、基本称职、不称职五个级别。

(3) 非生产、营销人员的绩效工资按季度考核、兑现。

(4) 生产人员的绩效工资按月考核、兑现。

(5) 副经理以上人员（中级以上技术人员）按季考核、年底发放。

3. 对于新增设岗位，由薪酬委员会根据岗位价值评估确定薪酬层级及薪酬标准。

二、牛根生的财富分享

牛根生：财聚人散，人聚财散。要想把人才聚拢，就要散财；想把钱聚拢在自己手上，人必然会散去，最后永远得不到大财，这是凝聚人才的硬道理。企业越做大就越需要一套相对公平合理的薪酬制度去管理员工。管理是被动的，但是激励是主动的，用激励性薪酬去激励员工，会比用规章制度管理企业更轻松。

要想让员工（部下）敬业，就要给他们一个敬业的理由；如果想让员工（部下）承担责任，就要给他们一个承担责任的理由。而这一切的背后其实都是一个大道理，那就是薪酬分配机制，薪酬分配机制才是第一生产力，现在这个时代是人的效率（人效）的时代，如果不舍得把财富与员工分享，那么企业将无法与员工共同走下去。可能会赚钱，但是赚不到大钱。

看到这里，我们应该明白一个道理：薪酬不仅是一种公平的交易，它还可以将企业的组织目标和管理者意图及时、有效地传递给企业员工，促使个人行为与组织目标一致化，调节员工与组织、员工与员工之间的关系。

第一节 薪酬的构成与功能

薪酬是指员工为企业提供劳动、履行职责并完成任务之后所获得的经济上的酬劳或回报。包括：工资、奖金、津贴、提成工资、劳动分红、福利等。薪酬的实质是一种公平的交易或交换关系。企业需要的是劳动或服务，而员工从企业得到的是以货币形式和非货币形式所表现的补偿或报酬。

一、薪酬的构成

从广义上讲，薪酬可分为经济性报酬和非经济性报酬。

（一）经济性报酬

1. 基本工资

基本工资体现人力资本的价值，具有普遍性、相对稳定性，是确定其他报酬的基础。它通常由基本工资、岗位工资、工龄工资以及其他政策性的补贴等构成，保证员工基本生活需要。基本工资以岗位、职务为标准确定，受企业所处行业、地域、规模、所有制等影响。

2. 绩效工资

绩效工资是对基本工资的一种调整，根据员工的绩效考核结果来支付相应的薪酬。企业可以将绩效工资一次性付清，即提高员工总体薪酬，但基本工资没有改变，或使绩效工资成为基本工资的一部分，即根据绩效情况，对基本工资进行调整。

3. 激励薪酬

激励薪酬又称资金，是指以员工、团队或者企业的绩效为依据而支付给员工个人的薪酬，具有一定的变动性。

4. 津贴

津贴是指为了补偿员工额外或特殊的劳动消耗和为了保证员工的工资水平不受特殊条件影响而支付的报酬，它也是一种用于补充基本工资的辅助工资。它的形式与种类比较繁多，主要是根据劳动的特殊性来确定津贴的形式。

5. 福利

福利是一种员工人人都能享受，并且与工作业绩关系不大的利益分配。其形式多种多样，有时以金钱形式出现，有时以物质形式出现，是对环境、政策、企业凝聚力等的一种补偿。主要包括：医疗保险待遇、养老保险待遇、工作保险待遇、生育保险待遇、失业保险待遇和法定的各种假日、企业规定的年度休假、病假或事假，以及工间休息等。

（二）非经济性报酬

非经济性报酬是指个人对工作本身或对工作在心理与物质环境上的满足感。

这种非经济性报酬涉及员工在工作中的心理与物质环境，例如工作中的成就感、挑战性、合适的工作环境等。对于一些员工，特别是对知识型员工来说，这部分薪酬更重要。随着经济的发展和对人员管理的日益重视，非经济性报酬的激励会越来越被人们所重视。

1. 通过社交增进感情

具体包括：与员工亲切地交谈、组织员工郊游、组织员工参加体育活动、帮助员工解决生活问题、融洽的人际关系等。使用这些方式可以鼓舞员工的士气并增加员工对企业的认同感。

2. 商品奖励

即给予那些绩效有所增进的员工一定的商品奖励。这些商品可以是一些预先选定的品种，也可以是没有品种限制的各类商品。

奖励商品的来源一般有两种：一是由提供全方位服务的代理机构提供。它们根据企业或各参与者自己提供的绩效信息签发并邮寄奖励；二是传统超市里的一般商品。另外，企业也可直接购买奖励商品，但直接购买成本更大，一般很少企业采用。

3. 工作用品补贴

工作用品补贴包括私人工作用品和工作环境设施。其中私人工作用品有：个人装备，如工作服、工作工具；特殊服务，如免费的午餐、上班中免费茶水供应、茶歇时间等。工作环境设施有提供办公桌、复印机、档案柜、停车场、绿地、员工休息间等。

4. 个人晋升与自我发展机遇

个人晋升与自我发展指员工在企业中因为成绩出色而得到晋升和内部岗位轮换的机会，有受教育和培训的机会，培训的内容除了技能培训外，还应有人际交流的培训、情商培训、减压培训、心理培训等。这将有助于增加员工人力资本，培养其奉献精神。

5. 带薪休假

带薪休假的方式通常有两种：一是当企业实现了某个预定目标时，企业全体员工放假一天或几天；二是通过企业庆典的方式实现带薪休假。

6. 旅游奖励

旅游奖励可以采用企业给员工的绩效改进打分，然后发放以分数为面值的旅游券的形式，当旅游券达到一定额度后，即可用于旅游。这种形式对于员工来说有一种特殊的吸引力，因为旅游奖励可以授予个人、家庭或团体。另外，分数形式的旅游券在发放时不会给企业带来现金流出。

7. 象征性奖励

象征性奖励包括勋章、奖杯、照片、纪念品、T恤衫、装饰品、预留车位、提高员工在企业用车的档次、加入顾问委员会等。这些奖励极具象征性但货币价值一般很低。使用象征性奖励的目的有两个：认知和认可。认知就是让员工知道一个目标或目的的重要性；认可即企业所希望的绩效改进得到员工认可或员工的成绩得到企业的认可。

8. 促进家庭的介入

当员工把企业的奖励商品目录拿回家时，家庭的每个成员都会参与到商品选择的过程中来，并挑选各自喜欢的物品，这必然会更加激发员工的上进心。

二、薪酬的功能

薪酬在促进社会、经济发展过程中起着非常重要的作用，薪酬是平衡社会发展、促进社会和谐、实现社会文明的重要元素。薪酬的功能主要体现在以下几个方面。

（一）保障功能

劳动是价值创造的源泉，员工通过脑力或体力劳动的支出，为企业创造价值，企业给员工支付报酬作为回报。这些回报对员工来说很重要。首先，员工必须购买必要的生活资料以维持生活的需要，比如衣、食、住、行等方面的支出；其次，为了满足技术进步以及生产发展的需要，员工需要不断提高自己的技能以免被企业淘汰，因此在学习、培训、进修等方面的支出是不可缺少的；再次，员工为了满足自身在娱乐、社交等方面的需求也会有大量的支出；最后，维持再生产所必需的支出也越来越大（如子女教育等方面），给员工带来较大的压力。由此可见，薪酬对员工而言意味着保障，对于企业而言则是满足劳动力生产和再生产需要的保障。

（二）激励功能

薪酬制订得公平与否，直接影响员工的积极性。从绩效管理模型可以看出，绩效管理要获得良性循环，有三个方面是非常重要的环节，一是目标管理环节，二是绩效考核环节，三是激励控制环节。在激励控制环节，通过适当激励使个人满意，产生激励效应，从而提高个人和企业的效率，这是绩效管理的目标之一，而薪酬在这方面起着决定性的作用。薪酬激励功能的典型表现是奖金的运用，奖金是对工作表现好的员工的一种奖励，也是对有效超额劳动的报偿，对员工有很大的激励作用。

（三）调节功能

薪酬的调节功能主要表现在两个方面：劳动力的合理配置和劳动力素质结构的合理调整。薪酬的差异可以促进人力资源的合理流动和配置，还可以利用这种差异引进急需的人才。不仅如此，在一个企业内部，员工相对薪酬水平的高低往往也代表了员工在企业内部的地位和层次，从而成为识别员工个人价值和成功的一种信号。

（四）效益功能

员工不仅创造了必要劳动价值，也创造了剩余劳动价值。剩余劳动价值的存在是企业的生存之本，是企业利润和效益的前提，所以从企业的角度看，支付给员工的薪酬不仅能补偿员工的劳动力消耗，而且还具有不断增值的效益功能，这种效益功能才是企业投资的内在动力。

（五）控制经营成本功能

由于企业所支付的薪酬水平高低会直接影响企业在劳动力市场上的竞争能力，因此，企业保持一种相对较高的薪酬水平对于吸引和保留员工来说无疑是有利的，但是，较高的薪酬水平又会造成企业产生成本上的压力。因此，一方面，企业为了获得和保留经营过程中不可或缺的人力资源不得不付出一定的代价；另一方面，出于产品或服务市场上的竞争压力又不能不注意控制薪酬成本。通过合理控制企业的薪酬成本，企业能够将自己的总成本降低 40%～60%，由此可见，薪酬成本的可控程度是相当高的。

（六）改善经营绩效功能

薪酬实际上是企业向员工传递的一种特别强烈的信息，通过这种信息，企业可以让员工了解，什么样的行为、态度以及业绩是受到鼓励的，是对企业有贡献的，从而引导员工的工作行为和工作态度以及最终的绩效朝着企业期望的方向发展。

三、影响薪酬水平的因素

影响薪酬水平的因素很多，概括起来主要有以下三类：外部环境因素、内部影响因素和员工个人因素，如表7－1所示。

表7－1　影响薪酬水平的因素

外部环境因素	内部影响因素	员工个人因素
政治因素	企业的发展阶段	个人的需要
经济因素	企业规模、经营战略	年龄与年资
生产力因素	企业的经济效益、支付能力	绩效与经验
技术因素	企业的经营管理水平和竞争力	受教育程度
其他因素	企业文化和经营者的理念	专业技能
	企业的薪酬制度等	劳动态度
		工作能力
		发展潜力等

第二节　旅游企业薪酬制度

薪酬设计是对个人劳动价值的具体体现，合理的薪酬设计能充分调动人的工作热情，激发其才能的发挥，使其获得满足感、荣誉感，进而更好地促进企业的发展壮大。它是建立现代薪酬管理制度的前提和重要组成部分，是企业人力资源管理中的核心内容之一，关系到企业的经营管理以及长远发展。

一、旅游企业的薪酬战略

（一）企业经营战略与薪酬战略

1. 低成本型薪酬战略

低成本型薪酬战略即在产品本身质量大体相同的前提下，企业可以以低于竞争对手的价格向客户提供产品的一种竞争策略。所以，推行这一战略的目标是用较低的成本做较多的事情，非常重视生产效率。因此，在低成本战略背景下，企业在薪酬总额方面，尽可能降低薪酬总额支出，强调员工工作岗位的稳定性；在薪酬水平方面，加强薪酬的市场调查，非常关注竞争对手的薪酬支付状况；在薪酬构成方面，提高浮动薪酬或奖金在薪酬构成中的比重；在薪酬体系方面，建立与产品成本相关的可变薪酬制度，鼓励员工降低成本，提高生产效率。

2. 创新型薪酬战略

创新型薪酬战略是以产品的创新以及产品生命周期的缩短为导向的一种竞争战略。创新型战略取得成功的关键因素是企业的新产品开发能力和技术创新能力，以及培育成熟的项目开发团队、产品设计团队和服务团队。在此背景下，企业的薪酬体系应十分重视对于产品创新和新的生产方法和技术创新给予足够的报酬或奖励，鼓励员工的创新精神；对于勇于创新、敢于创新的员工提供资金和环境支持，增强工作方面的灵活性。

3. 客户中心型薪酬战略

客户中心战略是以提高客户服务质量、服务效率、服务速度等为中心，以吸引潜在客户、稳定现有客户，从而不断扩展产品的市场份额的一种竞争战略。因此，客户满意度是该类企业最为关心的一个绩效指标。所以，这类企业的薪酬理念将会根据员工向客户提供服务的数量和质量来支付薪酬，或根据客户对员工或员工群体提供服务的评价来支付奖金。

（二）企业发展阶段与薪酬战略

1. 成长期薪酬战略

企业成长期战略一般关注市场开发、产品开发、创新、合并，通过整合和利用企业所拥有的所有资源达到自身力量的增强和自我扩张，以及通过兼并、联合、收购等方式扩展企业的资源或强化其市场地位。这个时期企业的资金显得非常紧张，因此与之相联系的企业薪酬战略是：提供较低的固定薪酬水平，实行奖金、持股或股票期权等计划，突出绩效工资和可变薪酬。另外，薪酬方面更加关注员工的技能提升而不是具体的职位。

2. 稳定期薪酬战略

稳定期战略是一种强调市场份额或者运营成本的战略，企业在保持现有的产品和市场基础上，追求均匀的、小幅度的增长速度。企业维持竞争力的关键在于是否能够维持住自己已经拥有的市场和人力资本，并且此时企业的各项管理较规范。因此，在薪酬管理方面，薪酬决策的集中度较高，薪酬确定的基础主要是员工的工作本身；在薪酬构成方面，采用较为稳定的基本工资和福利制度；在薪酬水平方面，一般追求与市场水平相当或略高于市场水平的薪酬。

3. 收缩期薪酬战略

收缩期战略是指企业面临衰退的市场或失去竞争优势时，想要缩小一部分经营业务，以放弃某些产品或市场所采用的战略。这种战略往往与裁员、剥离及清算等联系在一起。因此，这类企业对于将员工的收入与企业的经营业绩挂钩的愿望非常强烈，即降低薪酬中固定薪酬的比重，增加员工的可变薪酬，力图实行员工持股，鼓励员工与企业风险共担。

二、几种常见的工资制度

工资制度是指与工资决定和工资分配相关的一系列原则、标准和方法。它包括工资原则、工资水平、工资形式、工资等级、工资标准、工资发放等内容。

（一）绩效工资制

绩效工资制是指根据岗位技术含量、责任大小、劳动强度和环境优劣确定职级，以企业经济效益人力资源价位确定工资总量，以职工的劳动成果为依据支付劳动报酬的工资制度。绩效工资制度的前身是计件工资，但它不是简单意义上的工资与产品数量挂钩的工资形式，而是建立在科学的工资标准和管理程序基础上的工资体系。它的基本特征是将员工的薪酬收入与个人业绩挂钩。业绩是一个综合的概念，比产品的数量和质量内涵更为宽泛，它不仅包括产品数量和质量，还包括员工对企业其他贡献。

1. 基本特点

与传统工资制相比，绩效工资制的主要特点：一是有利于员工工资与可量化的业绩挂钩，将激励机制融于企业目标和个人业绩的联系之中；二是有利于工资向业绩优秀者倾斜，提高企业效率和节省工资成本；三是有利于突出团队精神和企业形象，增大激励力度和员工的凝聚力。

绩效工资体系的不足之处有：容易导致对绩优者的奖励有方，对绩劣者约束欠缺的现象，而且在对绩优者奖励幅度过大的情况下，容易造成一些员工瞒报业绩的行为。因此，对员工业绩的准确评估和有效监督是绩效工资实施的关键。

2. 主要内容

绩效工资的计量基础是员工个人的工作业绩，因此，业绩评估是绩效工资的核心。工作业绩评估手段可以分为正式体系和非正式体系，非正式体系主要是依靠管理人员对员工工作的个人主观判断；正式体系建立在完整的评估系统之上，强调评估的客观性。

（1）评估目标及其制订原则

业绩评估的目的不仅是为付给员工合理的劳动报酬提供依据，更重要的是发挥员工个人的能力和创造性，达到员工个人发展目标与企业发展目标的一致。因此，制订切实可行的评估目标是绩效工资的基础，在评估目标确定中，要遵守以下原则：

第一，员工对评估目标一定要接受认可，业绩评估目标一定要在上下级之间、主管和员工之间充分交流的基础上制订。

第二，业绩测量手段要可靠、公正和客观，评估后，要将规划业绩和实际业绩的差距及时反映给被评估者，达到及时沟通的目的。

第三，对非业绩优秀者，要帮助和监督其制订完善的计划，根据计划有针对性地进行培训，或提供改进的条件，达到鞭策后进的目的。

第四，对业绩优秀者，不仅要给予外在奖励（增加收入），还要给予内在奖励（提供晋升和发展机会），从内外两方面鼓励优秀者为企业作出更大的贡献。

（2）业绩要素

业绩评估要选择一些有代表性的业绩要素，这些要素能够全面、客观地反映被评估者的业绩，也利于评估者做出公正的评价。

此外，在业绩要素的选择上要注意：①要和评估方式相结合；②避免选择一些与工作关系不大，纯属个人特点和行为的要素；③培养关注业绩评估的文化氛围，尽管业绩评估的作用不仅限于工资发放，最终目标是激励员工实现企业目标的积极性和创造性。

（3）评估方式

企业业绩评估的方法很多，但先进的评估方法一是体现规范化和程序化的特点；二是注重评估效果，突破为评估而评估，为报酬而评估的传统框架。

（4）实施条件

业绩工资的实施需要具备一些条件，包括：①工资范围足够大，各档次之间拉开距离；②业绩标准的制订要科学、客观，业绩衡量要公正有效，衡量结果应与工资结构挂钩；③有浓厚的企业文化氛围支持业绩评估系统的实施和运作，使之起到奖励先进、约束后进的目的；④将业绩评估过程与企业目标实施过程相结合，将工资体系运作纳入整个企业的生产和经营运作系统之中。

（二）职位工资制

职位工资制是传统而普遍的工资制度。职位工资制主要反映员工所承担的职位的价值，“对岗不对人”，其基本方法是把各种各样的任务归类为职位，专家们进行职位评价，确定不同职位的相对价值，建立职位结构，再根据市场薪资调研及企业业绩和人事战略，确定企业中全部职位的平均工资水平，最后确定每个职位的绝对工资水平，形成工资结构。这样，每个职位都会对应某一薪金等级，员工在什么职位就领取什么工资，员工可以从某个职位到另外一个职位进行流动，但各个职位本身及其所对应的基本工资是不变的。

职位工资制的优点：易于操作，只要职位评价合理，一定程度上就能够调动员工的劳动积极性。但是，随着知识经济时代的来临，职位工资制已越来越显示出其弊端：因为不考虑员工是否具有超出本职位要求的工作能力。因此，人们要想获得更高报酬，就只能从事更高级别的职位，而且人们一旦占据该职位，即使不做很大努力，同样享有该职位的一切待遇，这必然使得那些已经具备条件，更具竞争力，但只是由于职位的缺乏而不能及时得到晋升的员工产生不公平感。同时，职位越高，职数越少，晋升越难，加之如今的企业结构趋于扁平化，导致中层管理人员规模下降，使得员工的提升机会更趋减少，职位的激励作用因此大大降低了。

（三）技能工资制

技能工资制是根据员工所掌握的技能水平和技能数量来确定其工资水平，即根据员工技术知识在质量和数量方面的某种结合来支付员工的工资，它主要反映的是员工所具备的技能的价值。

技能工资制相对于职位工资制有明显的好处：①职位是不变的，一旦拥有了某一职位，就享有与该职位相对应的工资；技能和知识是可变的，即使是在同一职位，人们的技术和知识也是不同的。②在同一职位上，工资和努力程度几乎没有关系，在相同职位，技术和知识的增加和人们的努力程度成正比。③职位总是和资历相联系，人们在一个职位干得越久，工资就会越高；而技能和资历关系不大。④职位是有限的，所以职位评价工资制带给员工的发展机会比较少；而技能是无限的，人们可以通过学习使技能不断增强或增多，所以技能工资制鼓励员工学习新技能，并给员工提供更多的流动和发展机会。总之，技能工资制适应了一般员工的价值观，能有效调动员工学习新知识，掌握新技能的积极性，在没有得到提升时加深了员工的责任感，增进其对业务的理解，提高了员工素质，增加了企业人员安排的灵活性，支持了扁平型组织结构，拓宽了员工提高知识和技术的激励方式，在质和量上提高了生产率，降低了废品率。但是这种方法也存在一定的问题，如技能认证较复杂，易造成企业直接劳动成本和培训成本的增加。

（四）能力工资制

能力也叫胜任力，是指任职者胜任其职位所需掌握的知识、技术及所需具备的心理、行为等方面的特征或特点。能力工资制就是要找出胜任某职位所必需的能力要素，依据这些要素来支付员工的报酬。要找出某一职位所必需的能力要素，就必须将从事同职位的员工进行优、良、中、差等的分类，从中找出成功员工所具备的特点和要素，依据成功员工的特点和要素评价该职位所有员工，支付其相应的工资。例如几个旅游企业的营销部员工业绩十分出色，企业就可以研究确定究竟是什么使那些员工如此出色。一旦找到预示成功的要素，就把这些要素归为能力一类。然后，将根据各位营销部员工证明在这些能力上的表现来给予核定他们的薪资。

能力工资制是近年来获得越来越多企业青睐的一种基本工资制度，其优点是能够有力地激发员工之间的竞争行为，有效地激励员工提高工作效率。能力工资制的缺陷是将能力量化并衡量是十分困难的。

（五）年功序列工资制

年功工资制也称年资工资、工龄工资，是以员工的工作年限，即按照连续工龄或本企业工龄决定其工资标准，并且随工龄增加逐年增加的工资制度。日本等国家的许多企业实行的是“年功序列工资制度”。其特点是，基本工资按年龄、企业工龄和学历等因素决定，与工作、能力没有直接联系，普遍实行定期增薪制度，随着工龄的增长每年增加一次工资，退休金以基本工资和企业工龄为计算基础。

年功序列工资制度萌芽于 20 世纪初期，主要是为了防止员工从这个企业跳到另一个企业，培养和稳定忠于本企业的熟练员工。但是，随着环境的急剧变化、员工流动性加剧以及高技能人才的全球性短缺，年功序列工资制的弊端日益突出。

（六）结构工资制

结构工资制也称多元工资制、分解工资制和组合工资制，是把影响和决定员工工资的各种主要因素分解开来，然后再根据各因素分别设置工资标准的一种工资形式。根据各企业的具体情况，结构工资制中的工资项目和比例也不尽相同。从国际和国内看，比较适应市场经济条件的企业工资制度是以岗位工资为主体的结构工资制形式，它代表着企业工资制度的改革方向，目前已被越来越多的企业所采用。大体上讲，结构工资主要由以下几个工资项目组成：基础工资是用来维持员工基本生活的那部分，一般根据学历来确定；工龄工资也称年功工资，它根据员工在企业工作时间的长短来计量，一般一年进行一次调整，它的目的是加强员工的稳定性，促使员工更长时间地为企业服务；技能工资由员工的工作技能来确定；岗位工资根据员工的职务（工作内容）来确定；效益工资一般根据企业的经济效益及员工的劳动质量和数量来确定。

结构工资制吸收了前面几种工资制度的长处，有较强的灵活性、适应性，有利于合理安排企业内部各类员工的工资关系，能够有效地调动各方面员工的工作积极性，充分发挥工资的激励功能。但是，结构工资的设计及其各工资单元的相对比重如何合理确定，操作起来比较复杂。

（七）谈判工资制

严格来讲，谈判工资制应称为集体谈判工资制度。实际上，它不是一种真正的工资等级制度，而是现代西方企业处理劳动关系集体谈判制度中的一项主要内容，它是以企业及雇主一方，同员工或代表员工的工会一方，在政府的指导、监督下，就企业薪酬问题进行谈判、协商的制度。谈判工资制，有时也叫市场工资制度，因为劳资双方在谈判过程中，薪酬最终确定的主要依据是竞争对手或相关行业的市场工资标准，而竞争对手或相关行业的多数企业这一工资标准的确定，又是以前述几种工资制度为基础的，因此，谈判工资制并不是一种独立的工资制度。

一些企业在实施这种工资制度时做了较大的修改，变成了每个员工的基本工资都由雇主和员工单独谈判决定，相同职位、相同能力的员工由于谈判能力不同，其基本工资也可能有较大的不同。谈判工资制一般辅以严格的保密工资制，雇主的自由度比较大，有利于控制企业人工成本，在一些初创期的规模不是很大的民营企业、IT 企业比较常见。这种谈判工资制的最大缺点是缺乏公平性，由于信息不对称，员工一般处于不利地位，随着企业规模的发展，这种保密的谈判工资制往往成为企业管理规范化的最大障碍。

（八）年薪制

年薪制起源于美国，是一种以年度为单位确定企业经营者的基本收入，并按其生产经营结果发放效益收入的特殊工资制度，其核心是对经营者形成激励机制、约束机制和风险机制。经营者年薪一般由基薪和加薪（风险收入）构成（副职约为正职的 40%～70%）。基薪确定的依据主要是由企业规模（资产规模、利税水平、员工人数），当地物价水平和员工平均工资水平决定的，是经营者本人及其家人日常生活的基本费用，可以按月支付。有的企业还为经营者提供了优厚的福利、津贴，如小车和私人司机、豪华办公场所、俱乐部会员金卡、养老金计划等，这些也列入基薪范畴。

加薪的具体数额应视经营效益来定，可按现金支付也可以是股票或股权，可为正数甚至超过原定额，也可为负数，达不到原定经营目标或效益较上年滑坡者，则可在基薪或风险抵押金中扣除。不能把年薪制变成旱涝保收的高薪制，而应是风险与收益共存的激励工资制，应该把经营者的责任、权利、风险和利益统一起来。年薪制可以进一步强化约束机制，激发经营者的工作热情，保护出资者利益，随着市场化改革进程的加快和现代企业制度的逐步建立，年薪制在国有企业中推行是必然趋势。但是，也应当看到，年薪制对企业的基础管理要求很高，实行年薪制的企业必须建立完善的现代企业制度，要以契约的形式规范经营者的责权利管理，监督机制要科学、严谨，更要有一套全面反映企业状况的指标体系以及社会评估机构的介入，否则，极易造成经营者的特权和腐败，过分拉大企业内部的收入差距，导致更大的社会不公。

总之，以上八种基本工资制度各有其特点、适用范围和优缺点，如表7－2所示。

表7－2　常见基本工资制度的比较

工资类型	分配原则	特点	适用对象	优点	缺点
绩效工资制	员工近期绩效	与绩效直接挂钩、工资随绩效浮动	一线操作员工、销售人员	激励效果明显，有利于节约企业人工成本	易促成员工短期行为，不利于提高员工技能和素质，不适合合作性强的复杂工作
职位工资制	职位的价值	升职加薪	职能人员、管理人员	鼓励员工争挑重担，承担责任	激励涉及面受职务限制，鼓励“官本位”
技能工资制	员工所拥有的知识和技能	因人而异，技高薪提	技工等主要依靠知识和技能来创造价值的员工	鼓励员工学习技能，有利于人才队伍建设	技能认证较复杂，易造成企业直接劳动成本和培训成本的增加
能力工资制	胜任本职位所需的知识、技术及所需具备的心理特征	依据成功员工的特点和要素评价和决定该职位所有员工的工资	研发人员、工程技术人员等	能够有力地激发员工之间的竞争行为，有效地刺激员工提高效率	量化并衡量一种能力的程度十分困难
年功序列工资制	根据年龄、工龄、学历和经历确定工资	工龄与工资同步增长	中层及以上管理人员	能稳定员工队伍，满足员工安全感和忠诚度	论资排辈，不利于调动员工积极性

续表

工资类型	分配原则	特点	适用对象	优点	缺点
结构工资制	综合考虑员工年资、能力、职务和绩效	包含基本工资、年功工资、职位工资、绩效工资等多种成分	适用范围广，已被大多数企业采用	综合考虑员工对企业的付出。公平感、激励性好	设计和管理都比较麻烦
谈判工资制	雇主和员工单独谈判决定	一人一薪，严格保密	初创期的民营企业，IT企业一些核心员工	雇主的自由度比较大，有利于控制企业人工成本	缺乏公平性，员工一般处于不利地位
年薪制	综合考虑社会平均工资、企业性质、经营效果等	基薪＋效益年薪	企业经营班子	进一步强化约束机制，激发经营者的工作热情，保护出资者利益	极易造成经营者的特权和腐败，过分拉大企业内部的收入差距，导致更大的社会不公

三、薪酬制度的评价

科学有效的激励机制能够让员工发挥出最佳的潜能，为企业创造更大的价值。激励的方法很多，但是薪酬可以说是一种最重要的、最易使用的方法。它是企业对员工为企业所做的贡献（包括他们实现的绩效、付出的努力、时间、学识、技能、经验和创造）所给付的相应回报和答谢。在员工的心目中，薪酬不仅是自己的劳动所得，它在一定程度上代表着员工自身的价值、代表企业对员工工作的认同，甚至还代表着员工个人能力和发展前景。

目前，薪酬已不是单一的工资，也不是纯粹的经济性报酬。从对员工的激励角度讲，可以将薪酬分为两类：一类是外在激励性因素，如工资、固定津贴、社会强制性福利、企业内部统一的福利项目等；另一类是内在激励性因素，如员工的个人成长、挑战性工作、工作环境、培训等。如果外在性因素达不到员工期望，会使员工感到不安全，出现士气下降、人员流失，甚至招聘不到人员等现象。另外，尽管高额工资和多种福利项目能够吸引员工加入并留住员工，但这些常常被员工视为应得的待遇，难以起到激励作用。

（一）对岗位工资制度的评价

岗位工资有多种形式，包括岗位效益工资制、岗位薪酬工资制、岗位等级工资制，它们的主要特点是对岗不对人。岗位工资制按照一定程序，严格划分岗位，按岗位确定工资；调度的弹性不大，但凡出现员工因认为岗位工资是他们理所当然得到的，认为他们为企业作出的贡献没有得到应有回报的情况，岗位工资就难以发挥应有的激励作用。此时必须作出相应的调整。

（二）对绩效工资制度的评价

绩效工资制度强调员工的工资调整取决于员工个人、部门及企业的绩效，以成果与贡献度为评价标准。工资与绩效直接挂钩，强调以目标达成为主要的评价依据，注重结果，认为绩效的差异反映了个人在能力和工作态度上的差异。绩效工资通过调节绩优与绩劣员工的收入，影响员工的心理行为，以刺激员工，从而达到发挥其潜力的目的。然而，由于影响绩效工资的因素很多，因而在使用过程中存在许多操作性困难。首先，绩效工资可能对员工产生负面影响。有时候，绩效工资的使用会影响“暂时性”绩劣员工的情绪，甚至会将其淘汰，而这种淘汰会引发企业管理成本的大幅增长。其次，绩效工资的效果受外界诸多因素制约。再次，绩效工资的评判标准必须得到劳资双方的共同认可。最后，员工对绩效工资具体方案的真正满意度有时较低。有时绩效评价难免会存在主观因素。这些困难的存在一定程度上影响了绩效工资制度的有效实施，从而降低了激励效用。

（三）对结构工资制度的评价

结构工资制也称混合工资制，是指由几种不同的工资结构组成的工资制度。结构薪酬的设计吸收了能力工资和岗位工资的优点，对不同工作人员进行科学分类，并加大了工资中灵活的部分，其各个工资单元分别对应体现劳动结构的不同形态和要素，因而较为全面地反映了按岗位、按技术、按劳分配的原则，对调动员工的积极性、促进企业生产经营的发展和经济效益的提高，在一定时期起到了积极的推动作用。

（四）对年薪工资制度的评价

年薪制在发达国家已广泛应用。年薪制一般作为高层管理人员使用的薪资方式，是一种“完全责任制”薪资。从人力资源的角度看，年薪制是一种有效的激励措施，对提升绩效有很大作用。年薪制突破了薪资机构的常规，对高层管理人员来说，年薪制代表身份和地位，能够促进人才的建设，也可以提高年薪者的积极性。

年薪制虽有诸多优点，但也有弊端，体现在以下两个方面。

（1）无统一标准。不同国家不同地区经济发展水平差距很大。即使在同一地区，不同行业、不同企业间造成企业效益差距的非经营性因素也很多，因而也不具备太大的参照性。

（2）建立职业经理人机制和利益风险机制是推行年薪制的基本条件。在企业家职业市场化条件下，职业经理人的收录、登记、评价、推荐和跟踪考察工作，由权威的社会中介组织负责。年薪制的普遍推行需要企业内部和外部条件相配合。具备条件情况下，年薪制可能利大于弊，不具备内外条件强行推行则弊大于利。

不同的薪酬制度在不同的企业中实施，激励的效果也存在差异。企业要根据自身实际设计合理的薪酬激励制度。

第三节 旅游企业薪酬管理

一、什么是薪酬管理

薪酬管理指企业在经营战略和发展规划的指导下，综合考虑内外部各种因素的影响，确定自身的薪酬总额、薪酬结构、薪酬体系、薪酬关系、薪酬形式及薪酬政策和制度，并进行薪酬调整和薪酬控制的整个过程。在这个过程中，企业就薪酬水平、薪酬体系、薪酬结构以及特殊员工群体的薪酬做出决策。同时，作为一种持续的组织过程，企业还要持续不断地制订薪酬计划，拟定薪酬预算，就薪酬管理问题与员工进行沟通，同时对薪酬系统的有效性做出评价并不断予以完善。

薪酬管理是企业人力资源管理的一种重要职能活动，是一项影响企业经营目标实现程度的战略管理活动。对旅游企业而言，有效的薪酬管理具有重要的意义。它能吸引和留住员工，实现对员工的激励，改善企业绩效，塑造良好的企业文化等。然而，薪酬管理对企业来说是一个比较棘手的问题，主要是因为企业的薪酬管理系统一般要同时达到公平性、有效性和合法性三大目标，企业经营对薪酬管理的要求越来越高，但就薪酬管理来讲，受到的限制因素却越来越多，除了基本的企业经济承受能力、政府法律法规外，还涉及企业不同时期的战略、内部人才定位、外部人才市场以及行业竞争者的薪酬策略等因素。

二、薪酬管理的特殊性

薪酬管理比起人力资源管理中的其他工作而言，有一定的特殊性，具体表现在三个方面。

（一）敏感性

薪酬管理是人力资源管理中最敏感的部分，因为它牵涉公司每一名员工的切身利益。特别是在人们的生存质量还不是很高的情况下，薪酬直接影响他们的生活水平。另外，薪酬是员工在公司工作能力和水平的直接体现，员工往往通过薪酬水平来衡量自己在企业中的地位。所以薪酬问题对每一名员工来说都很敏感。

（二）特权性

薪酬管理是员工参与最少的人力资源管理项目，它几乎是企业老板的一个特权。老板，包括企业管理者认为员工参与薪酬管理会使企业管理增加矛盾，并影响投资者的利益。所以，员工对企业薪酬管理的过程了解较少。

（三）特殊性

由于敏感性和特权性，每个企业的薪酬管理差别都很大。另外，由于薪酬管理本身就有很多不同的管理类型，如岗位工资型、技能工资型、资历工资型、绩效工资型等，所以，不同企业之间的薪酬管理较难具有参考性。

三、薪酬管理的内容

薪酬管理的基本内容主要包括以下几个方面。

（一）薪酬目标管理

薪酬应该怎样支持企业的战略，又该如何满足员工的需要。根据企业的人力资源战略规划，薪酬管理目标包括三个方面的内容：建立稳定的员工队伍，吸引高素质的人才；激发员工的工作热情，创造高绩效；努力实现企业目标和员工个人发展目标的协调。

（二）薪酬水平管理

薪酬要满足内部一致性和外部竞争性的要求，并根据员工绩效、能力特征和行为态度进行动态调整，包括确定管理团队、技术团队和营销团队薪酬水平，确定跨国企业各子公司和外派员工的薪酬水平，确定稀缺人才的薪酬水平以及确定与竞争对手相似的薪酬水平。

（三）薪酬结构管理

薪酬结构是指企业员工之间的各种薪酬比例及其构成。薪酬结构包括企业工资成本在不同员工之间的分配，职务和岗位工资率的确定，员工基本、辅助和浮动工资的比例以及基本工资及奖励工资的调整等。正确划分合理的薪级和薪等，正确确定合理的级差和等差，以及如何适应组织结构扁平化和员工岗位大规模轮换的需要而合理地确定工资区间，对薪酬管理具有重要意义。

（四）薪酬体系管理

薪酬体系的选择，就是确定员工的基本工资以什么为基础。这不仅包括基础工资、绩效工资、期权股权的管理，还包括如何给员工提供个人成长、工作成就感、良好的职业预期和就业能力的管理。目前，国际上通行的薪酬体系主要有职位（岗位）薪酬体系、技能（能力）薪酬体系和绩效工资体系。

（五）薪酬政策管理

薪酬政策管理是指企业管理者对企业薪酬管理运行的目标、任务和手段的选择与组合，是企业在员工薪酬上所采取的方针策略。薪酬政策具体包括三个方面：一是企业薪酬成本投入政策；二是根据企业的自身情况选择企业合理的工资制度；三是确定企业的工资结构以及工资水平。

（六）薪酬制度管理

薪酬制度管理是对企业薪酬政策的具体化和规范化。例如薪酬决策应在多大程度上向所有员工公开和透明化，谁负责设计和管理薪酬制度，薪酬管理的预算、审计和控制体系又该如何建立和设计等。

四、薪酬管理的流程

（一）职位评价

职位评价又称岗位价值评估，是在职位描述的基础上，对职位的责任大小、工作强度、所需资格条件等特性进行评价，以确定岗位在企业中的相对价值。其核心工作是对岗位本身价值及其对企业贡献度的大小进行评价，从而帮助企业确定不同职位在企业中重要性的高低，以保证薪酬在企业内部的公平性。职位评价是确定薪酬制度的基础。企业管理层要在业务分析和人员分析的基础上，结合企业的经营目标，明确部门职能和职位关系，规范职位体系，编制企业的组织结构系统图。

职位评价有两个目的：一是比较企业内部各个职位的相对重要性，得出职位等级序列；二是为进行薪酬调查，建立统一的职位评估标准，消除不同企业间由于职位名称不同，或即使职位名称相同，但实际工作要求和工作内容不同所导致的职位难度差异，使不同职位之间具有可比性，为确保薪酬的公平性奠定基础。大型企业的职位等级有的多达17级以上，中小企业多采用11～15级。国际上有一种趋势是“减级增距”，即企业内的职位等级正逐渐减少，而薪酬级差变得更大，呈现出宽幅化的特点。

职位评价的方法有许多种，常用的方法有以下几种。

1. 排序法

排序法首先需要列出企业内的所有职位，然后对这些职位做重要性分析比较，并排列出各职位的相对顺序。其工作程序：选择评价职位；取得工作说明书；进行评价排序。这种方法操作简单，耗用的时间和资源少，容易实行。但这种方法过于主观、不精确，一般只适用于职位设置比较稳定、规模小的企业。

排列法又可细分为定限排列法和成对排列法。定限排列法是将一个企业相对价值中最高与最低的职位选择出来，作为高低界限的标准，然后在此限度内，将所有的职位，按其性质与难易程度逐一排列，显示职位与职位之间的高低差异。成对排列法是将企业中所有职位，成对地加以比较。

2. 因素评分法

又称要素计点法，点值法，这是目前应用最为广泛、最精确、最复杂的职位评价方法。它采用的是对评价因素进行量化打分的办法进行职位评价（见表 7－3）。首先，选择关键评价要素和权重，对各要素划分等级，并分别赋予分值，然后对每个岗位进行估值。比如 100 分到 200 分、200 分到 250 分、250 分到 300 分……再按照等级确定薪酬，如表 7－3 所示。其优点是能够量化；可以避免主观因素对评价工作的影响；可以经常调整。缺点是设计比较复杂；对管理水平要求较高；成本相对较高。因素评分法适用岗位不雷同、岗位设置不稳定、对精确度要求较高的企业。

表 7－3　　岗位评估表范例

岗位编号：×××	岗位名称：市场总监	所属部门：集团公司
评价因素	评价分数	备注
（一）组织影响力	100	本岗位专门负责市场销售，处于很重要的位置，影响力应该是满分
（二）监督管理范围	90	本岗位所管的范围、人员还不是全部人员，这个范围在 60 到 100
（三）工作责任领域	90	根据本岗位分管的部门以及分管的人数
（四）任职资格与条件	90	本岗位经验、信任度非常重要，学历等部分虽然不是很重要，要求还是应该高一点，所以打 90 分
（五）工作环境与条件	60	因为本岗位是总部公司领导，一般来说，公司里面的环境条件是不错的，所以给他选了低分值 60 分
评估分数总计	430	

3. 分类法

将各种职位与事先设定的一个标准进行比较来确定职位的相对价值。其工作程序为：职位分析并分类；确定职位类别的数目；对各职位类别的各个级别进行定义；将被评价职位与标准进行比较，将它们定位在合适的职位类别中合适的级别上。这种方法的优点是简单明了，易理解、接受，避免出现明显的判断失误。缺点是划分类别是关键；成本相对较高。主要适用公共部门和大企业的管理岗位企业。

4. 要素比较法

选择普遍存在、工作内容稳定的标尺性岗位确定报酬要素；确定标尺性岗位在各报酬要素上得到的基本工资；将非标尺性岗位进行比较，确定其在各报酬要素上应得到的报酬。其优点是能够直接得到各岗位的薪酬水平。缺点是应用最不普遍；要经常做薪酬调查，成本相对较高；既精确又复杂。适合能够随时掌握较为详细的市场薪酬标准的企业。

（二）薪酬调查

薪酬调查就是通过一系列标准、规范和专业的方法，对市场上各职位进行分类、汇总和统计分析，形成能够客观反映市场薪酬现状的调查报告，为企业提供薪酬设计方面的决策依据及参考。薪酬调查是薪酬设计中的重要组成部分，重点解决的是薪酬的对外竞争力和对内公平性问题，薪酬调查报告能够帮助企业达到个性化和有针对性地设计薪酬的目的。当前，了解某个地区、某个行业的薪酬水平已成为企业人力资源管理的重要内容。

1. 薪酬调查的主要内容

（1）了解企业所在地同行业的工资水平，是薪酬调查的一项重要内容。

（2）还要了解本地区的工资水平，不同地区因为生活水平、生产发展水平不同，工资水平可能差别较大。

（3）调查工资结构。

2. 薪酬调查的作用

“内具公平性，外具竞争力”是企业薪酬体系的建设目标。其中，薪酬制度的对外竞争性主要是通过外部薪酬调查，掌握市场薪资水平并结合本企业的实际情况来实现的。

（1）外部竞争性：通过市场薪酬调查，了解市场薪酬水平及动态，尤其是同行业其他企业的薪酬水平，检查分析本企业各岗位薪酬水平的合理性，以保持企业薪酬分配的对外竞争力，做到外部公平。

（2）内部公平性：通过企业员工薪酬满意度调查，可以了解员工对企业薪酬管理的评价以及期望，了解员工对薪酬分配公平性的看法，了解员工是否认为企业做到了外部公平——员工的薪酬与市场水平大体相当、内部公平——员工的薪酬与其工作价值大体相当、个人公平——员工的薪酬与其个人、所在小组（或部门）的业绩相当。

3. 薪酬调查的渠道

目前，比较通用的薪酬调查的渠道主要有以下三种。

（1）企业之间开展相互调查

现阶段薪酬调查系统和服务还没有完善，薪酬调查中最可靠和最经济的渠道是企业之间的相互调查。可以采取与相关企业的人力资源部门进行联系，或者通过协会等机构进行联系的方式。但是薪酬管理政策及薪酬数据在许多企业属于头等商业秘密，普遍实行密信制管理。因此，企业间尤其是主要竞争对手间交换薪资信息的可能性微乎其微。

（2）委托专业机构进行调查

为了实现获取薪酬决策参考依据的目标，企业可以考虑委托专门机构进行调查，通过参与调查或购买调查数据的方法进行。委托专业机构调查会减少人力资源部门的工作量，避免企业之间大量的协调工作，拓宽获取信息的渠道。但它需要向委托的专业机构支付一定的费用，而且专业机构鱼龙混杂，咨询企业资信业绩直接影响薪酬调查的参考价值。

（3）查询社会公开信息

对比上面两种方法，公开的信息源比较广泛。例如有些企业在发布招聘广告时，会写上薪金待遇，调查人员稍加留意就可以了解到这些信息。另外，某些城市的人才交流部门也会定期发布一些岗位的薪酬参考信息。再者，目前一些人力资源专业网站会定期依据不同的市场细分对象，进行相关的薪资水平及福利制度实施状况的“在线网络调研”。例如某人才招聘网推出的“英才薪资指数”调研结果，范围涉及40余个城市，30多个行业，28种职业的2.1万多名网民。这些公开信息可以从不同方面提供市场薪资动态，但也有一些明显的缺点：一是时间的滞后性，公共信息中多为政府、行业公开的报告，其时间滞后的特点比较显著；二是收集效果属于“广种薄收”型。公共信息覆盖面广，需要在各种公共信息渠道中随时进行广泛收集，工作量较大。而对于企业而言需要的是个性化信息。公共信息虽然信息量大，但针对性差，对于个别制度或政策有参考价值，对于整体薪资政策的参考利用度则比前两种低。

4. 薪酬调查的程序

（1）确定调查目的

首先要弄清调查的目的和调查结果的用途，再开始制订调查计划。一般而言，薪酬调查的主要目的是：帮助制订新参加工作人员的起点薪酬标准，帮助查找企业内部工资不合理的岗位，帮助了解同行业企业调薪时间、水平、范围等，了解当地工资水平并与本企业比较，了解工资动态与发展趋势。

（2）确定调查范围

根据调查的目的，可以确定调查的范围。调查的范围主要是确定以下问题：需要对哪些企业进行调查？需要对哪些岗位进行调查？需要调查该岗位的哪些内容？调查的起止时间？咨询专家认为，低薪或无专长的普遍工种岗位，薪酬调查以企业所在地为调查地区，因为这一类劳动力流动区域一般局限在当地，这样的调查费用也比较低。企业所需的高新技术人才和行政、管理岗位的复合型人才，由于这些人的学历一般较高，流动性比较大，最好进行全国性的工资调查，以利于留住这些人才。介于两者之间的中级技术人员和管理人员，可结合当地薪酬调查水平和全国薪酬调查水平综合确定。

（3）选择调查方式

确定了调查的目的和调查范围，就可以选择调查的方式。一般来讲，首先可以考虑企业之间的相互调查。企业的人力资源部门可以与相关企业的人力资源部门进行联系，或者通过行业协会等机构进行联系，促成薪酬调查的展开。若无法获得相关企业的支持，可以考虑委托专业机构进行调查。具体的调查形式普遍采用的是问卷法和座谈法（也称面谈法）。如果采取问卷法要提前准备好调查表，如果采取座谈法，要提前拟好问题提纲。

（4）整理和分析调查数据

在进行完调查之后，要对收集到的数据进行整理和分析。在整理中要注意将不同岗位和不同调查内容的信息进行分类，并且在整理的过程中要注意识别是否有错误的信息。最后，根据调查的目的，有针对性地对数据进行分析，形成最终的调查结果。

（三）薪酬结构设计

薪酬结构是指企业中各种工作或岗位之间薪酬水平的比例关系，包括不同层次工作之间报酬差异的对比值和不同层次工作之间报酬差异的绝对水平。

1. 薪酬结构的内容

薪酬结构包含以下三方面内容：

（1）企业内部以职位或等级区分的薪酬等级的数量。

（2）同一薪酬等级内部的薪酬变动范围（或薪酬变动比率）。

（3）相邻两个薪酬等级之间的交叉与重叠关系。

2. 薪酬结构的设计与调整

（1）调整的原因

由于劳动力市场价格、组织结构、竞争对手薪酬结构等方面的调整，以及新员工的加盟，促使原薪酬结构失去合理性，不被多数员工所认可，因而起不到应有的激励作用，此时，必须对薪酬结构作适当的调整使之与变化的情况相适应。

（2）薪酬结构的设计与调整

薪酬结构的设计与调整应当遵循三个原则，即公平性、激励性和可操作性。常用的薪酬结构的设计与调整方法包括：增加薪酬等级、减少薪酬等级、调整不同等级的人员规模和薪酬比例。

3. 薪酬结构的策略

薪酬结构主要是企业总体薪酬所包含的固定部分薪酬（主要指基本工资）和浮动部分薪酬（一般指奖金和绩效工资）所占的比例。供企业选择的薪酬结构策略有三种，如表 7－4 所示。

表 7－4　　　　三种薪酬模式的比较表

	高弹性薪酬模型	高稳定薪酬模型	调和性薪酬模型
特点	绩效工资是薪酬结构的主要组成部分，基本工资等处于非常次要的地位，所占的比例非常低（甚至为零）	基本工资是薪酬结构的主要组成部分，绩效工资等处于非常次要的地位，所占的比例非常低（甚至为零）	绩效工资和基本工资各占一定的比例

续表

	高弹性薪酬模型	高稳定薪酬模型	调和性薪酬模型
优点	对员工的激励性很强，员工的薪酬完全依赖于其工作绩效的好坏	员工收入波动很小，员工安全感很强	对员工既有激励性又有安全感
缺点	员工收入波动很大，员工缺乏安全感及保障	缺乏激励功能，容易导致员工懒惰	必须制订科学合理的薪酬系统

（1）高弹性薪酬模式

这是一种激励性很强的薪酬模型，绩效工资是薪酬结构的主要组成部分，基本工资等处于非常次要的地位，所占的比例非常低（甚至为零）。即薪酬中固定部分比例比较低，而浮动部分比例比较高。这种薪酬模型，员工能获得多少薪酬完全依赖于工作绩效的好坏。当员工的绩效非常优秀时，薪酬非常高，而当绩效非常差时，薪酬则非常低甚至为零。

（2）高稳定薪酬模式

这是一种稳定性很强的薪酬模型，基本工资是薪酬结构的主要组成部分，绩效工资等处于非常次要的地位，所占的比例非常低（甚至为零）。即薪酬中固定部分比例比较高，而浮动部分比较少。这种薪酬模型，员工的收入非常稳定，几乎不用努力就能获得全额的薪酬。

（3）调和型薪酬模式

这是一种既有激励性又有稳定性的薪酬模型，绩效工资和基本工资各占一定的比例。当两者比例不断调和变化时，这种薪酬模型可以演变为以激励为主的模型，也可以演变为以稳定为主的薪酬模型。

企业在进行薪酬设计时，还可以选择一种叫作混合型的薪酬结构策略。这种策略的特点是针对不同的岗位、不同人才的特点选择不同的薪酬结构策略，如严格要求自己、努力上进，而且喜欢接受挑战的员工可以采用高弹性的薪酬模型，对于老老实实做事、追求工作和生活稳定的员工可以采用高稳定型的薪酬模型。

4. 薪酬结构类型

几种基本的薪酬结构类型，如表 7－5 所示。

表 7－5　　几种基本的薪酬结构类型

薪酬结构类型	特点	优点	缺陷	适用企业	举例
以绩效为导向	员工薪酬主要根据其近期劳动绩效来决定，员工的薪酬随劳动绩效量的不同而变化	激励效果好	重视眼前利益，不重视长期发展；重视自己绩效，不重视与人合作、交流	任务饱满，有超额工作的必要；绩效能自我控制，员工可以通过主观努力改变绩效等	计件工资、销售提成工资、效益工资等
以工作为导向	员工薪酬主要根据其所担任职务的重要程度、任职要求的高低以及劳动环境对员工的影响等来决定	有利于激发员工的工作热情和责任心	无法反映在同一职务（或岗位）工作的员工技术、能力和责任心不同而引起的贡献差别	适用于工作之间责权利明确的企业	岗位责任制、职能工资制
以能力为导向	员工薪酬主要根据员工所具备的工作能力与潜力来确定	有利于激励员工提高技术、能力	忽略了工作绩效及能力的实际发挥程度，企业薪酬成本较高	适用于技术复杂程度高、劳动熟练程度差别较大的企业，或是处在艰难期，急需提高企业核心能力的企业	职能工资、能力资格工资、技术等级工资
组合薪酬结构	将薪酬分解成几个组成部分，分别依据绩效、技术和培训水平、职务（或岗位）、年龄和工龄等因素确定薪酬	全面考虑了员工对企业的投入	—	各种类型的企业	岗位技能工资、薪点工资制、岗位效益工资

（四）薪酬调整

薪酬调整是指企业在建立系统的体现内部公平和对外具备竞争力的薪酬管理系统后，根据发展战略、市场、人员、市场变化的需要，和企业内部问题解决的需要，在不损坏薪酬管理体系系统性的基础上，所进行的权重比例的调整。薪酬制度一经建立，就应严格执行。在保持相对稳定的前提下，还应随着企业经营状况和市场薪酬水平的变化作相应的调整。薪酬调整是在企业战略调整过程中利益的再分配，是薪酬管理过程中非常重要的工作。从理论而言，薪酬调整服务并促进企业战略的实现，但在现实操作中，由于很多企业在战略制订过程中很少甚至根本就没有考虑人力资源因素对企业战略的影响，因此，薪酬调整常常出现这样的局面：从理论分析而言，薪酬调整方案是能够促进企业战略的，但在实际操作中，由于调整后的薪酬体系利益再分配极大程度上触及了某部分群体的利益，并且新的薪酬方案背后蕴含的价值观得不到员工的认同，结果往往是新的薪酬体系被群起而攻之，最终影响了企业业绩。

1. 工资定级性调整

是对那些原来本没有工资等级的员工进行定级，包括对试用期满或没有试用期但办完入职手续的新员工的工资定级，包括军队转业人员，已工作但新调入企业的员工。

2. 物价性调整

物价性调整是为了补偿因物价上涨给员工造成经济损失而实施的一种工资调整方法。

企业可以建立员工工资水平与物价指标自动挂钩的体系。在保持挂钩比例稳定的同时，实现物价上涨对工资水平造成损失的补偿。但是在设定挂钩比例时，要注意“时滞”性问题，即加薪总是跟在通货膨胀后面，所以它们之间总是有一定的差距。员工工资水平与物价指标自动挂钩设计的好坏决定这个差距的大小。

3. 工龄性调整

如果企业的薪酬构成中包含了年功工资，那么这样的企业普遍采取的提薪方式就是工龄性调整。

随着时间的推移和员工在本企业连续工龄的增加，要对员工进行提薪奖励。

工龄性调整是把员工的资历和经验当作一种能力和效率予以奖励的工资调整方法。

4. 奖励性调整

奖励性调整一般是当一些员工做出了突出的成绩或重大的贡献后，为了使他们保持这种良好的工作状态，并激励其他员工积极努力并向他们学习而采取的薪酬调整方式。

奖励的办法和形式多种多样，有货币性的，也有非货币性的；有立即给予的，也有将来兑现的；有一次性支付的，也有分批享用和终身享用的。

5. 效益性调整

效益性调整又称普调，是一种当企业效益提高时，对全体员工给予等比例奖励的薪酬调整方法，类似于不成文的利润分享制度。

由于它在分配上的平均主义原则，使得它对员工的激励作用是有限的。特别是对企业发展作出巨大贡献的关键员工，他们的积极性会大大受挫；而偷懒的员工却一样可以“搭便车”，奖金照拿不误。

6. 考核性调整

考核性调整是根据员工的绩效考核结果，每达到一定的合格次数即可以提升一个薪酬档次的调整工资的方法。

复习与练习

一、填空题

1. ________是以员工的工作年限，即按照连续工龄或本企业工龄决定其工资标准，并且随工龄增加逐年增加的工资制度。

2. “________________________”是企业薪酬体系的建设目标。

3. 薪酬调查的渠道主要有 3 种：____________、____________、____________。

二、选择题

1. ____是指根据岗位技术含量、责任大小、劳动强度和环境优劣确定职级，以企业经济效益、人力资源价位确定工资总量，以职工的劳动成果为依据支付劳动报酬的工资制度。

A. 职位工资制　　B. 技能工资制

C. 能力工资制　　D. 绩效工资制

2. ____是指企业中各种工作或岗位之间薪酬水平的比例关系，包括不同层次工作之间报酬差异的相对比值和不同层次工作之间报酬差异的绝对水平。

A. 职位评价　　B. 薪酬调查

C. 薪酬结构　　D. 薪酬调整

3. ____是目前应用最为广泛、最精确、最复杂的职位评价方法。它采用的是对评价因素进行量化打分的办法进行职位评价。

A. 因素评分法　　B. 排序法

C. 分类法　　D. 要素比较法

4. ____又称普调，是一种当企业效益提高时，对全体员工给予等比例奖励的薪酬调整方法，类似于不成文的利润分享制度。

A. 考核性调整　　B. 效益性调整

C. 奖励性调整　　D. 工龄性调整

5. ____是在职位描述的基础上，对职位的责任大小、工作强度、所需资格条件等特性进行评价，以确定岗位在企业中的相对价值的过程。

A. 绩效考评　　B. 薪酬调查

C. 薪酬结构　　D. 职位评价

三、简答题

1. 什么是薪酬管理？它有哪些特殊性？

2. 薪酬调查的主要内容有哪些？

3. 简述薪酬调查的程序。

实训项目

【实训名称】制订薪酬方案

【实训内容】

1. 调查旅游企业薪酬管理情况。

2. 全面了解旅游企业的岗位评价、薪酬调查程序、薪酬结构设计及薪酬结构调整情况。

3. 制订某企业的薪酬方案。

【实训步骤】

1. 全班同学按照5～8人/组自由组合成调查小组，利用课余时间，选择当地一些旅游企业进行调查与访问。

2. 在调查访问之前，每组需根据课程所学知识经过讨论制订调查访问提纲，主要包括调研的主要问题与具体安排。

3. 调查、收集和整理旅游行业的薪酬管理资料。

4. 了解旅游企业在薪酬管理中的岗位评价、薪酬调查程序、薪酬结构设计及薪酬结构调整情况。

5. 利用本项目所学的薪酬结构设计的思路与方法，根据薪酬体系设计思路，设计某旅游企业薪酬结构，制订一份完整的薪酬管理方案。

【实训点评】

1. 调查前，每个小组要制订调查计划。

2. 小组成员分工协作实施调查，分别整理调查内容，然后汇总进行讨论。

3. 安排一次报告会，以小组为单位，每组派代表就本小组制订的薪酬管理方案做陈述和答辩。

4. 教师根据学生的薪酬管理方案和陈述答辩的表现给予评价打分。纳入学生实训课考核之中。

第八章　劳动关系管理

从人力资源管理角度考察，和谐劳动关系是提升企业员工工作积极性、开发员工技能价值、促进员工不断创新的关键。劳动关系管理作为旅游企业和谐劳动关系构建过程中至关重要的一个环节，作用越来越显著。一般来说，劳动关系管理工作落实到位，旅游企业的和谐稳定就能得到充分的保障。通过本章学习，会达到如下学习目标：

1. 理解劳动关系的基本含义及其基本原则。
2. 理解劳动关系管理的含义及处理劳动关系的基本原则。
3. 掌握劳动合同的基本内容、鉴证、履行、续订、变更及解除。
4. 掌握劳动争议的特点、处理原则、处理程序及预防措施。

案例引导

明确与导游之间的劳动关系规避经营风险

每年旅游旺季，来自国内国外的旅游者纷纷涌向北京，造成接待量大的一些旅行社导游紧缺，其接待能力受到限制，某旅行社集团有限公司就是这种状况。其为了救急在网上发帖子招聘导游，王某某是其选定的导游之一。该旅行社集团有限公司与王某某之间既没有签订劳动合同明确双方的权利和义务，也没有经过适当的培训就让王某某上岗带团。王某某带第一个团表现不错。旅行社放心地派给他第二个团，此团行程未结束，社里就接到旅游局转来的客人投诉，这时旅行社才知道王某某私自把此团转给另一个导游李某，李某带客人购物、甩景点、收小费等引起游客的不满。旅游局要求旅行社从大局出发，先解决投诉再解决与导游的纠纷。旅行社赔偿每位游客 600 元，延长游客在京时间后，才平息了矛盾。

之后当该旅行社集团有限公司欲找王某某理论时，王某某却避而不见，称很忙没时间。该旅行社集团有限公司对王某某的行为非常气愤，认为其不但给旅行社造成了经济损失，更主要的是影响了自己的客户，于是将王某某举报到执法大队要求处理。执法大队看过材料后，告知该旅行社集团有限公司，暂时无法处理。该旅行社集团有限公司便咨询律师，律师了解情况后认为执法大队的答复并无不妥。首先，仅凭几个已离京的外地游客的投诉不能查清事实；其次，在导游王某某和李某都未出现，且旅行社对行程无法确认的情况下，认定导游违规的证据较为欠缺，尚不能进行处理。该旅行社集团有限公司听后只能暗自叫苦，后悔当初用人不慎，对王某某缺乏了解。

上述案例反映了目前一些旅行社与导游之间关系的现状。旅行社与导游之间平时互不承担任何责任，在利益面前又都只考虑自己，表面上看是一方损害了另一方的利益，但实质受损害的是消费者的利益和整个旅游市场秩序。经向一些业内人士了解，旅行社不愿“养导游”、不愿明确与导游之间的劳动关系或签订劳动合同，除了其行业特点外，主要是有以下顾虑：①会增加旅行社的经营成本；②导游流动性强，难以管理；③旅游业分淡旺季，导游不好调配；④导游靠自己的服务获得收入，这是行业惯例。以上顾虑确实有一定的现实基础。但利弊相比，旅行社与导游劳动关系的不确定，同样会给旅行社带来很大的经营风险。归纳起来主要风险有：①双方权利义务不确定的风险。当一方损害另一方利益，或一方向另一方主张权利时，由于没有书面合同，双方承担什么责任难以判断。②法律风险。《中华人民共和国劳动合同法》中加重了用人单位违法用工的法律责任和处罚力度，一旦被执法机关认定双方存在劳动关系，旅行社除应承担补发工资、补缴社会保险等应尽义务外，可能还会受到行政处罚或双倍的赔偿。③服务质量的风险。旅行社作为服务行业，其所提供的服务是靠导游或领队实现的，导游与旅行社之间不规范的劳动关系，必然影响旅行社的服务质量。

从国家发展的大背景看，明确旅行社与导游之间的劳动关系是大势所趋。依法规范双方劳动关系，不但可以消除旅行社经营者的前述顾虑，还可以防范一定的经营风险。其理由是：①科学地利用劳动合同，将旅行社的制度要求写在合同中，明确了导游的责权利以及违约责任。②旅行社通过录用导游，可以详细收集、核实导游个人资料，如果出现故意或过失给单位造成损失，单位可以向导游要求赔偿。③双方签订劳动合同，旅行社按照规定给导游缴纳社保，如果导游在带团中出现意外事件，社保可以分担旅行社的风险。④相对稳固的劳动关系，增加了企业的凝聚力，减少了劳动者的后顾之忧，无疑增加了企业的核心竞争力。

另外，用人单位与劳动者签订劳动合同并不需要统一模式。旅行社可以根据自己的业务量和需求，与导游签订一定期限的劳动合同、无固定期限的劳动合同和为完成一定任务的劳动合同等。

第一节　劳动关系与劳动关系管理

一、劳动关系

劳动关系又称为劳资关系，主要指企业所有者、经营管理者、普通员工和工会组织之间在企业的生产经营活动中形成的各种责、权、利关系。劳动关系的基本内容包括以下几个方面：劳动者与用人单位之间在工作内容、休息时间、劳动报酬、劳动安全、劳动卫生、劳动纪律及奖惩、劳动保护、职业培训等方面形成的关系。此外，与劳动关系密不可分的关系还包括劳动行政部门与用人单位、劳动者在劳动就业、劳动争议以及社会保险等方面的关系；工会与用人单位、员工之间因履行工会的职责和职权，代表和维持员工合法权益而发生的关系等。

（一）劳动关系的法律特征

《中华人民共和国劳动法》中所规范的劳动关系，主要包括以下三个法律特征：

(1) 劳动关系是在现实劳动过程中所发生的关系，与劳动者有着直接的联系。

(2) 劳动关系的双方当事人，一方是劳动者，另一方是提供生产资料的劳动者所在单位。

(3) 劳动关系的一方劳动者，要成为另一方所在单位的成员，要遵守单位内部的劳动规则以及有关制度。

（二）劳动关系的基本内容

(1) 劳动者与用人单位之间在工作内容、休息时间、劳动报酬、劳动安全、劳动卫生、劳动纪律及奖惩、劳动保护、职业培训等方面形成的关系。

（2）与劳动关系密不可分的关系还包括劳动行政部门与用人单位、劳动者在劳动就业、劳动争议以及社会保险等方面的关系。

（3）工会与用人单位、职工之间因履行工会的职责和职权，代表和维持职工合法权益而发生的关系等。

（三）建立劳动关系的原则

建立劳动关系的原则是指由劳动立法所确定的用人单位在招收、录用员工时应遵循的基本法律准则。根据有关法律，用人单位在招聘录用员工时应坚持以下基本原则。

1. 平等原则

包括两个方面的内容：一是劳动者享有平等的就业权利；二是劳动者享有平等的就业机会，不因种族、民族、性别及宗教信仰不同而受到不同和不公正的待遇。

2. 公开原则

公开原则是指劳动者通过企业或组织公开招聘考核获得就业岗位的原则。1992 年颁发的《全民所有制工业企业转换经营机制条例》等法规明确规定了企业在招聘员工时必须遵守“面向社会、公开招收、全面考核、择优录取的原则”。

3. 互选原则

互选原则即劳动者自由选择用人单位，而用人单位自主选择和优先录取劳动者。《中华人民共和国劳动法》第三条、《全民所有制工业企业转换经营机制条例》第十七条以及《私营企业劳动管理暂行规定》第六条等规定了企业对劳动者的用工自主权和择优录取权。

4. 照顾特殊群体的原则

《中华人民共和国劳动法》第十四条、《中华人民共和国残疾人保障法》第四章、《女职工劳动保护特别规定》第三条、《中华人民共和国兵役法》第五十六条以及《中华人民共和国民族区域自治法》第二十三条等分别对妇女、残疾人、少数民族人员、退出现役的军人等特殊群体的就业以具体的规定，对谋求职业有困难的或处境不利的上述人员给予特殊的照顾。

5. 禁止未成年人就业的原则

《中华人民共和国劳动法》第十五条规定，禁止用人单位招用未满十六周岁的未成年人，国务院颁布的《禁止使用童工规定》也有明确规定。

6. 先培训后就业的原则

《中华人民共和国宪法》第四十二条规定，国家对就业前的公民进行必要的劳动就业训练。《中华人民共和国劳动法》第六十八条规定：“用人单位应当建立职业培训制度，按照国家规定提取和使用职业培训经费，根据本单位实际，有计划地对劳动者进行职业培训。从事技术工种的劳动者，上岗前必须经过培训。”

二、劳动关系管理

劳动关系管理是指通过规范化、制度化的管理，使劳动关系双方（企业与员工）的行为得到规范，权益得到保障，维护稳定和谐的劳动关系，促使企业经营稳定运行。

（一）正确处理与不断改善劳动关系的意义

（1）保障企业与员工的互择权，通过适当的流动实现生产要素的优化组合。

（2）保障企业内部各方面的正当权益，开发资源潜力，充分调动员工积极性。

（3）改善企业内部劳动关系，尊重、信任、合作，创造心情舒畅的工作环境。

（二）改善劳动关系的途径

（1）依法制定相应的劳动关系管理规章制度，进行法制宣传教育；明确全体员工各自的责、权、利。

（2）培训经营管理人员。提高其业务知识与法律意识，树立良好的管理作风，增强经营管理人员的劳动关系管理意识，掌握相关的原则与技巧。

（3）提高员工的工作生活质量，进行员工职业生涯设计，使其价值观与企业的价值观重合，这是改善劳动关系的根本途径。

（4）员工参与民主管理。企业的重大决策，尤其涉及员工切身利益的决定，在员工的参与下，可以更好地兼顾员工的利益。

（5）发挥工会或职代会及企业党组织的积极作用。通过这些组织协调企业与员工之间的关系，避免矛盾激化。

（三）处理劳动关系的基本原则

1. 要兼顾各方利益

“不患寡而患不均”，在一个企业中要保持各方面的和谐合作关系，首要就是兼顾各方面的利益而不是偏颇一方损害另一方的利益。为此，企业的管理人员在处理各方面关系以及分配员工既得利益时要实事求是，让各方都得到他们的应得利益，这样才能提高各方的满意度，企业才有发展的可能。

2. 要以协商为主解决争议

当企业内部劳动关系紧张而发生劳动争议时，应尽量采取协商的办法解决，不应轻易采取极端行动，如怠工、蓄意破坏、罢工、游行和开除等，以免形成尖锐的对立和造成不良的社会影响，这对两方都会造成比较大的损失。在处理劳动争议时，应尽量遵循协商解决问题的原则。这样既比较节省时间，又不伤感情，双方都有很大的回旋余地。

3. 及时处理的原则

一旦企业发生了劳动争议，企业及其管理人员一定要及时准确地了解情况，进行适当的处理。

4. 以法律为准绳

正确处理企业内部劳动关系一定不能随心所欲，要以国家有关法律法规为依据。为此，企业各方都要认真学习《中华人民共和国劳动法》及相关的法律法规，依法办事。凡是涉及企业各方责权利关系的应尽量签订契约、合同或依规章制度、章程处理，出现问题应及时找法律专家咨询。以法律规定协调各方关系，可以减少许多因不合理要求而造成的争端。

5. 劳动争议以预防为主

企业经营管理人员除了要关心企业生产经营活动外，还应当花一部分精力做好人力资源的开发与管理，协调好各方面的关系，化解企业内部已经发生和将要发生的矛盾。作为管理人员应经常分析劳动关系形式，了解员工的情绪，预见可能发生和存在的问题，及时加以沟通并采取有效措施，使矛盾得到及时解决，而不能等到矛盾已经激化才去处理。

6. 明确管理责任

处理劳动关系是企业经营管理中一项重要实务，应当明确各层次管理人员改善劳动关系的责任，有条件的企业应在工会之外再设立必要的、正式的或非正式的机构来处理劳动关系，并配备专职或兼职人员。例如，美国大中型企业都有工共关系部负责处理有关劳动关系问题。

三、企业劳动关系管理制度的制定

企业劳动关系管理制度是指用人单位根据国家法律、法规制定的，并根据本单位实际情况，在组织劳动过程和进行劳动管理过程中的办法、规则的总和。

（一）企业劳动关系管理制度的特点

（1）制定主体特定性：企业为主体，以公开、正式的行政文件为表现形式。

（2）行为共同性：企业和劳动者共同的行为规范。

（3）经营权与民主管理权相结合：企业员工既有权参与，又有权监督实施。

（4）与劳动合同条款的统一性。

（二）基本内容

（1）劳动合同管理制度。劳动合同管理制度包括劳动合同履行的原则，员工招收录用条件、招工简章、劳动合同草案、有关专项协议草案审批权限的确定，员工招收录用计划的审批、执行权限的划分，劳动合同续订、变更、解除事项的审批办法，试用期考察办法，员工档案的管理办法，应聘人员相关材料保存办法，集体合同草案的拟定、协商程序，解除、终止劳动合同人员的档案移交办法、程序，劳动合同管理制度修改、废止的程序等。

（2）劳动纪律。劳动纪律包括时间规则、组织规则、岗位规则、协作规则、品性规则及其他规则。

（3）劳动定员定额规则，包括编制劳动定员规则、劳动定额规则。

（4）制定劳动岗位规范规则。

（5）劳动安全卫生制度。

（6）其他制度。

（三）劳动关系管理制度制定的程序

1. 员工参与

劳动者通过员工大会、员工代表大会或其他形式参与民主管理。

2. 正式公布

应当以合法有效的形式公布，通常为以企业法人代表人签字和加盖公章的正式文件的形式公布。

第二节 旅游企业劳动合同管理

劳动合同是劳动者和用人单位之间确立、变更和终止劳动权利和义务的协议，是用人单位招用劳动者为本单位成员，劳动者在用人单位管理、指挥、监督下提供有偿劳动的协议。《中华人民共和国劳动法》第十六条规定："劳动合同是劳动者与用人单位确立劳动关系、明确双方权利和义务的协议。"第十七条规定："劳动合同依法订立即具有法律约束力，当事人必须履行劳动合同规定的义务。"第十九条规定："劳动合同应当以书面形式订立，并具备以下条款：（一）劳动合同期限；（二）工作内容；（三）劳动保护和劳动条件；（四）劳动报酬；（五）劳动纪律；（六）劳动合同终止的条件；（七）违反劳动合同的责任。"

一、劳动合同的订立和鉴证

（一）劳动合同的订立

1. 劳动合同的订立原则

劳动合同的订立是指劳动者与企业之间，就劳动合同的条款经过协商一致，达成协议，并以书面形式明确双方权利义务的法律行为。《中华人民共和国劳动法》第十七条还规定："订立和变更劳动合同，应当遵循平等自愿、协商一致的原则，不得违反法律、行政法规的规定。"明确规定劳动者与企业签订和变更劳动合同必须遵循三项根本的原则：

（1）平等自愿的原则，指签订和变更劳动合同的双方在法律地位上是平等的，并完全出于双方当事人自己的真实意见。

（2）协商一致的原则，指双方就合同的所有条款进行充分协商，达成意思一致。

（3）合法原则，即遵守国家法律、行政法规的原则，不得违反劳动合同的合法原则。另外，劳动合同的签订也不得违反公共秩序和良俗的原则。

2. 劳动合同订立的程序

合同的订立一般要经过要约和承诺两个程序阶段，劳动合同的订立也不例外。劳动合同的订立程序是指劳动合同在订立过程中必须履行的手续和必须遵循的步骤。也要经过要约和承诺两个阶段，共有两大步骤。

第一，企业或组织提出要约，并寻找和确定被要约方。这个阶段包括四个步骤：一是企业或组织公布招聘简章；二是劳动者自愿报名；三是全面考核；四是择优录取。

第二，签订劳动合同，完成要约和承诺的全过程。这个阶段分为五个步骤：一是企业或组织提出劳动合同草案；二是向劳动者介绍企业内部劳动规章制度；三是双方协商劳动合同内容；四是双方签约；五是合同鉴证机构或劳动主管部门证实签订合同。

3. 劳动合同订立的注意事项

第一，劳动合同的当事人必须具备法定的资格。劳动者必须是年满 18 周岁以上具有劳动权利能力和劳动行为能力的公民，企业一方不仅要具有法人资格，而且应是经国家有关部门批准具有招收员工、订立劳动合同资格的组织。

第二，劳动合同的内容必须合法，即当事人双方约定的劳动权利义务，不得违反国家的有关法律政策。

第三，订立劳动合同的程序必须合法，即要符合面向全社会、公开招收、自愿报名、全面考核、择优录用的具体原则。

第四，劳动合同的形式必须合法。根据《中华人民共和国劳动法》规定，签订劳动合同，必须采用书面的形式。

（二）劳动合同鉴证

劳动合同鉴证是指劳动行政主管部门审查、证明劳动合同真实性、合法性的一项行政监督措施，劳动行政主管部门鼓励和提倡用人单位和劳动者进行劳动合同鉴证。

1. 劳动合同鉴证审查的内容

劳动行政机关鉴证劳动合同时，主要从三个方面审查合同的合法性。

（1）资格审查

主要是审查劳动合同关系双方的劳动行为能力和劳动权利能力以及各自代表（或代理人）的代理行为、权限是否有效、合法。

（2）行为审查

主要审查劳动合同关系双方签订合同的行为是否符合国家的有关规定，双方是否在完全平等、自愿的前提下签订合同，双方签订的合同有无损害第三方或社会公共利益的行为。

（3）内容审查

主要审查劳动合同是否违反国家法律、法规和政策；审查劳动者年龄、身体状况是否具有履行合同的能力；审查用人单位的资产状况是否能支付劳动者全部劳动报酬和社会保险福利费用；审查合同双方当事人权利和义务是否明确、公平；审查合同条款是否完备，形式是否合法，文字表述是否清楚、准确等。

2. 劳动合同鉴证的程序

（1）当事人申请

劳动合同签订后，当事人双方要向劳动合同鉴证机关提出对劳动合同进行鉴证的口头或书面申请。用人单位可以由法定代表人委托授权代理人，如劳资处、科长或其他工作人员，但必须出具委托书，明确授权范围。申请劳动合同鉴证的当事人，应当向鉴证机关提供相关材料，包括劳动合同书及其副本、营业执照或副本、法定代表人或委托代理人资格证明、被招用人员的身份证或户籍证明、被招用人员的学历证明、体检证明和“劳动手册”及其他有关证明材料。

（2）鉴证机关审核

鉴证机关的鉴证人员按照法定的鉴证内容，对当事人提供的劳动合同书及有关证明材料进行审查、核实。在劳动合同鉴证过程中，鉴证人员对当事人双方提供的鉴证材料，认为不完备或有疑义时，应当要求当事人做必要的补充或向有关单位核实；鉴证人员有权就劳动合同内容的有关问题询问双方当事人；对于内容不合法、不真实的劳动合同，鉴证人员应立即向当事人提出纠正：当事人对鉴证人员的处理认为有不当之处时，可以向鉴证人员所在的劳动行政机关申诉，要求作出处理。劳动合同鉴证申请人应当按照有关规定向鉴证机关缴付鉴证费。

（3）确认证明

劳动合同鉴证机关经过审查、核实，对于符合法律规定的劳动合同，应予以确认，由鉴证人员在劳动合同书上签名，加盖劳动合同鉴证章，或附上加盖劳动合同鉴证章和鉴证人员签名的鉴证专页。

二、劳动合同的履行

劳动合同的履行，是指企业劳动合同订立以后，劳动者和管理者双方当事人按照合同条款的要求，共同实现劳动过程和相互履行权利和义务的行为和过程。企业劳动合同是依法订立的，双方当事人必须履行合同，这是法律要求双方当事人应尽的义务；同时，也是合同具有法律效力的集中体现。

企业劳动合同的履行，又分为全部履行和不适当履行两种。全部履行，是指合同双方当事人履行合同中规定的全部义务和实现合同中规定的全部权利。不适当履行，是指合同双方当事人或一方当事人只履行合同中规定的部分义务，或只实现合同中规定的部分权利。

企业劳动合同履行的理想模式是全部履行，双方当事人均实现自己的全部权利和履行自己的全部义务，但由于这样或那样的原因，双方当事人自己的责任、企业经营状况的变化以及社会经济宏观环境的改变等，都可能使双方当事人不能够或不愿意按照合同的条款一一履行，这时，合同的不适当履行也就出现了。可以说，企业劳动合同的这种不适当履行是经常出现的。从政府和立法角度来说，要尽量避免和减少企业劳动合同的这种不适当履行，或尽量减少合同条款的不履行程度和比例，促进合同的全部履行，或提高合同的履行程度和比例。

（一）劳动合同履行的原则

1. 实际履行的原则

所谓实际履行的原则，就是指合同双方当事人要按照合同规定的标的履行自己的义务和实现自己的权利，不得以其他标的或方式来代替。这主要表现在两个方面：一是一方当事人即使违约，也不能以罚金或赔偿损失来代替合同标的的履行，除非违约方对合同标的的履行对另一方当事人已无实际意义；二是一方当事人不履行合同时，另一方当事人有权请求法院或仲裁机构强制或敦促其履行。实际履行的原则要求劳动者一方要给管理者提供自己一定数量和质量的劳动，以保证企业生产经营活动的正常开展；管理者一方要为劳动者支付必要的劳动报酬和提供必要的劳动条件等，以保障劳动者正常的生活和工作需要。

2. 亲自履行的原则

是指双方当事人要以自己的行为履行合同规定的义务和实现合同规定的权利，不得由他人代为履行。这就是说，劳动者的义务只能由劳动者自己去履行；

管理者的义务只能由管理者去履行。双方当事人权利的实现也是这样，只能依靠自己。亲自履行的原则要求，合同双方当事人要以自己实际行为去完成合同规定的任务，实现合同约定的目标，当事人要将合同规定的内容融入自己的日常活动中。

3. 正确履行的原则

是指当事人要按照合同规定的内容，原原本本地全面履行，不得打折扣，不得改变合同的任何内容和条款。合同正确履行的原则实际上包括三个方面的内容：一是实际履行；二是亲自履行；三是全面履行。只有当事人按照合同规定的标的或方式来进行活动，才算是合同的正确履行；只有当事人亲自履行合同的内容和条款，才称得上是合同的正确履行；同时，也只有当事人履行合同的全部条款，即按照合同约定的标的及其种类、数量和质量履行，又按照合同约定的时间、地点和方式等履行，才算是合同的全面履行，才算得上是合同的正确履行。

4. 协作履行的原则

协作履行的原则，是指双方当事人在合同的履行过程中要发扬协作精神，互相帮助，共同完成合同规定的义务，共同实现合同规定的权利。协作履行的原则大体上包括以下三个方面的内容。

(1) 任何一方都要保证自己能够实际、亲自、全面和正确地履行合同的内容和条款。各方完成自己的任务，就为合同的履行打下了良好的基础，这也是协作的前提所在。

(2) 在合同的履行过程中，双方当事人要相互关心，并进行必要的相互检查和监督，遇到问题，双方都要寻找解决问题的办法，提出合理化建议。

(3) 合同没有得到正确地履行或发生不适当履行时，任何一方违约，另一方都要帮助纠正。若劳动者违约，管理者要进行说服教育，帮助其纠正问题；若管理者违约，劳动者也要及时反映问题，并协助其纠正。

(二) 劳动合同履行其他问题

1. 合同出现不明确条款问题

由于企业劳动合同订立中的疏忽或过失等原因，在合同的履行中有时会出现不明确的条款，从而造成合同的履行难以进行，甚至会出现双方当事人的各执己见。对于这一问题的处理，一般遵循这样的原则：对于不明确的条款，应当依法先确定其具体内容，然后予以履行。确定不明确条款具体内容的办法是，企业内部劳动规章制度有明确规定的，就按企业内部规定办；企业内部劳动规章制度没有明确规定的，就按集体合同的明确规定办；集体合同没有明确规定的，就按有关劳动法规和政策的明确规定办；有关劳动法规和政策没有明确规定的，就按通行的习惯办；通行习惯没有可供参考的，就按双方当事人协商的结果办。

2. 关于向第三方履行义务问题

一般来说，企业劳动合同的一方当事人只会向另一方当事人履行义务，不存在向第三方当事人履行义务的问题。但在特殊情况下，劳动者或管理者依法也可以向第三方当事人履行义务。

3. 关于劳动者履行合同之外的劳动给付问题

一般来讲，劳动者履行劳动给付的范围以合同约定为标准；管理者不得在合同约定以外强求劳动者履行劳动义务，但在特殊情况下，权利者有权要求劳动者履行约定以外的劳动给付义务。

三、劳动合同的续订

劳动合同的续订是指有固定期限的劳动合同到期，双方当事人就劳动合同的有效期限进行商谈，经过平等协商一致而续延劳动合同期限的法律行为。

（1）提出续延劳动合同的一方应在合同到期前30天书面通知对方。

（2）在续订的劳动合同中不得约定试用期。

（3）在同一单位工作满十年，双方同意续延劳动合同的，用人单位根据劳动者提出的要求，签订无固定期限的劳动合同。

（4）有固定期限的劳动合同期限届满，既未终止又未续订，其劳动关系依然存在；不少于一年或按原条件履行。

四、劳动合同的变更

劳动合同的变更，是指劳动合同双方当事人依法对已经生效但尚未履行或尚未完全履行的合同内容和条款进行修改和增减的法律行为。劳动合同的变更一般包括两种类型：法定变更和协议变更。法定变更，是指在法律规定的原因出现时，由当事人一方提出，可以变更企业劳动合同。协议变更，是指双方当事人协商一致，达成协议，对劳动合同进行变更。同时，这种变更也必须符合法律的规定。

（一）劳动合同变更的条件

劳动合同的变更，一般应符合以下条件：

（1）订立劳动合同所依据的法律、行政法规、规章制度发生变化，应变更相关的内容。

（2）订立劳动合同所依据的客观情况发生重大变化，致使劳动合同无法履行，应变更相关的内容。

（3）提出劳动合同变更的一方应提前书面形式通知对方，并要平等、协商一致方能变更合同。

（二）劳动合同变更的程序

劳动合同的变更，必须遵守一定的程序。

1. 一方当事人向另一方当事人提出变更合同的请求

提出请求的当事人可以是管理者，也可以是劳动者。不管是哪一方当事人提出变更合同的请求，都要就合同变更的理由、内容、条款和条件等做出说明，并给对方当事人一个答复的期限。

2. 被请求方按期对请求方做出答复

被请求方在接到请求方变更合同的要求后，要在请求方给出的期限内给予答复，不能对对方的请求置之不理。对被请求方的这种答复可以是同意，也可以提出自己不同的意见，供双方进一步协商；对于不符合法律规定的请求，被请求方可以表示不同意。

3. 双方协商，达成书面协议

双方当事人就要变更的合同内容和条款进行协商，在取得一致意见的基础上，达成和拟定书面协议。书面协议要就变更的内容和条款进行详细说明，并就变更后的条款生效日期做出规定。书面协议要经双方当事人签名、盖章后才能生效。

4. 备案或鉴证

凡订立经过备案或鉴证的企业劳动合同，其变更合同的书面协议也需要送交企业主管部门备案，或到鉴证机构办理鉴证手续。需要鉴证的变更协议，只有在鉴证后才能生效。

五、劳动合同的解除

劳动合同的解除是指劳动合同签订以后，尚未全部履行之前，由于一定事由的出现，双方当事人提前终止劳动合同，结束双方的劳动权利和义务关系的法律行为。

（一）劳动合同双方约定解除劳动关系

约定解除劳动关系，指当事人在合同中约定，合同履行过程中出现某种情况，当事人一方或者双方有解除合同的权利。约定解除应当符合合同生效的条件，不得违反法律，损害国家利益和社会公共利益，根据法律规定必须经过有关部门批准才能解除的合同，当事人不得按照约定擅自解除。

（二）一方依法解除劳动关系

1. 用人单位单方解除劳动合同

（1）过失性解除：企业可随时解除，且不需承担经济补偿责任。

①劳动者在试用期间被证明不符合录用条件的，此种情况在试用期满后不再适用。

②劳动者严重违反劳动纪律或用人单位的规章制度。

③劳动者严重失职、营私舞弊，对用人单位利益造成重大损失。

④劳动者被追究刑事责任的。

（2）非过失性解除：企业需要解除劳动合同，但要提前30日以书面形式通知劳动者本人，并受用人单位不得随意解除劳动合同的限制，要依法给予劳动者经济补偿。

①劳动者患病或非因工负伤、医疗期满后，不能从事原来的工作，也不能从事用人单位另行安排的工作。

②劳动者不能胜任工作，经过培训或者调整工作岗位，仍不能胜任工作的。

③劳动合同订立时所依据的客观情况发生重大变化，致使原劳动合同无法履行，经当事人双方协商一致达成协议的。

（3）经济性裁员的两个条件：

①用人单位濒临破产进行法定整顿期间。

②用人单位生产经营发生严重困难确须裁减人员。

当上述条件出现时，用人单位需要裁员，应向工会及全体员工说明，听取工会意见，向劳动管理部门报告。

2. 劳动者单方解除劳动合同

（1）提前通知解除：《中华人民共和国劳动法》第三十一条规定："劳动者解除劳动合同，应当提前三十日以书面形式通知用人单位。"

（2）有以下情形时，可随时解除劳动合同：

①在试用期内的。

②用人单位以暴力、威胁或者非法限制人身自由的手段强迫劳动的。

③用人单位未按照劳动合同约定支付劳动报酬或者提供劳动条件的。

3. 用人单位不得解除劳动合同的条件

①劳动者患职业病或者因工负伤并被确认丧失或者部分丧失劳动能力的。

②劳动者患病或者负伤，在规定的医疗期内的。

③女职工在孕期、产期、哺乳期内的。

④法律、行政法规规定的其他情形。

（三）劳动合同解除的程序

关于企业劳动合同解除的程序，一般包括以下几项。

（1）合同解除的前置环节。很多国家的劳动立法规定，企业管理者在向劳动者发出解除合同关系的要约以前，要经过一些必要的环节。这些环节主要有：

第一，对劳动者进行批评教育、纪律处分或解除警告等。

第二，征求工会或有关员工的意见。

第三，向主管部门或行政部门报告并经批准。

（2）签订合同解除的协议或发出合同解除的通知。合同的解除一般要由双方当事人就解除的日期和法律后果等依法签订书面协议；一方决定的解除也要由决定方向对方发出书面通知。

（3）合同解除的后置环节。合同当事人就合同解除签订协议或发出通知后，依法还要经过以下的特定环节：

第一，工会出面。工会有权对有关合同的解除发表自己的意见，合同解除方尤其是企业管理者应当认真对待和研究工会的意见。

第二，争议处理。若因合同解除出现争议，还需经过调节、仲裁、诉讼或其他的办法来加以处理。

第三，备案。合同的解除还要由企业报主管部门或行政部门备案。

（四）补偿金核算

在解除劳动合同时，符合下列条件，企业应根据《违反和解除劳动合同的经济补偿办法》向劳动者支付补偿金。

（1）当事人协商一致，由用人单位解除劳动合同的，应根据劳动者在企业内工作年限，每满1年发给相当于1个月工资的经济补偿金；按照“就高不就低”的原则，最多不超过12个月。

（2）劳动者不胜任工作，经培训或调整工作后仍不能胜任工作的补偿同前。

（3）经济性裁员，由于客观条件发生变化，双方意见无法达成一致，由用人单位提出解除劳动合同的，劳动者患病或非因工负伤不能从事原工作也不能从事用人单位另行安排的工作的。

（4）患病或非因工负伤除经济补偿金外，同时应发不少于6个月工资的医疗补助金。重病或绝症还应增加医疗补助费：重病不低于医疗费的50%，绝症不低于医疗费的100%。

（5）用人单位没有按照规定发放经济补偿金，除全额发放外还应支付经济补偿金数额的50%作为额外经济补偿金。

（6）因工作需要，经企业主管部门和有关组织决定调整工作而转移工作单位的员工，应与原单位解除劳动合同，与新单位签订劳动合同，原单位不用支付经济补偿金。

六、劳动合同的终止

劳动合同的终止是指劳动合同关系的消失，即劳动关系双方权利义务的失效。劳动合同的终止有广义和狭义之分。狭义的劳动合同的终止，是指双方当事人已经履行完毕合同约定的所有权利和义务，或其他法律事实的出现而使双方当事人劳动关系的不复存在，且任何一方均没有提出继续保持劳动关系的请求，合同就此终止其法律效力。广义的劳动合同的终止，不仅包括狭义的企业劳动合同的终止，还包括劳动合同的解除。这里分析的主要是狭义的劳动合同的终止。

（一）劳动合同终止的条件和原因

劳动合同终止的条件和原因有以下几种：

（1）定期劳动合同期限已满。定期劳动合同在合同约定的期限届满后，除非双方当事人依法续订或依法延期，否则合同即行终止。

（2）合同目的已经实现。以完成一定的工作为期限的劳动合同在其约定工作完成以后，或其他类型的劳动合同在其约定的条款全部履行完毕以后，合同因目的的实现而自然终止。

（3）劳动合同约定的终止条件出现。劳动合同或集体合同对劳动合同约定的终止条件出现以后，劳动合同就此终止。

（4）当事人死亡。劳动者一方死亡，合同即行终止；雇主一方死亡，合同可以终止，也可以因继承人的继承或转让第三方而使合同继续存在，这要依实际情况而定。

（5）劳动者退休。劳动者因达到退休年龄或丧失劳动能力而办理离退休手续后，合同即行终止。

（6）企业不复存在。企业因依法宣告破产、解散、关闭或被兼并后，原有企业不复存在，其合同也宣告终止。

（7）劳动合同双方约定解除劳动关系；一方依法解除劳动关系。

（8）不可抗力（如战争、自然灾害等）导致劳动合同无法履行。

（9）劳动仲裁机构的仲裁裁决、人民法院判决亦可导致劳动合同终止。

（二）劳动合同的终止应注意的问题

需要指出的是，在企业劳动合同的终止中，经常会出现以下一些问题，应该给予重视或正确处理。

1. 管理者或劳动者一方在合同期限届满时，强迫对方续订合同

劳动合同期满即行终止，不存在任何附带条件。确因生产或工作的需要，可以续订合同，但必须征得双方当事人的同意，任何一方无权强迫另一方续订合同。否则，所续订的合同是无效的，续订行为本身也是违法的。在实践中，多数情况下是企业管理者强迫劳动者续订合同。企业管理者强迫劳动者续订合同一般出于这样的原因：劳动者是企业的生产和技术骨干，或者企业曾为劳动者的培训支付了大量的费用等，劳动者离开企业，会给企业造成较大的损失。对于这类问题的处理，一般的方法是：企业管理者应与劳动者签订较长期限（如 10 年以上）的合同或无固定期限的劳动合同，并规定一方违约要向另一方赔偿相应的经济损失。这样做是为了尽量减少企业的损失。

2. 合同到期后，双方当事人既不办理续订合同手续，也不终止合同，继续保持事实上的劳动关系

这种情况的出现，往往是源于双方当事人或一方当事人的法律意识淡薄。保持事实上的劳动关系，往往会给当事人的权益带来损害，因为事实上的劳动关系得不到法律的保护。尤其是劳动者权益更容易受到侵害，因为劳动者一方在劳动关系当中始终处于相对弱势的地位。为避免这种情况的出现，要对企业管理者和劳动者加强合同法律意识的宣传和教育，敦促双方当事人要在合同期限届满时，及时办理续订手续或终止合同。

3. 双方当事人在办理续订手续时不合法或不完备

合同期限届满后，双方当事人若不终止合同，就要办理续订手续。在实践当中，续订手续的办理经常会出现这样的情况：企业管理者不与劳动者协商，不经劳动者签字，而是由他人代为办理。管理者通过这种方式续订的合同不具有法律效力。劳动者一方一旦不承认续订合同的有效性，或采取不辞而别的行为，企业的损失无从追究。因此，为避免此类事件的发生，双方当事人在续订企业劳动合同时，一定要按照有关规定办理有关手续，以防任何一方的权益受到损害。

小资料

某省旅游行业导游人员劳动合同书

（示范文本）

甲方（用人单位）名称：________

地址：________

性质：________

法定代表人（委托代理人）：________

乙方（劳动者）姓名：________

性别：________

出生年月：________

家庭住址：________

居民身份证号码：________

导游资格证号码：________________

导游证号码：________________

甲乙双方根据《中华人民共和国劳动法》等法律、法规、规章的规定，在平等自愿、协商一致的基础上，同意订立本合同，共同遵守本合同所列条款。

一、合同类型和期限

第一条　甲乙双方选择以下第____种形式确定本合同期限：

1. 有固定期限：自____年____月____日起至____年____月____日止。

2. 无固定期限：自____年____月____日起至法定的或本合同所约定的终止条件出现时止。

3. 以完成一次带团工作（任务）为期限。自____年____月____日起至带团工作（任务）完成时即行终止。

该合同的试用期自____年____月____日至____年____月____日止。

二、工作内容

第二条　甲方安排乙方担任导游工作。

第三条　乙方应按照甲方的要求，按时完成规定的工作数量，达到规定的质量标准。

三、劳动报酬

第四条　甲乙双方选择以下第____种形式确定劳动报酬：

1. 甲乙双方实行月（周、日）工资制，工资由基本工资、带团工资和效益工资三部分组成。其中，乙方月（周、日）基本工资为____元，带团工资和效益工资由甲方根据乙方导游资格等级、带团类别、语种情况、工作责任和甲方经济效益状况等，并参照所在地劳动力市场工资指导价位，与乙方协商确定。甲方支付乙方的工资不得低于当地人民政府公布的最低工资标准，不得无故拖欠。

2. 甲乙双方实行带团计件工资制，完成该次带团工作（任务）的工资为____元，计件工资根据团队规模、档次、线路、时间以及乙方导游资格等级、服务质量等实际情况由甲乙双方协商确定。

四、工作时间和休息休假

第五条　甲方安排乙方执行____________________工时制。

1. 实行标准工时工作制的，乙方每日工作时间不超过八小时，每周不超过四十小时。

2. 实行综合计算工时工作制和不定时工作制。甲方对乙方实行相对集中工作、集中休息、轮休调休、弹性工作等方式，但须保证乙方的休息休假权利。

五、劳动保护和劳动条件

第六条　甲方必须建立和健全劳动安全卫生制度，严格执行国家劳动安全卫生规程和标准，为乙方提供符合国家规定的劳动安全卫生条件和必要的劳动保护用品。

第七条　乙方必须严格遵守旅游法规、规章、制度和操作规程。

六、社会保险

第八条　甲、乙双方应按有关规定参加社会保险。

七、劳动纪律

第九条　甲方依法制订的各项规章制度应向乙方公示。

第十条　乙方在合同期内应严格遵守国家的各项法律、法规，遵守甲方依法制订的各项规章和劳动纪律，服从甲方的管理和教育。甲方有权对乙方执行规章制度的情况进行检查、督促和奖惩。

八、劳动合同的变更、解除、终止和续订

第十一条　经甲乙双方协商一致，可以变更本合同相关内容或解除本合同。

第十二条　甲乙双方单方面解除劳动合同，必须符合《中华人民共和国劳动法》第二十五条、第二十六条、第二十七条、第三十一条和第三十二条的规定。乙方有《中华人民共和国劳动法》第二十九条规定情形的，甲方不得随意解除本合同。

第十三条　本合同期限届满，劳动合同即可终止。甲乙双方经协商同意，可以续订劳动合同。

九、经济补偿与赔偿

第十四条　甲方依法解除乙方劳动合同，应执行相关法律法规及文件关于支付乙方经济补偿金的规定。乙方依据《中华人民共和国劳动法》第三十二条第（二）、第（三）项规定解除本合同，甲方也应按相关法律法规及文件支付经济补偿金。

第十五条　甲方支付乙方的工资报酬低于当地最低工资标准的，要在补足低于标准部分的同时，依法支付赔偿金。

十、劳动争议处理及其他

第十六条　因履行本合同发生的劳动争议，甲乙双方均可以向本单位劳动争议调解委员会申请调解；不愿调解或调解不成，一方要求仲裁的，应当自劳动争议发生之日起六十日内向劳动争议仲裁委员会申请仲裁。一方也可以直接向劳动争议仲裁委员会申请仲裁，对仲裁裁决不服的，可以向人民法院提起诉讼。

第十七条 本合同未尽事宜，双方可另协商解决；与今后国家法律、行政法规等有关规定相悖的，按有关规定执行。

第十八条 本合同一式两份，甲乙双方各执一份。

甲方：（盖章） 乙方：（签名）

法定代表人或（委托代理人）：（签名）

____年____月____日 ____年____月____日

第三节 旅游企业劳动争议

劳动争议又称劳动纠纷、劳资纠纷，是指企业劳动关系双方主体及其代表之间在实现劳动权利和履行劳动义务等方面发生分歧而产生的争议或纠纷。企业劳动争议就其本质来说主要是双方主体围绕经济利益产生的权利和义务的矛盾和争议。企业劳动关系双方主体围绕经济利益产生的权利和义务的矛盾和争议有多方面的表现和问题，这便构成了企业劳动争议的基本内容。

一、企业劳动争议的特点和种类

（一）企业劳动争议的特点

企业劳动争议是发生在企业内部的劳动者和管理者之间的利益矛盾、利益争端或纠纷。具有以下几方面的特点。

1. 有特定的争议当事人

就是也只能是企业劳动关系双方主体，即一方是企业管理者及其代表，另一方是企业劳动者及其代表。只有劳动者及其代表与企业管理者及其代表之间通过集体合同或劳动合同建立了劳动关系，他们才可能成为企业劳动争议的双方当事人。只有发生在企业劳动关系双方主体之间的争议，才是企业劳动争议。

2. 有特定的争议内容

企业劳动争议的内容是企业劳动关系双方当事人围绕经济利益而发生的劳动

权利和劳动义务的矛盾和争议。显然，只有围绕经济利益而发生的劳动权利和劳动义务的争议，才是企业劳动争议。

3. 有特定的争议手段

争议手段是双方当事人坚持自己主张和要求的外在表达方式。

（二）企业劳动争议的种类

1. 企业个别争议和企业集体争议

企业劳动争议按照劳动者一方争议当事人的多寡可以分成企业个别争议和企业集体争议两种。企业个别争议，是指企业个别劳动者与企业管理者之间发生的具有独特内容的劳动争议。企业个别争议具有以下特点。

（1）劳动者一方的争议当事人人数未达到集体争议当事人人数的法定要求。

（2）争议内容只是关于个别劳动关系、劳动问题的，而不是关于一类劳动关系、劳动问题或集体合同的。

（3）对于争议的处理，劳动者一方的争议当事人只能自己参加，而不能由别人代表。劳动者一方的争议当事人为2人时，其中一人不能做另一人的代表。

企业集体争议又叫企业团体争议，是指一方为规定的多数人或某一团体并有共同争议内容和争议请求的劳动者与另一方为企业管理者之间发生的劳动争议。企业集体争议具有以下特点。

（1）劳动者一方的争议当事人人数必须达到法定的要求。

（2）争议的内容是共同的。

（3）对于争议的处理，劳动者一方可由选举的代表或工会出面参加。争议处理的结果，只对参与争议的劳动者有效。

需要指出的是，企业劳动者因与企业管理者签订和履行集体合同而发生的团体劳动争议也属于集体争议的范畴。

2. 企业既定权利争议和企业待定权利争议

按照争议的内容性质不同，可将企业劳动争议具体划分为企业既定权利争议和企业待定权利争议。企业既定权利争议，是指企业劳动关系双方主体及其代表对既定权利和义务的实现和履行产生的争议。企业待定权利争议，是指企业劳动关系双方主体及其代表在确定彼此的权利和义务关系时产生的分歧和争议。

3. 国内企业争议与涉外企业争议

企业劳动争议按照争议当事人的国籍所属不同，可以划分为国内企业争议与涉外企业争议。国内企业争议是指具有本国国籍的劳动者与本国企业管理者之间的劳动争议。需要指出的是，在中国，外商投资企业中的中外合资经营企业和中外合作经营企业属于中国企业。涉外企业争议是指当事人一方或双方具有外国国籍或无国籍的企业劳动争议。它包括本国企业管理者与外籍员工之间、外籍雇主与本国员工之间以及外籍雇主与外籍员工之间的劳动争议。

二、劳动争议处理的原则

（一）调解原则

调解原则是指调解这种手段贯穿于企业劳动争议第三方参与处理的全过程。不光企业调解委员会在处理企业劳动争议中的全部工作是调解工作，而且仲裁委员会和法院在处理企业劳动争议中也要先行调解，调解不成，才会行使裁决或判决权。

（二）及时处理的原则

及时处理的原则是指企业劳动争议的处理机构在处理争议案件时，要在法律和有关规定要求的事件范围内对案件进行受理、审理和结案，无论是调解、仲裁还是诉讼，都不得违背在时限方面的要求。及时处理劳动争议是很重要的，这个原则就是“热炉”原则。对于劳动争议的处理，最关键的就是及时处理，一定要赶紧去解决争议，不能等到过后再处理。

（三）合法原则

合法原则要求企业劳动争议的处理机构在处理争议案件时要在查清事实的基础上，以法律为准绳，根据实际情况进行处理，并遵循有关法定程序。

（四）公平和平等的原则

是指在企业劳动争议案件的处理过程中，坚持当事人在法律上一律平等的原则，应当公正、平等地对待双方当事人，处理程序和处理结果不得偏向任何一方。

三、劳动争议处理的程序

劳动争议双方先协商解决；不愿协商或协商不成的，可申请企业劳动争议调解委员会调解；调解不成或不愿调解的，可申请劳动仲裁机构仲裁；不服从裁定的，可在法院提起诉讼。

（一）调解

调解是西方国家最为常用的解决劳动关系冲突和减少员工罢工次数的办法。实际上，调解也是市场经济国家处理劳动争议的基本办法或途径之一。

调解分为劳动争议调解委员会的调解和劳动争议仲裁委员会的调解两类。前者是自愿性的，即由当事人决定是否提请劳动争议调解委员会调解；后者是强制性的，即只要提请劳动争议仲裁委员会，就必须进行调解，这也是一项工作制度，一般经调解不成的，才进行裁决。

作为处理企业劳动争议的基本办法或途径之一，调解不是指企业劳动争议进入仲裁或诉讼以后由仲裁委员会或法院所做的调解工作，而是指企业调解委员会对企业劳动争议所做的调解活动。企业调解委员会所做的调解活动主要是指，调解委员会在接受争议双方当事人调解申请后，首先要查清事实、明确责任；在此基础上，根据有关法规和集体合同或劳动合同的规定，通过自己的说服、劝导，最终促使双方当事人在相互让步的前提下自愿达成解决企业劳动争议的协议。

目前，劳动争议调解委员会设于企业，由企业的员工代表、行政代表和工会委员会代表组成，主任由各成员共同推举，委员会的工作受员工代表大会的领导。劳动争议调解委员会的调解，必须由当事人一方提出申请，同时另一方表示愿意接受，才能进行。当事人任何一方不愿接受调解，或调解达不成协议，只能交付仲裁。应当注意的是，按规定因开除、除名、辞退违纪员工发生的争议必须直接提交劳动争议仲裁委员会，而不能向劳动争议调解委员会申请调解。另外，若发生劳动争议的员工一方人数为10名以上，并具有共同申请理由，可由当事人推举1名至3名代表，参加调解或仲裁活动。

实施调解的结果有两种：一是调解达成协议，这时要依法制作调解协议书。二是调解不成或调解达不成协议，这时要做好记录，并制作调解处理意见书，提出对争议的有关处理意见，建议争议双方当事人依照有关法律的规定，向劳动仲裁委员会提出仲裁申请。

调解协议在调解协议书上具体体现。只要达成协议，争议双方当事人要自觉执行调解协议；当然，双方当事人也有对调解协议反悔的权利。调解委员会对当事人的反悔只能说服、劝解，无权强制执行，但有建议仲裁的权利。只要一方当事人对协议反悔，或拒不执行协议，经调解委员会说服、劝解无效，就视为调解不成。

劳动争议调解委员会处理劳动争议，应当自当事人提出申诉之日起 30 日结案，到期未结案则视为调解不成。

以调解方式解决劳动争议，具有程序简易、费用低廉、有利于促进当事人之间的团结和维护正常生产秩序等优点。而且，由于调解协议完全出自双方自愿，一般都能严格执行。但是，由于调解完全依靠当事人的自愿，难以保证所有劳动争议都得到解决。因此，除了这种方式外，还必须有更加具有权威性的解决办法。

（二）仲裁

仲裁是指劳动争议仲裁机构依法对争议双方当事人的争议案件进行居中公断的执法行为，其中包括对案件的依法审理和对争议的调解、裁决等一系列活动或行为。

劳动争议仲裁委员会由劳动行政机关代表、工会代表和企业主管部门代表组成，三方代表应当人数相等，并且总数必须是单数，委员会主任由同级劳动行政机关负责人担任，其办事机构为劳动行政机关的劳动争议处理机构。劳动争议仲裁委员会对于劳动争议双方来说是第三者，它的决定无须经双方同意，并具有法律强制力，因而仲裁是比调解更为有效的解决方法。按规定，劳动争议的任何一方不愿调解、劳动争议经调解未达成协议时，均可向劳动争议仲裁委员会提出仲裁申请，并提交书面申请书。申请书应写明争议双方当事人的情况、申请仲裁的理由、要求解决的问题及有关的证明材料等。申请人应根据争议双方的人数提交申请书若干份。

当事人申请仲裁因履行劳动合同而发生的争议，应自争议发生之日起 60 日内或从劳动争议调解委员会调解不成之日起 30 日内，向劳动争议仲裁委员会提出。因开除、除名、辞退违纪员工而发生的争议，当事人应于企业公布处理决定之日起 15 日内申请仲裁。因特殊原因，当事人可在其知道或应当知道权利被侵害之日起 1 年之内提起追诉。超过规定期限，仲裁机构不再受理。

仲裁委员会在收到仲裁申请后一段时间内（一般为7天）要作出受理或不受理的决定。决定受理的，仲裁委员会要及时通知申请人和被诉人，并组成仲裁庭；决定不受理的，要说明理由。

在受理申诉人的仲裁申请后，仲裁委员会就需要进行有针对性的调查取证工作，这其中包括拟定调查提纲，根据调查提纲进行有针对性的调查取证，核实调查结果和有关证据等。调查取证的主要目的是收集有关证据和材料，查明争议事实，为下一步的调解或裁决做好准备工作。

劳动争议仲裁委员会在处理劳动争议时，应先行调解。调解成功，劳动争议仲裁委员会制作调解书，由双方当事人签字，劳动争议仲裁委员会成员署名，并加盖委员会印章，调解书一经送达当事人，即发生法律效力，当事人必须执行。一方不执行，另一方当事人可申请法院强制执行。如调解不成，则应及时仲裁，由劳动争议仲裁委员会召开会议，并根据少数服从多数的原则作出仲裁决定。仲裁决定作出后，应制作仲裁决定书。由劳动争议仲裁委员会成员署名，并加盖委员会印章，送达双方当事人。当事人一方或双方不服仲裁的，可以在收到仲裁决定书之日起15日内向人民法院起诉；一方当事人期满既不起诉也不执行的，另一方当事人可以申请人民法院强制执行。

与企业劳动争议的调解相比，企业劳动争议的仲裁具有一些明显的特点：仲裁申请可由任何一方当事人提出，而不必由双方当事人共同提出，或不必在双方当事人首肯的情况下由一方当事人提出；仲裁机构的仲裁调解或仲裁裁决依法生效后具有强制执行的法律效力，当事人必须执行；仲裁机构在调解不成的情况下，必须作出最终裁决。

劳动仲裁是世界各国解决劳动争议较普遍的方法，其基本精神是由一个中立的第三方对当事人之间的争议作出评判。仲裁和调解相比，最大的特点是其更具权威性和法律效力。从劳动争议仲裁来看，仲裁活动具有一定的行政性质，也有一定的群众性质，不是纯粹的司法活动。

（三）审判

根据司法最终解决的法制原则，劳动争议的最终解决只能依靠国家司法机关，这也是许多国家所普遍遵循的原则。因此，劳动争议处理程序还包括人民法院的审判。

劳动争议当事人不服仲裁，可以在收到仲裁决定书之日起15日内向法院起诉，由法院依民事诉讼程序进行审理及判决。法院审判劳动争议的最大特点在于它的处理形式严肃性与权威性及其法律效力。但审判毕竟是解决劳动争议的最终方式，由于有调解和仲裁程序在前，所以，真正通过审判解决的劳动争议并不多。

企业劳动争议案件的审理，可以在普通法院进行，也可以设立专门的劳动（劳工）法院。如德国劳动法院、芬兰劳工法庭等就是专门设立的劳动法院。

与企业劳动争议的仲裁相比，企业劳动争议的法律诉讼具有鲜明的特点：诉讼是在法院进行的，法院在处理企业劳动争议的过程中有权采取强制措施；法律诉讼程序相对较为复杂，各种证据和材料的准备相对较为严密；法院的调解或判决具有最终解决争议的效力，可以对争议当事人实施强制执行。

企业劳动争议的法律诉讼一般由以下五个阶段组成。

1. 起诉、受理阶段

起诉是指争议当事人向法院提出诉讼请求，要求法院行使审判权，依法保护自己的合法权益。诉讼请求要尽可能详细，要明确被告，说明要求被告承担何种义务等。在诉讼请求明确的同时，还要尽可能多地提供争议发生的时间、地点、争议经过和有关事实根据以及相应的法律文书等。

受理是指法院接收争议案件并同意审理。法院的受理与否是在对原告的起诉进行审查以后作出决定的。对决定受理的案件，法院要在规定的时间内通知原告和被告；对决定不受理的案件，法院也应在规定的时间内通知被告，并说明理由。

2. 调查取证阶段

除了对原告提供的有关材料、证据或仲裁机构掌握的情况、证据等进行核实外，法院还要对争议的有关情况、事实进行重点调查，包括查明争议的时间、地点、原因、后果、焦点问题以及双方的责任和态度等。法院的调查取证要尽可能对各种证据进行仔细、认真地收集和核实。

3. 进行调解阶段

法院在审理企业劳动争议案件时，要先行调解。法院的调解也要在双方当事人自愿的基础上进行，不得强迫调解。法院调解成功的，要制作法院调解书。法院调解书要有审判人员、书记员签名，并加盖法院的印章；法院调解书在双方当事人签收后，即具备了法律效力，当事人必须执行。调解不成或调解书送达前当事人反悔的，法院应当及时进行判决。

4. 开庭审理阶段

开庭审理是在法院调解失败的情况下进行的，这一阶段主要进行以下活动：法庭调查、法庭辩论和法庭判决等。法庭调查主要是由争议当事人向法庭陈述争议事实，并向法庭提供有关证据；法庭辩论一般按照先原告后被告的顺序由双方当事人及其代理人对争议的焦点问题进行辩论；法庭判决是在辩论结束以后，由法庭依法作出判决。法庭判决要制作法庭判决书，并在规定的时间内送达当事人。

5. 判决执行阶段

法庭判决书送达当事人以后，当事人在规定时间内不向上一级法院上诉的，判决书即行生效，双方当事人必须执行。当事人不服一审判决的，有权向上一级法院上诉。

四、劳动争议的预防

（一）劳动争议产生的原因

根据《中华人民共和国企业劳动争议处理条例》规定，劳动争议范围包括：企业对劳动者除名、开除、辞退和劳动者辞职、自动离职产生的纠纷；在执行国家工资、保险、福利、培训和劳动保护规定所发生的争议；在履行劳动合同中引起的纠纷以及法律规定的其他纠纷等。劳动争议除了包括劳动合同纠纷和基于事实劳动关系而产生的劳动纠纷，还包括其他的一些劳动纠纷。不过应该明确的是劳动合同纠纷是劳动争议的主要组成部分，劳动争议产生的原因很多，既有企业片面追求自身利益而忽视劳动者利益的原因，比如用人单位应该与劳动者签订书面劳动合同而没有签订，用人单位没有给劳动者购买法律明确规定的各种社会保险等；也有劳动者自身的原因，比如劳动者擅自离职，给单位造成损失的；以及其他的原因，诸如劳动合同管理不规范等。

（二）劳动争议的预防措施

1. 强化法制观念，熟悉劳动法律法规

劳动关系的存在一般来说以劳动合同作为其主要的外在表现形式。从本质上来说，事实劳动关系也属于劳动关系的范畴。需要事先明晰劳动关系双方（劳动者和用人单位）各自的权利与义务。只有学法、知法，熟悉、了解相关法律法规，才能有意识地关注，才能更好地用法律武器维护自己的合法权益。

2. 强化合同管理，签订劳动合同

由于劳动合同是劳动关系的主要外在表现形式，因此签订劳动合同，对于预防劳动争议的发生将会起到相当显著的作用。劳动合同作为用人单位与劳动者之间的合意，对双方的权利与义务关系均作出了相关的约定，对双方都具有法律约束力，具有相应的权益保障作用，有助于建立一种和谐稳定的劳动关系。即使以后发生了劳动争议，劳动合同也能成为证据，起到证明的作用。因此，需要强化合同管理，签订劳动合同。

3. 劳动者应妥善地行使权利和履行义务

劳动者在进入用人单位之后，应当妥善地行使权利和履行义务，对于用人单位的规章制度应该遵守，尽职尽责地完成自己的工作。在工作期间，依法享受相应的权利。如果需要辞职或者解约，要注意自己应当履行的诸如提前通知的义务。如果有竞业禁止和保守商业秘密的条款，应当在离职后予以遵守。

4. 对违纪员工的处罚应建立在既合法又合理的基础之上

当某个员工违反企业的规章制度时，企业通常采用给予该员工相应处罚的方式来维护制度的尊严。一般来说，企业对违纪员工的处罚有警告、经济处罚、解除劳动合同等形式。这些处罚由于触动了员工的个人利益，如果处理不好极易引发劳动争议。因此，建议企业对违纪员工的处罚应建立在既合法又合理的基础之上。

5. 构建有效防范劳动争议的内部机制

现代企业应本着“建立以事前预防为主，以事中控制及事后补救为辅的企业风险控制体系”的原则，建立有效的劳动争议内部应对机制，这样一方面可以及时防范、化解因企业劳动争议可能导致的劳动关系、劳资矛盾等问题的激化或群体性事件，保障生产经营活动的正常顺利开展，另一方面在仲裁诉讼程序中可以最大限度地维护企业的利益。有效的劳动争议内部应对机制可从以下几个方面开展工作。

（1）建立职工参与或影响决策的管理机制

增强职工对企业工作环境的认识，减少和克服因不了解企业管理者意图和措施而引起的不满心理，加强彼此的沟通和信任。

（2）在企业内部创造有利的群体环境和交往气氛

企业要提出本企业组织全体员工的共同价值观、理想、信念和作风，用于统帅企业内部员工的思想和行为，创造一种团结共事的和睦气氛。

（3）创造良好的工作环境

良好的工作环境虽以精神环境为核心，但是良好的物质环境是精神环境的前提和保证，是工作环境的外显特征。不良的工作环境既会降低工作效率，也会导致员工对企业产生不满和抵触情绪。

（4）做好员工关系管理工作

人力资源管理人员应清楚地了解员工的需求与愿望，因此进行良好的沟通非常必要。这种沟通应更多采用柔性的、激励性的、非强制性的手段，从而提高员工满意度，支持组织其他管理目标的实现。例如设立员工投诉信箱，是为了让那些平时根本没有机会和渠道向企业提出各种建议和意见的员工，能够有一个直接的沟通渠道。这样有利于真正了解广大员工的心声，促进相互交流。

（5）建立健全企业劳动争议调解委员会

通过推行企业内部的调解制度，最大可能地将劳动争议苗头解决在企业内部。企业劳动争议调解委员会的调解工作，往往可以使劳动争议不出企业就及时妥善地得到化解，把劳动争议消灭在萌芽状态。

复习与练习

一、填空题

1. ________是指通过规范化、制度化的管理，使劳动关系双方（企业与员工）的行为得到规范，权益得到保障，维护稳定和谐的劳动关系，促使企业经营稳定运行。

2. 劳动行政机关鉴证劳动合同时，主要从三个方面审查合同的合法性：________、________、________。

3. 企业劳动合同的履行，又分为________和________两种。

二、选择题

1. 企业内部劳动关系管理制度制定的主体是____。

A. 国家　　　　B. 企业主管部门

C. 企业　　　　D. 企业与工会

2. ____是指劳动行政主管部门审查、证明劳动合同真实性、合法性的一项行政监督措施，劳动行政主管部门鼓励和提倡用人单位和劳动者进行劳动合同鉴证。

A. 劳动合同鉴证　　　　B. 劳动合同的履行

C. 劳动合同续订　　　　D. 劳动合同的变更

3. ____就是指合同双方当事人要按照合同规定的标的履行自己的义务和实现自己的权利，不得以其他标的或方式来代替。

A. 正确履行的原则　　　　B. 实际履行的原则

C. 亲自履行的原则　　　　D. 协作履行的原则

4. ____是指企业劳动关系双方主体及其代表在确定彼此的权利和义务关系时产生的分歧和争议。

A. 企业个别争议　　　　B. 企业既定权利争议

C. 企业待定权利争议　　　　D. 企业集体争议

5. ____指当事人在合同中约定，合同履行过程中出现某种情况，当事人一方或者双方有解除合同的权利。

A. 经济性裁员　　　　B. 约定解除劳动关系

C. 非过失性解除　　　　D. 单方解除劳动合同

三、简答题

1. 简述处理劳动关系的基本原则。

2. 简述劳动合同的内容及其订立程序。

3. 简述劳动争议产生的原因及其预防措施。

实训项目

【实训名称】劳动关系管理调查

【实训内容】

1. 调查旅游企业劳动关系管理情况。

2. 全面了解旅游企业的劳动关系、劳动合同管理、劳动争议处理与预防等情况。

【实训步骤】

1. 全班同学按照 5～8 人/组，自由组合成调查小组，利用课余时间，选择当地一些旅游企业进行调查与访问。

2. 在调查访问之前，每组需根据课程所学知识经过讨论制订调查访问提纲，主要包括调研的主要问题与具体安排。

3. 调查、收集和整理旅游行业的劳动关系管理资料。

4. 调查活动可以采用面谈法，也可以采用问卷调查法，调查内容要结合企业劳动关系管理进行。

5. 调查结束后，各组完成一份调查报告。

【实训点评】

1. 调查前，每个小组要制订调查计划。

2. 小组成员分工协作实施调查，分别整理调查内容，然后汇总进行讨论。

3. 安排一次报告会，以小组为单位，每组派代表就本小组的调查报告做陈述和答辩。

4. 教师根据学生的调查报告和陈述答辩的表现给予评价打分。纳入学生实训课考核之中。

第九章　企业文化与团队建设

旅游企业只有打造强大的企业文化，同时加强团队建设，才能完善与拓展自身的服务要素与服务领域，增强市场竞争优势，提升企业社会价值，在竞争日益激烈的市场环境中不断巩固和提升自身的核心竞争能力，实现可持续发展。人力资源管理领域有一个共识，企业文化与团队建设是旅游企业真正的核心竞争力。通过本章学习，将会达到以下学习目标：

1. 理解企业文化及其功能。
2. 掌握企业文化的基本内容、结构、类型及企业文化的影响因素。
3. 熟悉团队发展的阶段、团队协作的机能障碍及团队建设的途径和方法。
4. 掌握学习型组织的内涵、功能及五项修炼内容。
5. 掌握基于学习型组织的团队协作模式。

案例引导

桂林芦笛景区被世界旅游组织推荐为“世界最佳旅游游览景区”。芦笛景区之所以能够始终处于行业发展前列，除了占有得天独厚的优质自然资源外，最主要的是景区重视培育企业优秀文化，重视品牌建设，重视以优秀的企业文化打造企业的核心竞争力。

一、以人为本，着力培育企业优秀文化

“芦笛景区企业文化总纲”开宗明义提出了企业的使命，就是“致力于高品质、诚信的旅游服务，成为旅游者愉悦信赖，集科学性、历史性、自然生态美为一体的风景旅游胜地，为社会创造最有价值的物质财富和精神财富，打造桂林旅游的第一品牌。”并将“感激”作为企业的核心价值观，提出了“真诚团结、关爱友善、诚信待人、乐观进取”的企业精神，以“狮文化”作为景区的文化象征，赋予其“诚信、实力、矫健、敏锐、顽强拼搏、务求必胜”的内涵。

二、加强管理，完善景区制度文化

芦笛景区树立“向管理要效益”的理念，用严密的制度来规范人和事，用严格的执行来保障制度的落实，用严明的奖惩来减少和杜绝各种违反制度现象的发生，从而使景区的管理理念逐步适应现代企业发展的需求。为更好地与国际接轨，取得进入国际市场的通行证，景区较早导入了ISO9001质量管理体系和ISO14001环境管理体系，以此为标准，制订了详细的手册文件、程序文件、作业指导书、各岗位责任书等制度文件，对景区管理的每个环节都做到有章可循、有制可依。

三、狠抓优质服务，打造企业品牌文化

优质服务是芦笛景区的精髓，走优质服务发展道路，打造服务品牌的经营理念，是景区多年来孜孜以求的目标。景区在原有的“笑迎天下客，满意在芦笛”的服务口号基础上，进一步深化了服务主题，提出了“五心服务”“个性化服务”“人性化服务”的新概念和新思路，提升了服务质量与档次。景区以优质服务不断提升品牌价值，不遗余力地发挥品牌的影响力和号召力，积极推进品牌的策划和运作，以无形资产驱动有形资产，并使之不断放大和延伸，最终实现企业经济效益和社会效益的稳步提高，取得了较好的效果。

四、构筑诚信体系，倡导优秀行为文化

“真诚团结、关爱友善、诚信待人、乐观进取”是芦笛景区一直秉承的企业精神。景区通过开展形式多样的诚信活动和先进典型的示范作用，构筑起景区诚信体系，规范员工的从业行为。景区特别强调加强对导游、验票、售票等几个窗口服务班组的监督，在景区显要位置将其服务内容、标准、举报办法以及员工的工号、照片等予以公布，主动接受游客监督，并定期发放征求游客意见表，调查游客满意程度，及时做好意见反馈处理。强有力的措施，使景区游客满意度一直保持在95%以上。

五、加强基础设施建设，塑造一流园林文化

芦笛景区以每年递增20%的比例加大对基础设施建设的资金投入，不断完善景区的硬件设施建设。为更好地服务游客，景区还增设了方便游客的触摸式电脑和Wi-Fi；设置了环保监测系统；在游客集中区设立了“投诉中心”“急救中心”；在岩洞内多处设置紧急呼救电话等。景区在环境改造和基础建设中坚持高起点的设计、精益求精的施工，使景区的花草、树木、亭阁、山体、湖泊、栈桥等极具民族特色，并与景区的自然景观融为一体，充分体现了自然和谐的主题，为游客营造出一个集游、观、玩、购为一体的综合性园林景区。

第一节 旅游企业的企业文化

员工创造性的发挥，很大程度上依赖于一个企业浓厚的文化氛围。因此，企业人力资源管理的实施必须与企业文化培育相结合，重视企业文化管理功能的释放。

一、人力资源管理的发展阶段

在人类社会的发展历程中，曾经历了三种人力资源管理的方式：人管人、制度管人和文化管人。

（一）人管人

在经验管理时期，把人看成必须在监督下才能劳动的工具，由管理者在管理现场直接看管劳动者劳动。“人管人，烦死人。”最典型的就是奴隶主拿着鞭子在劳动现场驱赶奴隶干活。奴隶主的鞭子打在奴隶身上会产生两种意识：一种是奴化意识——怕你的鞭子再抽打我，你让我干啥我就忍气吞声地干啥，在这种状态下，劳动者没有积极性、主动性和创造性，束缚了生产力的发展；另一种是反抗意识，“夺过鞭子抽敌人”，导致直接破坏了生产力。

（二）制度管人

资产阶级革命以后实行“依法治国”，相应地，企业也进入了“以制度管行为”的科学管理时期。泰罗提出的“科学管理”理论，本质上就是怎么让人把事情做对。他从未询问他所研究的员工怎样提高和改善工作的建议，他只是告诉他们应当怎样做，他所考虑的唯一问题是在规定的时间和空间内能做多少个动作，然后以制度化来管理。制度管人把人仅仅看成发展生产的手段，实际上人对制度都有天然的挑战性，谁也不愿意被人管。

（三）文化管人

人不仅是手段，而且是目的。文化管人就是以人的最大价值实现为本，以人的全面发展为本。人的发展方向是不断超越动物界，不断从自然、社会、精神的必然王国中解放出来，成为全面发展的自由人。文化管人，以实现人的自身价值和全面发展为本。

二、认识企业文化

（一）什么是企业文化

企业文化又称组织文化，是在企业长期的生产经营管理实践活动中通过企业领导主动倡导和精心培育的并为企业全体员工所认同和遵守的企业行为方式、行为规则的外在表现。它是一个企业由其价值观、信念、仪式、符号、处事方式等组成的其特有的文化形象。简言之就是把企业文化渗透到日常管理当中，用企业的价值观、企业精神、企业的经营目标等去影响、支配员工的行为。

作为一种企业管理理论，企业文化就是从另外一个视角来思考和分析企业这个经济组织的运行，把企业管理从技术、经济层面上升到文化层面。企业文化是企业在长期的运营实践中所凝结的企业价值观及企业精神。它对员工的行为方式和习惯会产生强烈的影响。如果企业不注重企业文化建设，员工缺乏共同的价值理念，对企业的认同感不强，往往会造成个人价值理念与企业理念的错位。

旅游行业是劳动密集型、感情密集型的行业，旅游产品就其本质来说就是员工所提供的服务。而影响服务质量的因素很多，仅仅依靠提高科技含量、利用高新技术进行管理是不够的。那么，利用旅游企业自身所蕴含的文化来管理员工，从整体上提高员工的素质，就成为提高旅游服务质量、增强旅游企业竞争力的重要手段。企业文化的建设过程实质上就是对旅游企业员工共同价值观的培养过程。要在企业内部形成一种有利于发挥员工的主观能动性、有利于挖掘员工潜力的民主、自由的气氛，让员工在轻松、和谐、愉快的环境当中工作。

（二）企业文化结构

企业文化结构是指企业文化系统内各要素之间的时空顺序、主次地位与结合方式。

1. 物质文化

企业的物质文化，是企业职工创造的产品和各种物质设施等构成的器物文化，是一种以物质形态为主要研究对象的表层企业文化。企业生产的产品和提供的服务是企业生产经营的成果，它是企业物质文化的首要内容；其次是企业创造的生产环境、企业建筑、企业广告、产品包装与设计等，它们都是企业物质文化的主要内容。

2. 行为文化

企业的行为文化。如果说企业物质文化是企业文化的最外层，那么企业行为文化可称为企业文化的幔层，或称为第二层，即浅层的行为文化。是指企业员工在生产经营、学习娱乐中产生的活动文化。它包括在企业经营、教育宣传、人际关系活动、文娱体育活动中产生的文化现象。它是企业经营作风、精神面貌、人际关系的动态体现，也是企业精神、企业价值观的折射。主要分为企业家的行为、企业模范人物行为、企业员工行为。

3. 制度文化

企业的制度文化，主要包括企业领导体制、企业组织机构和企业管理制度三个方面。企业领导体制的产生、发展、变化，是企业生产发展的必然结果，也是文化进步的产物。企业组织机构，是企业文化的载体。包括正式组织机构和非正式组织。企业管理制度是企业在进行生产经营管理时所制订的、起规范保证作用的各项规定或条例。

4. 精神文化

相对于企业物质文化和行为文化来说，企业精神文化是一种更深层次的文化现象，在整个企业文化系统中，它处于核心的地位。企业的精神文化包括企业哲学、企业价值观、企业精神、企业道德等。

三、企业文化的类型

企业文化可分为四类，即学院式文化、俱乐部式文化、棒球队式文化和堡垒式文化。

1. 学院式文化

对于那些想做好分内工作就能得到稳步提升的人来说，具有学院式企业文化的企业是最好的选择。这类企业喜欢招聘刚从学校毕业的大学生或研究生，对他们进行适当的培训，然后分配到各职能部门工作。最典型的案例有 IBM 公司、可口可乐公司、宝洁公司等。

2. 俱乐部式文化

这类组织提倡忠诚感和归属感的价值观，认为年龄、资历和经验非常重要。

与具有学院式文化的组织相比，这种组织擅长把管理人员培养成通才，其主管人员大多为知识渊博的通才。最典型的案例有美国联合包裹服务公司、德尔塔航空公司、政府机构和军队等。

3. 棒球队式文化

这类组织的文化提倡冒险和创新。招聘时，从各种年龄和经验层次的人中寻求有才能的人。薪酬制度以员工绩效水平为标准。由于这种组织对工作出色的员工给予巨额奖酬和较大的自由度，员工一般都拼命工作。在会计、法律、投资银行、咨询公司、广告机构、软件开发、生物研究领域，这类组织文化比较普遍。

4. 堡垒式文化

堡垒式文化首先要维持生存。堡垒式文化的企业多数是从学院型、俱乐部型或棒球队型衰落后，尽力来保证企业的生存。堡垒式文化主要存在于一些大型零售公司、林业产品公司、天然气探测公司等。

四、企业文化的功能

员工创造性的发挥。很大程度上依赖于一个企业浓厚的文化氛围。因此，现代企业人力资源管理要特别强调企业的文化建设。通过企业文化建设，充分发挥企业人力资源的作用，并努力形成企业的一种共同价值理念与独特的组织文化，促使企业各项管理职能的实现，以及集体效率的发挥。当然，人力资源管理的制度规则经过长期的构建和培育，最终也会积淀成企业文化不可缺少的组成部分，即所谓的制度文化。因此，企业人力资源管理的实施必须与企业文化培育相结合，重视企业文化管理功能的释放。

实践表明，企业文化渗透于企业的组织结构、规章制度和员工行为之中，是现代企业的灵魂和持久动力，其功能主要包括以下内容。

（一）导向功能

企业的管理理念、规章制度、企业精神、行为规范等能引导员工的行为取向，能把企业员工的行为动机引导到企业目标上来，为解决企业目标与个人目标、领导者与被领导者之间的矛盾等，开辟了一条现实可行的道路。企业目标是引导员工统一行动的一面旗帜，使广大员工明确企业追求的目标，也就深刻地认识自身工作的意义，并为此做出不懈的努力和奉献。因此，在制订企业目标时，应该融进企业员工的事业心和成就感。

（二）规范功能

当企业中个别员工的行为与企业中约定俗成的规则不一致时，这种氛围的感染力便会对他造成一种压力，使他不得不与大多数人趋同，进而调整自己的思想行为，以达到与企业整体环境的协调一致。

（三）凝聚功能

凝聚功能是指从企业的各个方面，将其成员团结起来，形成一种向中心集中、聚合、凝结的合力。企业文化的群体行为模式，首先表现为企业成员的归属感。

（四）激励功能

企业文化的核心是确立共同的价值理念，员工满足物质需要的同时，也渴望得到精神需要的满足。员工作出较大贡献和业绩时，企业应给予物质奖励和精神鼓励。通过树榜样、立典型、评先进，营造良好的企业风气，有利于对广大员工形成深刻而持久的激励作用。

（五）调适功能

调适就是调整和适应。企业各部门之间、职工之间，由于各种原因难免会产生一些矛盾，解决这些矛盾需要各自进行自我调节；企业与环境、与顾客、与企业、与国家、与社会之间都会存在不协调、不适应之处，也需要进行调整和适应。企业哲学和企业道德规范使经营者和普通员工能科学地处理这些矛盾，自觉地约束自己。完美的企业形象就是进行这些调节的结果。调适功能实际也是企业能动作用的一种表现。

（六）辐射功能

企业文化不仅在本企业发挥作用，还不断向社会发散，使人们对企业的名称、标识、产品、服务等有一个较为完整的认识，有助于在公众中树立良好的企业形象，增强企业的美誉度和消费者对其的信任度。

五、企业文化的影响因素

（一）个人文化因素

个人文化因素，指的是企业领导者和员工的思想素质、文化素质和技术素质。由于企业文化是企业全体员工在长期的生产经营活动中培育形成并共同遵守的最高目标、价值标准、基本信念及行为规范，因此企业员工队伍的思想素质、文化素质和技术素质直接影响和制约着企业文化的层次和水平。

员工中的模范人物是员工群体的杰出代表，也是企业文化人格化的体现，“铁人”王进喜对大庆精神、李双良对太钢精神都发挥了这种作用。向模范人物学习的过程，就是企业文化的培育过程。

个人文化因素中，企业领导者的思想素质、政策水平、思想方法、价值理念、经营思想、经营哲学、科学知识、实际经验、工作作风等因素对企业文化的影响是非常显著的，这是因为企业的最高目标和宗旨、企业价值观、企业作风和传统习惯、行为规范和规章制度在某种意义上说都是企业领导者价值观的反映。因此，要建设好企业文化，选择一个好的企业领导者是至关重要的。无疑，当企业主导者更换时也会对企业文化的稳定性产生一定的影响。

（二）民族文化因素

现代企业管理的核心是对人的管理。作为企业文化主体的企业全体员工，同时也作为社会成员而存在的，在他们创办或进入企业之前，已经长期受到社会民族文化的熏陶，并在这种文化氛围中成长。因此他们在进入企业以后，不仅会把自身所受到的民族文化影响带到企业中来，而且由于其作为社会人的性质并未改变，还将继续承受社会民族文化传统的影响。因此，要把企业管理好，绝不能忽视民族文化对企业文化的影响。建设有本民族特色的企业文化，不仅是个理论问题，更是企业管理所面临的实际问题。

民族文化传统是企业经营宏观环境的重要因素，对企业的经营思想、经营方针、经营战略及策略等都会产生深刻的影响。不仅如此，企业为了经营的成功和今后的进一步发展，还要努力去适应民族文化环境，否则将无法生存，陷入经营困境和危机。需要注意的是，企业文化对民族文化养分的汲取，必须有所区别，不能良莠不分。从另一方面来看，企业文化作为民族文化的微观组成部分，在生产经营发展的过程中，也在不断地发展变化，优良的企业文化也会对民族文化的发展起到积极的推动作用。

（三）外来文化因素

严格地说，从其他国家、其他民族、其他地区、其他行业、其他企业引进的文化，对于特定企业而言都是外来文化，这些外来文化都会对企业文化产生一定的影响。随着世界市场的融合和全球经济一体化的进程，各国间经济关系日益密切，不同国家之间在文化上的交流和渗透日益频繁。

改革开放以来，我国企业在引进、消化、吸收西方发达国家先进的技术和设备的同时，也引进了这些国家的文化。从引入的国外文化形态来考察，可以将其分为三个层次，即民族层次的文化、企业层次的文化及个体层次的文化，它们都会对企业文化产生不同程度的影响。过去在引进中较多地注意到技术、管理、人才等因素，而忽视文化因素对企业的影响和作用。这首先因为文化因素的作用是通过某种技术或设备“中介”间接产生的；其次，文化因素的重要作用在技术和设备引进的初期并不明显，而是在高层次、深入的技术引进中才能得以充分体现；最后，还由于国外文化因素的作用是错综复杂的，必须进行综合深入地研究才能够探讨清楚文化因素上的这种影响。

应该看到，从国外引进先进技术的同时，也引入了许多先进的管理思想，增强了企业的创新精神、竞争意识、效率观念、质量观念、效益观念、民主观念、环保意识等，成为企业文化中的新鲜血液，但同时也受到拜金主义、享乐主义、个人主义、唯利是图等腐朽落后思想的冲击。西方资本主义企业文化中的糟粕对我国企业文化建设有相当大的破坏作用，应当引起警惕。

从国内其他民族、地区、行业或企业进行技术转移的过程中，也会对企业文化产生影响。例如，军工企业在民品生产技术转移的过程中，其严肃、严格、严密、高质量、高水平、高效率、团结、自强、艰苦创业等优良的企业文化因素，必然对民营企业的文化建设产生十分积极的影响。又如，信息技术产业重视技术、重视创新、重视人才等理念对其他传统行业企业文化的影响也很巨大。

总之，在经受外来文化影响的过程中，必须根据本企业的具体环境条件，有选择地加以吸收、消化、融合外来文化中有利于本企业的文化因素，警惕、拒绝或抵制对本企业不利的文化因素。

（四）产业特征因素

不同行业的企业文化特点是不一样的。从大的方面来说，可以分为工业、农业、建筑业和服务业，每个行业还可以进一步细分，例如，工业可以分为电子工业、化工工业、机械制造业等。由于各个行业在管理模式和要求上存在很大差异，所以，企业文化也必然有差异。

（五）企业传统因素

应该说，企业文化的形成过程就是企业传统的发育过程，企业文化的发展过程在很大程度上就是企业传统去粗取精的过程。因此，企业传统是形成企业文化的重要因素。

从宏观来看，中国工业企业自开办以来虽仅有百余年历史，但却创造了宝贵而丰富的企业文化精华。概括起来，企业文化的优良传统主要来自以下四个方面。

（1）中华人民共和国成立前，民族资本家外受帝国主义侵略压迫，内受军阀及反动派统治的欺凌，在这种条件下创办了一批私营企业，并逐渐形成中国民族资本主义企业。其中相当一些企业开创了勤劳节俭、善于经营、实业救国为特色的企业精神。

（2）中华人民共和国成立前，解放区的一些军工企业及工业企业为了争取抗日战争和解放战争的胜利，也产生和形成了艰苦奋斗、勤俭节约、无私奉献、顽强拼搏的企业精神和传统。

（3）中华人民共和国成立后，在一些老企业中反映出许多由于历史传统而形成的文化特色，成为现今企业文化特色的重要因素。例如爱厂如家、艰苦创业的“孟泰精神”，三老四严、拼搏奉献的“铁人精神”等。

（4）改革开放以来，在一些高新技术企业和经营良好的工业企业，产生和形成不少好的现代文化观念，比如重视技术和人才、重视效益、重视管理以及市场观念、竞争意识、服务意识等，对企业文化的影响是非常巨大的。

以上这四部分企业文化的优良传统和经验，对形成、更新和发展当前的企业文化、影响和塑造明天的优秀企业文化都是十分重要的。

从微观来看，每个企业都应当根据自身的外部环境和内部条件等特点，从本企业所追求的经营目标、发展战略及经营策略中总结出自己的优良历史传统和经营特色，从而形成自身的经营哲学、价值理念，并创造出独具特色的企业文化。

第二节 旅游企业团队建设

旅游企业发展与团队建设是密不可分的，高效的团队建设能够强化员工的归属感，提高员工的工作效率，促进企业的全面发展，使得企业在竞争日趋激烈的市场环境中更具优势。

一、认识团队

（一）准确认识团队的内涵

在建设高绩效团队前，先要对团队的概念进行充分的理解。下面有三个类型的人群。

（1）公交车里面上下车的人群。

（2）一群组织去看卡塔尔世界杯的旅行团。

（3）一群去执行中国第 36 次南极考察任务，坐在中国首艘自主建造的极地科学考察破冰船“雪龙 2”号上的考察队员。

哪个属于团队？

在人群 1 中，公共汽车上的人里面，大家没有一个共同的目的地，一般称之为群体；在人群 2 中，虽然大家有一个共同的目的地，但人群内部没有详细的分工，也没有形成互补，更加没有形成相互的依靠，经常称之为团体；在人群 3 中，大家有一个共同的组织、共同的目的，并且岗位分工明确，相互形成依靠，这类人群就是人力资源管理范畴内的团队。

由上可知，团队是指相互之间技能互补、具有共同信念和价值观、愿意为共同的目的和业绩目标而紧密协作并相互负责的一小群人组成的群体。团队是群体成员间通过相互沟通、信任和承担责任，产生群体的协作效应，从而获得比个体成员绩效总和更大的团队绩效。

团队在企业中的出现，是企业适应快速变化环境要求的结果，是高效组织应付环境变化的良好方法之一。为了适应环境变化，企业必须简化组织结构层级和提供客户服务的程序，将不同层级中提供同一服务的人员或服务于同一顾客的不同部门、不同工序人员结合在一起，从而在企业内形成各类跨部门的团队。

（二）团队建设

团队建设是企业在管理中有计划、有目的地组织团队，并对其团队成员进行训练、总结、提高的活动。它主要通过自我管理的小组形式进行，每个小组由一组员工组成，负责一个完整工作过程或其中一部分工作。工作小组成员在一起工作以改进他们的操作或产品，计划和控制他们的工作并处理日常问题。

二、团队发展

布鲁斯·塔克曼的团队发展阶段模型可以被用来辨识团队构建与发展的关键性因素，并对团队的历史发展加以解释。团队发展的五个阶段是：组建期、激荡期、规范期、执行期和休整期（休整期是在1977年后加入的）。根据布鲁斯·塔克曼的理念，五个阶段是必需的、不可逾越的，团队在成长、迎接挑战、处理问题、发现方案、规划、处置结果等一系列过程中必然要经历上述五个阶段。

（一）组建期

组建期为项目小组启蒙阶段。团队酝酿，形成测试。测试的目的是辨识团队的人际边界以及任务边界。通过测试，建立起团队成员的相互关系、团队成员与团队领导之间的关系，以及各项团队标准等。团队成员行为具有相当大的独立性。尽管他们有可能被促动，但普遍而言，这一时期他们缺乏团队目的、活动的相关信息。部分团队成员还有可能表现出不稳定、忧虑的特征。团队领导在带领团队的过程中，要确保团队成员之间建立起一种互信的工作关系。推行指挥或“告知”领导，与团队成员分享团队发展阶段的概念，达成共识。

（二）激荡期

激荡期形成各种观念激烈竞争、碰撞的局面，获取团队发展的信心，但是存在人际冲突、分化的问题。团队成员面对其他成员的观点、见解，更想展现个人性格特征。对于团队目标、期望、角色以及责任的不满和挫折感被表露出来。项目领导应指引项目团队度过激荡转型期，正视团队成员的差异，促进相互包容。推行教练式领导。

（三）规范期

规范期规则、价值、行为、方法、工具均已建立，团队效能提高，团队开始形成自己的身份识别。团队成员调适自己的行为，以使团队发展得更加自然、流畅。有意识地解决问题，实现团队和谐。团队领导允许团队有更大的自治性。推行参与式领导。

（四）执行期

人际结构成为执行任务活动的工具，团队角色更为灵活和功能化，团队能量积聚于一体。项目团队运作如一个整体。工作顺利、高效完成，冲突较少，不需要外部监督。团队成员对于任务层面的工作职责有清晰的理解。即便在没有监督的情况下也能做出决策。随处可见“我能做”的积极工作态度，成员能够互助协作。项目领导让团队自己执行必要的决策。推行委任式领导。

（五）休整期

任务完成，团队解散。有些学者将第五阶段描述为“哀痛期”，反映了团队成员的一种失落感。团队成员动机水平下降，关于团队未来的不确定性开始回升。

三、团队协作

（一）团队协作的机能障碍

1. 集权的管理模式

企业往往鼓励决策权向企业高层或某几个领导集中，这样似乎便于管理。实践证明这样的管理模式有诸多弊端：首先是降低决策的质量，决策从高层到低层下达的过程中产生迟滞和信息扭曲情况。其次是降低企业的适应能力，众多员工与较少数高层相比更能得到周围环境特别是市场和竞争对手最新变化的信息。如果员工在决策中处于被动地位，企业适应外界环境的能力将大大降低。第三是降低员工积极性，企业采取层级制度，团队协作过程中由于权力分配不均而导致不公平现象，员工无形之中倾向于权力斗争。企业由于内耗而工作效率低下，员工的工作热情也相应降低。因此，集权的管理模式不利于团队协作的成功展开。

2. 团队成员缺乏信任的基础

信任是团队协作的核心。在企业团队里，信任指团队成员相信彼此的言行出于好意，不过分小心戒备，并放心地批评与自我批评而不担心其他成员用自己的弱项（比如性格弱点、技术不足、人际关系困扰和失误、缺乏独立精神）等来攻击自己。团队成员缺乏信任构成了团队协作成功的机能障碍之一，主要表现在成员善于隐藏弱点，不反馈意见，怀疑他人用意并产生偏见等，最主要的是不愿意承认和学习其他人的技术和长处。

3. 欠缺投入、逃避责任

团队成员如果不能互相信任，在团队讨论中坦诚公开自己的意见，就难以真正达成一致意见，作出最优决策。由于不能达成共识，当团队利益受损时成员将会逃避责任。这种团队的员工具有甘于平庸、对决策反复质疑、工作无重点、对有突出表现的成员心存嫉妒等种种不良行为，因此团队往往不能把握住机遇，缺乏效率和时间的观念。

4. 个人利益高于团队利益

个人专注于提升职位就会以牺牲整个团队的利益为代价。团队成员把个人利益凌驾于集体利益之上，其危害将超过经济上的损失，这样的团队尽管人才济济也无法取得进步和战胜竞争对手，容易遭受重创而解体。

（二）学习型组织理念的引入

学习型组织是麻省理工学院彼得·圣吉教授在《第五项修炼》（*The Fifth Discipline*）一书中提出的一个概念。指的是培养具有学习气氛，充分发挥员工的创造性思维能力而建立的一种有机的、高度柔性的、扁平化的、能持续发展的组织。这种组织具有持续学习的能力和高于个人绩效的综合绩效。将企业建设成学习型组织有助于消除团队协作的各种机能障碍。

1. 学习型组织的精髓

彼得·圣吉认为学习型组织的精髓在于五项修炼，包括自我超越、改善心智模式、建立共同愿景、进行团体学习和培养系统思考能力，五个方面相辅相成，缺一不可。下面将对五项修炼内容加以解释。

自我超越修炼是学习型组织的精神基础，指突破个人能力极限的自我实现。

改善心智模式修炼是改善人们对周围环境的固有认识。心智模式指根深蒂固在人们心中，影响人们如何认识周围世界以及如何采取行动的许多假设、成见和印象。

共同愿景在企业团队内是共同分享的愿望和景象，具有强大的感召力，建立共同愿景修炼能驱使人们自觉为组织共同愿景的实现在团队里树立认同意识。

进行团体学习修炼能促使团队成员进行对话的、集体的思考模式，这样团队成员共同开发集体的智力和能力，最终集体智慧大于个人才能之合。

培养系统思考能力修炼属于学习型组织五项修炼的核心技能。它要求人们在考虑问题时把问题放在系统即组织（团队）中思考，注重与系统的联系和互相影响。团队面临问题或决策时，要求考虑因果和反馈以及时间的延滞性，并利用系统基模（一种计算机辅助决策软件）分析决策对其他团队的影响和问题背后的结构性原因。

2. 学习型组织的功能

（1）学习型组织能够克服集权弊端

学习型组织采取分权的管理模式，其特点之一就是决策权向组织下层移动，员工拥有更多自主决策权，尽可能多地让决策者面对团队的具体问题。学习型组织层级间隔少，上下便于沟通；学习能力强，信息的传播迅速准确；员工通过不断学习，加上更多地接触实际情况，直接获取第一手资料和信息的可能性高。这样团队决策权与信息分布相匹配，在团队协作中能克服集权管理模式的弊端，能根据情况的不断变化作出灵活的最优决策。

（2）学习型组织能够建立团队成员相互信任的基础

团队缺乏信任是由于成员普遍害怕成为别人攻击的对象，在彼此协作过程中不容易敞开心扉承认自己的缺点和弱项，无法使团队发现问题所在并最终解决问题。学习型组织的自我超越修炼和改善心智模式的修炼强调突破个人能力极限的自我实现，把人从思维定式和固有的意识形态中解放出来，抛开根深蒂固在人们心中、影响人们如何认识周围世界以及如何采取行动的许多假设、成见和印象，用系统思考的方式分析企业运作的问题所在和前因后果，员工之间坦诚相待，承认自己的弱点和错误，给予别人无私的帮助和建议，真诚地开展批评与自我批评。因此，建立学习型组织能够帮助消除团队成员的不信任感。

（3）学习型组织氛围使团队产生凝聚力

学习型组织拥有的共同愿景具有强大的感召力，能驱使员工自觉为组织共同愿景的实现切实投入，能够坦诚公开自己的意见并在此基础上达成一致。最重要的是决策实施后员工愿意为出现的问题承担责任而不是选择逃避。

学习型组织具有团体学习能力，每个人都对自己所在的团队负一定责任，具有使命感和主人翁精神，能够从具体问题的分析中找到解决问题的思路。团体学习不排斥个人学习，要求成员广泛开展群体学习。在协作中产生创新和解决问题的办法。团队成员能够从不足和失误中学习经验并探索出路，为团队协作的成功付出努力。

(4) 学习型组织统一个人利益与团队利益

团队拥有的共同愿景驱使个人成员把团队利益放在首位，为了达到团队目标而发扬协作精神。在强大愿景的感召下，考虑个人的行动对企业团队的不利影响，为了共同愿景的实现，会舍弃个人利益而保全整体利益。

（三）基于学习型组织的团队协作模式

在企业中建立学习型组织并无统一范例可借鉴，关键在于将五项修炼持久地、彻底地在企业和团队之中贯彻实施。团队协作也伴随学习型组织的构建而形成独特的、基于学习型组织的团队协作模式，如图 9-1 所示。

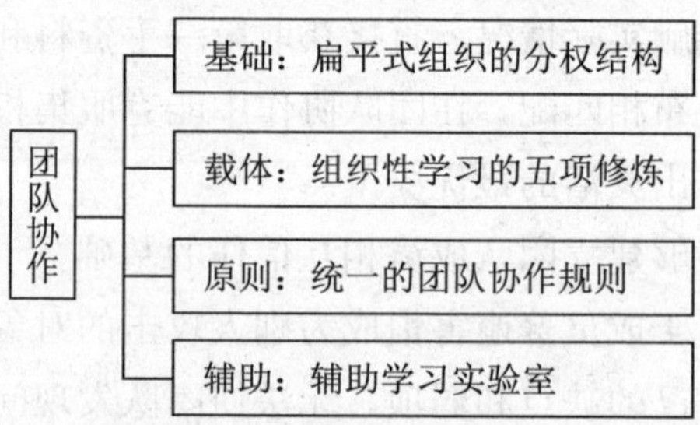

图 9-1　基于学习型组织的团队协作模式

1. 扁平式组织的分权结构是基础

团队协作中每个成员都掌握一定决策权并承担相应的义务和责任，做到权责明确；企业层级间隔少，一般不超过5层，没有特别的领导与被领导之分；管理者的任务在于协调员工的工作并明确分工协作的权限和责任，按照工作人员的技巧、能力、偏好详细设计职务，以此作为分工协作的基础。但管理者不具有发号施令的特权，地位比较平等，遇到重大的事项，团队召开会议共同商定。这种扁平化的分权组织看似分散，其实更使团队成员保持对外部的灵敏度，能迅速对环境变化做出反应。

2. 建立组织性学习的五项修炼是载体

组织性学习代表着一种建立和运用集体知识来解决问题和需要的过程。学习能够帮助组织持续提高、触动员工的期望，激发他们的认同感，带来变革的能量。组织性学习的五项修炼意味着团队在协作中将个人才能转变为集体智慧，能够运用以系统思考为核心的五项修炼解决实际存在的问题，而不是用局部、短期的眼光看待团队协作。组织性学习实质上是一种文化氛围，它代表学习型组织的价值标准和潜在的规范，实际上构成了团队协作的载体。

3. 统一的团队协作规则是原则

优秀团队具有统一的管理规则，也就是公共明确的责任制。在统一规则下，团队成员会共同思考、统一行动。基于学习型组织的团队协作规则，通常在团队贯彻实施五项修炼过程中，作为具体协作模式变成一种习惯，被推广和默认，成为所有成员共同遵守的统一的团队内部语言和程式。统一规则建立在团队成员职、责、权明晰基础上的，以系统思考等五项修炼为前提，以团队绩效大于个人绩效总和为目标，以团队具体协作过程为内容。团队协作规则需要管理者和成员细心呵护。博弈论的研究内容表明，在重复博弈中，只有按约定的规则合作，团队协作才有可能取得预想的最优结果。否则，一旦任何一方背叛这种规则，将导致报复性行为，其他人纷纷仿效，“搭便车”者有机会依附团队的努力。

4. 建立学习实验室是辅助

学习型实验室是学习型组织的产物，为企业提供实验场所和实验工具的现代化仿真模拟教室。在这里，员工以“演练—反馈—学习—再演练”的循环方式学习，个人能力完全被展示出来。哪一种工作适合哪一个人能够被企业规则设计者和管理者注意到。在设计职务时将个人能力的发挥充分考虑进去；更重要的是，在学习演练过程中，加强了对员工的教育和培训。员工通过相互学习，能够弥补在工作中的不足和由于团队成员能力不一致产生的“木桶效应”。同时也可以挖掘潜力，使能力得到进一步提升。

学习型组织是促使企业升级的一种组织模式，许多企业已经开始将学习型组织的构建付诸实际。但是，将学习型组织的五项修炼运用于团队协作的实践还须企业界共同努力，加强对高效率的企业协作模式的研究和认识，为企业发展壮大铺平道路。

四、团队建设的途径和方法

团队建设是企业发展的根本保障，团队运作是业内人士长期实践的经验总结。团队的发展取决于团队的建设。团队建设应从以下5个方面进行。

1. 组建核心层

团队建设的重点是培养团队的核心成员。俗话说“一个好汉三个帮”，领导人是团队的建设者，应通过组建智囊团或执行团，形成团队的核心层，充分发挥核心成员的作用，使团队的目标变成行动计划，团队的业绩得以快速增长。团队核心层成员应具备领导者的基本素质和能力，不仅要知道团队发展的规划，还要参与团队目标的制订与实施，使团队成员既了解团队发展的方向，又能在行动上与团队发展方向保持一致。大家同心同德、承上启下，心往一处想，劲往一处使。

2. 制订团队目标

团队目标来自企业的发展方向和团队成员的共同追求。它是全体成员奋斗的方向和动力，也是感召全体成员精诚合作的一面旗帜。核心层成员在制订团队目标时，需要明确本团队目前的实际情况，例如团队处在哪个发展阶段，组建阶段、上升阶段，还是稳固阶段？团队成员存在哪些不足，需要什么帮助，斗志如何，等等。制订目标时，要遵循目标的SMART原则。

3. 训练团队精英

训练精英的工作是团队建设中非常重要的一个环节。建立一支训练有素的员工队伍，能给团队带来很多益处：提升个人能力、提高整体素质、改进服务质量、稳定工作业绩。一个没有精英的团队，犹如无本之木，一个未经训练的队伍，犹如散兵游勇，难以维持长久的繁荣。训练团队精英的重点在于：

（1）建立学习型组织

让每一个人认识学习的重要性，尽力为他们创造学习机会，提供学习场地，表扬学习进步快的人，并通过一对一沟通、讨论会、培训课、共同工作的方式营造学习氛围，使团队成员在学习与复制中成为精英。

（2）搭建成长平台

团队精英的产生和成长与他们所在的平台有直接关系，一个好的平台，能够营造良好的成长环境，提供更多的锻炼和施展才华的机会。

4. 培育团队精神

团队精神是指团队的成员为了实现团队的利益和目标而相互协作、尽心尽力的意愿和作风，它包括团队的凝聚力、合作意识及士气。团队精神强调团队成员的紧密合作。要培养这种精神，领导人首先要以身作则，做一个团队精神极强的楷模；其次，在团队培训中加强团队精神的理念教育；最重要的，要将这种理念落实到团队工作的实践中去。一个没有团队精神的人难以成为真正的领导人，一个没有团队精神的队伍是经不起考验的队伍，团队精神是优秀团队的灵魂、成功团队的特质。

5. 做好团队激励

团队建设是容易与别人的观念发生冲突的工作，是需要一定时间的坚持才能成就的事业，每个人要做好这一切，所面临的最大挑战就是自已，因此，每个团队成员都需要被激励，领导人的激励工作做得好与坏，直接影响团队的士气，最终影响团队的发展。激励的方式多种多样，有树立榜样、培训、表扬、奖励、旅游、联欢、庆祝活动等。

复习与练习

一、填空题

1. 在人类社会的发展历程中，曾经历了三种人力资源管理的方式：______、______和______。

2. 彼得·圣吉认为学习型组织的精髓在于五项修炼，包括______、______、______、______和______，五个方面相辅相成，缺一不可。

3. 团队发展的五个阶段是：______、______、______、______和______。

二、选择题

1. 企业文化可分为四类，提倡忠诚感和归属感的企业文化属于____。

A. 学院式　　B. 俱乐部式

C. 棒球队式　　D. 堡垒式

2. 当企业中个别员工的行为与企业中约定俗成的东西不一致时，这种氛围的感染力便会对他造成一种压力，使他不得不与大多数人趋同，进而调整自己的思想行为，以达到与企业整体环境的协调一致。这一现象体现了企业文化的____。

A. 导向功能　　B. 规范功能

C. 凝聚功能　　D. 激励功能

3. ____包括企业经营、教育宣传、人际关系活动、文娱体育活动中产生的文化现象。它是企业经营作风、精神面貌、人际关系的动态体现，也是企业精神、企业价值观的折射。

A. 行为文化　　B. 制度文化

C. 物质文化　　D. 精神文化

4. 学习型组织，是麻省理工学院的____教授提出的一个概念。

A. 泰罗　　B. 埃德加·H. 施恩

C. 彼得·圣吉　　D. 彼得·德鲁克

5. ____属于学习型组织五项修炼的核心技能。它要求人们在考虑问题时把问题放在系统即组织（团队）中思考，注重与系统的联系和互相影响。

A. 改善心智模式　　B. 系统思考

C. 进行团体学习　　D. 自我超越

三、简答题

1. 简述企业文化结构。

2. 简述学习型组织的内容和功能。

3. 简述团队建设的途径和方法。

实训项目

【实训名称】模拟企业的文化建设

【实训内容】培养学生初步分析与建设企业文化的能力

【实训步骤】

1. 把班级学生分成小组，每个小组7～10人，要求每组要成立一家模拟公司。

2. 每个小组结合本公司的实际，思考应树立哪些先进的管理理念。

3. 对本公司的文化建设提出各种设想，并制订建设方案。

4. 在课堂上组织一次小组之间的交流，每个公司推荐一名成员谈公司的文化建设方案。

【实训点评】

1. 每个公司提交一份本公司的文化建设方案。

2. 由教师对各公司所交材料与交流中的表现进行评估打分。也可以由教师和学生共同评价。

参考文献

[1] 雷蒙德·诺伊，约翰·霍伦贝克，巴里·格哈特，等．人力资源管理［M］．刘昕，紫茂昌，译．北京：中国人民大学出版社，2001.
[2] 董克用，叶向峰．人力资源管理概论［M］．北京：中国人民大学出版社，2003.
[3] 贺秋硕，喻靖文．人力资源管理案例引导教程［M］．北京：人民邮电出版社，2010.
[4] 中国就业培训技术指导中心．企业人力资源管理师（2007年修订）［M］．北京：中国劳动社会保障出版社，2007.
[5] 谢礼珊．旅游企业人力资源管理［M］．北京：旅游教育出版社，2008.
[6] 李琦．人力资源管理［M］．北京：北京大学出版社，2007.
[7] 沈莹．现代人力资源管理［M］．北京：北京交通大学出版社，2009.
[8] 谌新民．人力资源管理概论［M］．北京：清华大学出版社，2005.
[9] 张一弛．人力资源管理教程［M］．北京：北京大学出版社，1999.
[10] 余凯成．人力资源开发与管理［M］．北京：企业管理出版社，1997.
[11] 李玉芝．旅游企业人力资源开发与管理［M］．杭州：浙江大学出版社，2009.
[12] 王丹．人力资源管理实务［M］．北京：清华大学出版社，2006.
[13] 定雄武．企业文化［M］．北京：北京理工大学出版社，2006
[14] 任卓．旅游企业人力资源的开发与管理［J］．统计与决策．2008（13）．
[15] 张英．旅游企业人力资源的获取与保留［J］．企业活力．2008（2）．
[16] 刘爱军．8种常见的基本工资制度的比较［J］．人才资源开发．2006（1）．
[17] 左祥琦．劳动争议预防措施［J］．管理@人，2008（7）．
[18] 陈航，武丹．企业团队协作与学习型组织［J］．商场现代化．2007（29）．
[19] 潘晓兰．论人力资源管理中的多元价值观［J］．企业经济．2006（3）．
[20] 项媚．论降低员工流失的措施［J］．中小企业管理与科技．2009（1）．
[21] 巴国布衣．餐饮人力资源管理［M］．北京：企业管理出版社，2002.
[22] 刘爱军．8种常见的基本工资制度的比较．人才资源开发［J］．2006（1）．